CINE PENSADO
Estudios críticos sobre 31 películas estrenadas en 2016

CINE PENSADO
Estudios críticos sobre 31 películas estrenadas en 2016

FilaSiete. Libros de Cine. Nº 2
www.filasiete.com
libros@filasiete.com

©2017, Nipho Publicaciones & Comunicación S.L.U.
Avda. Blas Infante, 6. Edificio Urbis, planta 10, módulo A1. 41011 Sevilla

Con la colaboración de la Fundación Estudios de la Comunicación (FEC)

Los derechos de las fotografías pertenecen a las productoras y distribuidoras
que aparecen reflejadas en las fichas de las películas analizadas.
La Editorial hace declaración expresa de respeto del copyright de
las imágenes y agradece su colaboración a las distintas entidades

Diseño y maquetación: Nipho Publicaciones & Comunicación

Diseño de portada: Ignacio Diez

ISBN: 978-84-946225-2-6
Depósito Legal: SE 1708-2017
Primera edición: septiembre de 2017

Impreso en España - Printed in Spain

Cualquier forma de reproducción, distribución, comunicación pública o transformación de esta
obra solo puede ser realizada con la autorización de sus titulares, salvo excepción prevista por la ley.

Diríjase a CEDRO (Centro Español de Derechos Reprográficos) si necesita fotocopiar o escanear
algún fragmento de esta obra (www.conlicencia.com; 917 021 970 / 932 720 445)

Autores

ALBERTO FIJO CORTÉS **editor**
Director de FilaSiete, revista y portal de crítica de cine y TV. Profesor de Historia del Cine, Narrativa audiovisual y Ars (Apreciar la belleza) en el Centro Universitario Villanueva (adscrito a la Universidad Complutense). Doctor en Artes Audiovisuales. Entre sus libros: "100 clásicos. Una antología cinematográfica", "Cine 2008. Una selección de 100 estrenos cinematográficos" y "Cine 2009. Una selección de 100 estrenos cinematográficos". Editor y coautor de "Breve Encuentro. Estudios sobre 20 directores de cine contemporáneo".

ANA SÁNCHEZ DE LA NIETA
Periodista. Es directora adjunta de la revista FilaSiete. Coordina las secciones de cine de la agencia Aceprensa y de la revista Telva.

ÁNGEL PEÑA DELGADO
Redactor de la revista Actualidad Económica y profesor de Ética y Escritura de la Universidad IE. Ha colaborado en diferentes medios de comunicación y realizado crítica cinematográfica en FilaSiete y La Gaceta de los negocios.

ANTONIO SÁNCHEZ-ESCALONILLA GARCÍA-RICO
Dirige el Máster en Guion Cinematográfico y Series de TV en la Universidad Rey Juan Carlos de Madrid. Profesor Titular de Guion Audiovisual, es también autor de "Estrategias de guion cinematográfico" y "Del guion a la pantalla. Lenguaje visual para guionistas y directores de cine", publicados en Ariel.

ARMANDO FUMAGALLI
Profesor de Semiótica e Historia del cine en la Università Cattolica del Sacro Cuore de Milán, donde dirige el Máster en International Screenwriting and Production. Desde 1999 es también consultor de desarrollo de guiones para la productora italiana Lux Vide, especializada en series y miniseries internacionales ("Guerra y paz", "Maria de Nazareth", "Anna Karenina", "Medici. Masters of Florence"...). Entre otras muchas publicaciones (como por ejemplo, "Creatividad al poder", Rialp, Madrid, 2014) edita una colección anual de reseñas de cine ("Scegliere un film", Milano, Ares, 2004 y ss.).

CARLOS CHICLANA
Médico. Psiquiatra. Psicoterapeuta acreditado en la Escuela Española de Psicoterapia. Presidente de la Asociación de Psicoterapia Cognitivo Analítica de España. Profesor Asociado de la Facultad de Medicina de la Universidad CEU-San Pablo (Madrid). Director Médico de la Consulta Dr. Carlos Chiclana (Madrid - Sevilla). Cofundador del foro de cine y psicología "Personajes y Personas".

CLAUDIO SÁNCHEZ DE LA NIETA
Subdirector de FilaSiete y director de las secciones de series de televisión de iCmedia y Aceprensa.

AUTORES

CRISTINA ABAD CADENAS
Combina el ejercicio de la comunicación institucional con la crítica cinematográfica y televisiva en la revista FilaSiete. Es máster en Guion, Narrativa y Creatividad Audiovisual por la Universidad de Sevilla y licenciada en Periodismo por la Universidad de Navarra.

ENRIQUE FUSTER
Profesor de Teoría e historia del cine y de Guion audiovisual en la Pontificia Università della Santa Croce (Roma). Autor de "Verso Dio nel cinema" (2013) y "El cine de Graham Greene" (2008). Editor de "Identidad y reconocimiento en cine y televisión" (2017), "La figura del padre nella serialità televisiva" (2014) y "Repensar la ficción" (2011).

FEDERICO ALBA
Doctor en Comunicación Audiovisual, licenciado en Filología Inglesa y diplomado en Dirección Cinematográfica por la ECAM. Ha trabajado como guionista y director, y actualmente es profesor en la Universidad San Pablo-CEU. Ha publicado el libro "El cine fantástico de Spielberg. Padres ausentes, niños perdidos".

FERNANDO GIL-DELGADO MANRIQUE DE LARA
Historiador y filólogo. Crítico de cine en FilaSiete y Aceprensa. Es miembro del Círculo de Escritores Cinematográficos. Ha estudiado las relaciones entre cine y literatura. Prepara una monografía sobre Jacques Tourneur. Es autor de "Introducción a Shakespeare a través del cine" (2001. Madrid: Eiunsa) y coautor de una decena de libros sobre cine.

FERNANDO HERNÁNDEZ BARRAL
Doctor en Comunicación Audiovisual por la Universidad Complutense de Madrid y Licenciado en Comunicación Audiovisual por la misma universidad. Acreditado como Ayudante Doctor por la ANECA. Autor de numerosos cortometrajes, entre los que destacan "Fábrica de Silencio" (2001), presentado en el Festival de Cine de Sitges, y "Sinfonía" (2000), rodado en Nueva York con financiación del Vicerrectorado de Alumnos de la Universidad Complutense de Madrid. Es profesor de las asignaturas Realización Audiovisual, La Cultura de la Imagen y Teoría del Texto Audiovisual, en el Grado en Comunicación Audiovisual del Centro Universitario Villanueva.

JERÓNIMO JOSÉ MARTÍN SÁNCHEZ
Madrid, 1963. Licenciado en Derecho por la Universidad Autónoma de Madrid. Presidente del Círculo de Escritores Cinematográficos (CEC) desde 1999. Crítico de cine de COPE, 13TV, FilaSiete, Aceprensa, Pantalla 90 y Cinemanet. Profesor de Historia del Cine de Animación en U-tad (Centro Universitario de Tecnología y Arte Digital), y de Cine y Moda en el Centro Universitario Villanueva. Coautor de los libros "Cine y Revolución Francesa" (Rialp, 1991), "Breve encuentro. Estudios sobre 20 directores de cine contemporáneo" (CIE/Dossat 2000, 2004) y "Cine y moda. ¡Luces, cámara, pasarela!" (Pigmalión Lumière, 2015). Coordinador de 1993 a 2006 de los anuarios de crítica de cine de las editoriales Palabra y CIE/Dossat 2000. Coguionista y productor asociado del documental "Alexia" (2011), de Pedro Delgado. Premio Puente de Toledo 2003 a la mejor labor periodística.

JORGE MILÁN FITERA
Profesor de Comunicación Audiovisual y de Documental y Vídeo Institucional, en la Pontificia Universidad de la Santa Cruz (Roma). Autor del libro "Religión en Televisión" (2009). Director, coautor y editor del vídeo institucional "Aprender Roma para comunicar la Iglesia" (2006).

JOSÉ GABRIEL LORENZO

Profesor de Narrativa cinematográfica en el Centro Universitario Villanueva y de Guion, Historia del Cine y Análisis fílmico en la Escuela Superior de Arte Dramático de Castilla y León. Fue docente en el Máster de Teatro y Artes Escénicas de la Universidad Complutense de Madrid. Cursó estudios de guion en la New York Film Academy. Colabora con diversas productoras en el desarrollo y escritura de guiones de largometraje. Tiene publicado por la Comunidad de Madrid el guion "El día del fin del mundo" con el que obtuvo una beca para el desarrollo de guiones de largometraje. Coautor de "Breve encuentro: estudios sobre 20 directores de cine contemporáneo" con un estudio sobre John Sayles.

JOSÉ MARÍA CONTRERAS ESPUNY

Nacido en Osuna (1987), es licenciado en Filología Hispánica por la Universidad de Sevilla y doctor en Estudios Literarios por la Universidad Complutense. Ha cursado los másteres de Periodismo Cultural (CEU San Pablo), Guion y Creatividad Audiovisual (Universidad de Sevilla) y Filosofía y Cultura Moderna (Universidad de Sevilla). Es profesor en la Escuela Universitaria de Osuna y ha publicado recientemente el libro "Crónicas coreanas" (Renacimiento, 2016).

JOSÉ M. GARCÍA PELEGRÍN

Nacido en Madrid (1958). Doctor en Filosofía y Letras, Universidad de Colonia. Varias publicaciones sobre cine ("Der Himmel über Hollywood. Was große Filme über den Menschen sagen", ed. española "El cielo sobre Hollywood") y sobre temas históricos ("La Rosa Blanca. Los estudiantes que se alzaron contra Hitler", "La Iglesia y el nazismo"). Crítico de cine del periódico "Die Tagespost". Miembro de la Asociación de Críticos Cinematográficos de Alemania. Vive y trabaja en Berlín.

JUAN JOSÉ GARCÍA-NOBLEJAS

Profesor emérito de Teoría de la Comunicación y de Escritura para cine y televisión en la Universidad de Navarra y en la Pontificia Universidad de la Santa Cruz (Roma). Ha escrito numerosos artículos y capítulos en libros ("Practical philosophy and television drama" o "Sobre la verdad práctica y las ficciones poéticas ('El dilema' de Michael Man, 1999)" y libros ("Poética del texto Audiovisual" o "Medios de conspiración social").

JUAN LUIS SÁNCHEZ GONZÁLEZ

Licenciado en Ciencias de la Información por la Universidad Complutense de Madrid. Autor del libro "Audrey Hepburn: Icono de la gran pantalla". Junto con Luis Miguel Carmona ha escrito: "Peter Jackson: De Mal gusto a El hobbit", "Tim Burton y sus mundos de fantasía; De Perdidos a Star Wars, J.J. Abrams: un hombre y sus sueños", "Lucha de gigantes. Godzilla, Gamera, Mothra y otros monstruos enormes de Japón". En breve, aparecerá "De Terminator a Avatar. James Cameron: El rey del mundo". Ha trabajado en las redacciones de los diarios Ya y Gaceta de los negocios, de las revistas Cinerama, Estrenos de cine, Estrenos de vídeo y Época. Escribe en Mundo Cristiano, El Distrito y Gente. Es Secretario General del Círculo de Escritores Cinematográficos (CEC).

JUAN ORELLANA GUTIÉRREZ DE TERÁN

Doctor en Humanidades por la Universidad CEU San Pablo y licenciado en Filosofía por la Universidad Pontificia Comillas. Profesor Adjunto de Narrativa Audiovisual en la Universidad CEU San Pablo. También es miembro del Círculo de Escritores Cinematográficos (CEC), Director del Departamento de Cine de la Conferencia Episcopal Española y Presidente de Signis-España. Actualmente colabora en varios programas de la cadena COPE y en 13 TV. Dirige la revista digital de crítica de cine Pantalla 90. Crítico de cine del semanario Alfa y Omega, del diario digital El Debate de Hoy, de Aceprensa y de Aleteia. Director de la colección de cine de Ediciones Encuentro. Autor de diversas monografías.

JUAN PABLO SERRA

Buenos Aires, 1979. Licenciado en Filosofía por la Universidad Complutense de Madrid (2003) y DEA por la Universidad de Navarra (2007). Es profesor de Humanidades en distintos grados de la Universidad Francisco de Vitoria, así como de metodología de la investigación en posgrado. Co-autor de "Pasión de los fuertes: la mirada antropológica de diez maestros del cine" (2005), "Grandes libros I: Antígona y Gorgias" (2010) y "Grandes libros II: Epístolas morales a Lucilio y Las leyes" (2011). Recientemente ha participado en los libros colectivos "El antifaz transparente: antropología en el cine de superhéroes" (2016) y "Black Mirror: porvenir y tecnología" (2017). Sus áreas de interés tienen que ver con la filosofía política, el cine, la literatura y el análisis de la cultura popular.

JULIÁN LARRAURI

Productor creativo y showrunner. Responsable de la visión estratégica, la gestión de producción y el desarrollo creativo de diversas películas y series para productoras como Disney, Paramount o Ilion. Nominado al Goya como mejor Director de Producción en 2015 por "Mortadelo y Filemón contra Jimmy el Cachondo". Experto en imagen visual, storytelling y desarrollo de proyectos creativos. Licenciado en Comunicación Audiovisual por la Universidad Complutense de Madrid.

LAURA GARCÍA POUSA

Doctora en Historia del cine por la Universidad Autónoma de Madrid. Ha formado parte del equipo de guion de "Cuéntame cómo pasó" durante nueve temporadas y ha sido guionista de programas como "Un país para comérselo". En 2012 recibió el premio The Abbas Kiarostami Film Seminar y estuvo nominada al Goya al Mejor Cortometraje por "Meine Liebe", escrito, dirigido y producido junto a Ricardo Steinberg. Ha sido profesora de la Facultad de Bellas Artes de Aranjuez (CES Felipe Segundo - Universidad Complutense de Madrid), y actualmente es profesora y Jefa de estudios del Grado en Comunicación Audiovisual de la Universitat Internacional de Catalunya.

MARÍA CABALLERO WANGÜEMERT

Catedrática de Literatura Hispanoamericana en la Universidad de Sevilla, donde alterna docencia e investigación, centrada en la narrativa (novela histórica, memorias, literatura femenina), la teoría literaria y el cine. Directora de la Cátedra de cine de la FEC, ha coordinado "Mujeres de cine: 360º alrededor de la cámara" (Madrid, 2011). Y ha dirigido en su universidad durante veinte años una asignatura/seminario sobre mujer y cine bajo el título "Femenino plural".

MARÍA NOGUERA

Profesora de Historia del cine y Crítica cinematográfica en la Facultad de Comunicación de la Universidad de Navarra, donde dirige el Máster en Guion Audiovisual. De un lado, sus publicaciones científicas se centran en el estudio y análisis de la historia y la tradición fílmica de Europa. De otro, dedica su investigación académica al estudio de la cinematografía lusa, en especial la obra del realizador portugués Manoel de Oliveira.

MARTA FRAGO

Profesora de Guion y Adaptaciones cinematográficas en la Universidad de Navarra. Se ha formado como guionista en la University of California Los Angeles (UCLA Ext.). Ha publicado numerosos artículos sobre adaptación de novelas y biografías al cine, así como los libros "Leer, dialogar, escribir cine. Ruth Prawer Jhabvala y la adaptación cinematográfica" y "Personaje, acción e identidad en cine y literatura".

MARTA GARCÍA SAHAGÚN

Doctora con Mención Europea en Comunicación Audiovisual y Publicidad por la Universidad Complutense de Madrid. Especialista en estética de cine, tematología cinematográfica y cine contemporáneo, ha realizado estancias de investigación en la universidad París IV- Sorbonne y The University of Edinburgh. A su vez, ha trabajado en el sector cultural y publicitario en Estados Unidos, Reino Unido y España.

PABLO ALZOLA

Profesor de estética en la Universidad Rey Juan Carlos (URJC) de Madrid, donde también realiza una tesis doctoral sobre "La imagen poética del hogar en el cine de Terrence Malick". Es graduado en Comunicación Audiovisual y en Filosofía por la Universidad de Navarra y ha cursado el Máster en Estudios Narrativos de Artes Visuales (MENAV) por la URJC. Colabora como crítico literario para la revista "Aceprensa" y para la web de literatura "Capítulo IV".

PABLO ECHART

Profesor de Guion de Ficción - Cine en la Universidad de Navarra, donde también ha dirigido el máster en Guion Audiovisual, programa de posgrado en el que coordina un taller de escritura de largometrajes. Además de la monografía "La comedia romántica del Hollywood de los años 30 y 40" (Cátedra, 2005), ha publicado más de veinte artículos y capítulos de libro de carácter académico, referidos a cineastas como Alexander Payne, Clint Eastwood o Paul Auster, y a géneros cinematográficos como el thriller o la comedia (https://unav.academia.edu/PabloEchart). También realiza consultaría de guion para productoras y guionistas.

PAOLO BRAGA

Profesor de Escritura para cine y televisión en la Università Cattolica del Sacro Cuore de Milán, donde da clases también en el máster en International Screenwriting and Production. Ha publicado extensamente sobre temas de semiótica, series de televisión, guion para cine y televisión. Su libro más reciente es "Words in Action. Forms and techniques of Film Dialogue", Peter Lang, Berna, 2015.

PILAR YÉBENES

Profesora Titular de Animación en la Universidad Europea. Miembro de la Academia de las Artes y las Ciencias Cinematográficas. Su último libro: "100 años de animación española, arte y tecnología".

RUTH GUTIÉRREZ DELGADO

Profesora de Guion y de Epistemología en la Facultad de Comunicación de la Universidad de Navarra. Desde sus comienzos en la investigación, con su tesis doctoral sobre "Lo heroico en el cine de John Ford", ha centrado sus estudios en la Poética, el Mito y el Heroísmo. Es investigadora principal del Proyecto de Investigación MYHE (Mythmaking y Heroísmo en las narrativas mediáticas). Ha sido profesora visitante de la University of Glasgow, St. Andrews University, University College Cork y de la Universität Bremen.

Presentación

Se reúnen en este libro estudios de 31 películas estrenadas en España en el año 2016. Todas son obras valiosas en fondo y forma. Todas están a la venta o en alquiler y es fácil acceder a ellas.

Los autores somos críticos de cine profesionales y/o profesores de universidad que enseñamos, directa o indirectamente, lenguaje cinematográfico y narrativa audiovisual. Damos clase en doce universidades. Escribimos y hablamos de cine en diarios, revistas, radios, televisiones y portales de internet en España, Alemania e Italia. Muchos son los libros sobre cine que hemos publicado. Ana Sánchez de la Nieta, Cristina Abad, Claudio Sánchez, Fernando Gil-Delgado, Carlos Chiclana, Fernando Hernández Barral, María Caballero, José María Contreras, Juan Orellana y Jerónimo José Martín forman parte de la redacción de la revista FILA SIETE, que tengo la suerte de dirigir desde 1998.

Nuestra ilusión, después de la buena recepción del libro que publicamos hace un año (*Cine Pensado 2015*), es que la segunda entrega de *Cine Pensado* siga siendo útil para profesores, estudiantes y buenos aficionados al cine que quieran profundizar en una muestra significativa de las películas que se estrenan en salas comerciales. Los análisis prestan atención al lenguaje cinematográfico y a las estrategias narrativas empleadas en las obras estudiadas. En las presentaciones del libro que hicimos el año pasado (que repetiremos, Deo volente) comprobamos que el libro, acompañado de secuencias de las películas en cuestión, funciona muy bien como instigador de conversaciones dentro y fuera de las aulas.

Agradezco a los autores su entusiasmo y dedicación. A nuestro editor, Juan Pedro Delgado, su profesionalidad y amistad, probadas después de tantos años. José Tomás Asencio ha cuidado la maquetación y el diseño con su esmero habitual.

Agradezco la colaboración de la FUNDACIÓN ESTUDIOS DE LA COMUNICACIÓN (FEC): las expediciones cartográficas siempre necesitan instituciones que las apoyan, convencidas de que esa labor es importante. Los mapas son una gran ayuda para caminar con libertad y llegar adonde nos interesa.

Alberto Fijo
Crítico de cine y director de la revista Fila Siete.
Profesor universitario de Narrativa Audiovisual,
Historia del Cine y Ars (Apreciar la belleza)

Café Society (Woody Allen)
PABLO ECHART

A estas alturas de su filmografía, cada nueva película de Woody Allen puede entenderse como una variación de otras anteriores. Así, en cada una de ellas el cineasta reincide en temas, motivos argumentales y decisiones formales ya conocidos, si bien conviene precisar que Allen mantiene la capacidad para seguir aportando matices novedosos en cualquiera de estas esferas, de lo cual *Café Society* es buena prueba. Aunque la sensación de *déjà vu* sea inevitable, esto no supone un impedimento para deleitarse en un filme que, cuando menos, destaca en varios aspectos: la trama está eficazmente articulada y bien aderezada con momentos de comedia; resulta muy difícil no caer rendido ante el esteticismo visual de la película, mereciendo un reconocimiento especial la extraordinaria contribución del maestro Vittorio Storaro en el uso de la fotografía; y Allen -como de costumbre- prueba ser un gran director de intérpretes, de manera que Kristen Stewart refuerza los contornos melodramáticos de su personaje con su belleza y serenidad, y Jesse Eisenberg está impecable en su rol de alter ego *alleniano*.

Aunque sería absurdo pretender que una película albergara todas las marcas autorales de su director, *Café Society* podría interpretarse no solo como una variación sino -prácticamente- como un compendio de lo que es la filmografía de Allen. Así, si se pretendiera rastrear las constantes de su universo poético, decantarse por este filme como punto de partida podría ser una opción acertada. Sin afán de exhaustividad, en el plano argumental se reconoce un enredo sentimental que el espectador disfruta desde la superioridad que le da disponer de información privilegiada, y en el que vuelve a acontecer una relación entre un hombre maduro y una mujer joven; también -como veremos enseguida- la película desborda un amor cinéfilo por el Hollywood clásico. En cuanto a los personajes, además de que Allen dibuje un protagonista masculino a su medida -romántico, ingenuo, con sus tics judíos...-, no faltan los secundarios o menores reconocibles, como son la prostituta ingenua o de buen corazón, el matrimonio judío experimentado y siempre a la gresca, o unos gánsteres despreocupadamente violentos, cuyo tratamiento no está lejos del que empleara Scorsese en *Uno de los nuestros* (1990). En cuanto a la decantación espacial, Allen reitera su preferencia por los espacios abiertos románticos (sea la inevitable postal del *skyline* neoyorquino o el enésimo paseo por Central Park, siembre embriagador) y los interiores elegantes, estilizados unos y otros por el uso de la luz. La música clásica de Broadway vuelve a tener un valor sobresaliente tanto en el plano diegético como extradiegético, siendo mayor el reconocimiento que recibe el dueto de Rodgers y Hart. Y en el plano temático no faltan apuntes sobre la condición judía, el contraste de la religión semita con el cristianismo, los excursos afirmativos sobre el vitalismo del carpe diem o, en un plano principal, una reflexión moral sobre la autenticidad y su reverso.

Elecciones afectivas y autenticidad

Aunque en el universo ficcional de Woody Allen el amor de largo recorrido tiene escaso crédito, muchas de sus películas desarrollan sus tramas sobre los vaivenes de unos personajes que tratan de encontrar su pareja adecuada. Quiere decir esto que, aun dentro de los códigos pasajeros del amor pasional o romántico, las elecciones afectivas que toman los personajes no son baladíes, y así, estos se acercan o alejan respecto de un cierto ideal de felicidad en función de cómo se conformen sus relaciones amorosas en el desenlace de los relatos. Es ahí donde tantas veces cuaja (o no) la relación entre un hombre y una mujer que comparten una misma visión del mundo y unos valores, que además suelen ser opuestos a los de los demás candidatos románticos. Así, por ejemplo, los relatos de *Otra mujer* (1988) y *Melinda y Melinda* (2004) sancionan con la infelicidad la hipotética unión de sus protagonistas femeninas con un médico y un dentista, y en cambio vinculan su felicidad a su relación posible con un escritor y un músico respectivamente. De la misma forma que el personaje de Mickey (Woody Allen) en *Hannah y sus hermanas* (1986) encuentra su "media naranja" en una mujer que se ha situado en la misma longitud de onda de sus gustos estéticos.

Café Society hace del reconocimiento -y aceptación- de esta afinidad su motivo principal. Vonnie (Kristen Stewart) tendrá que decantarse entre dos hombres que la aman: su jefe Phil Stern (Steve Carrell), un exitoso agente de Hollywood que se plantea abandonar por ella a la que ha sido su mujer durante veinticinco años; o Bobby (Jesse Eisenberg), el sobrino de Phil, un recién llegado a la industria del cine, un joven naif, inseguro y genuinamente romántico que es incapaz de disimular su enamoramiento hacia ella. Si bien Phil no merece la antipatía que se reconoce en otros pretendientes inadecuados como los anteriormente citados, no deja de ser el personaje que encarna el glamour superficial de Hollywood. Por el contrario, Bobby se presenta como alguien con quien Vonnie podría acceder a una vida auténtica. En qué consiste la autenticidad se explicita en la escena en la que Bobby le propone a Vonnie casarse, abandonar Los Angeles e irse a vivir a Nueva York. Bobby fantasea con vivir los dos juntos en el Greenwich Village, rodeados de poetas y pintores, una imagen que casa bien con la sencillez y la falta de pretensiones materiales de los que hace gala Vonnie en la primera parte del filme.

Una vez más en la filmografía de Allen, la autenticidad se vincula al contacto con el arte genuino, con un estilo de vida bohemio donde es posible ser feliz sin tener dinero. El personaje de Kristen Stewart se sitúa de esta forma en la encrucijada más importante de su vida. La antes mencionada *Otra mujer* suponía un ejercicio retrospectivo en el que, de la mano del personaje interpretado por Gena Rowlands, un personaje femenino tomaba conciencia de las consecuencias negativas -una vida baldía- de haberse decantado por la opción segura o cómoda, en lugar de por la más arriesgada y correcta, la que dicta el corazón.

La filmografía de Allen abunda en personajes femeninos que toman conciencia en un momento dado de una decisión sentimental errónea por la que han guiado sus vidas. En películas como *Otra mujer*, *Alice* (1990) o *Blue Jasmine* (2013) llega el momento en el que sus protagonistas descubren el abismo al que se abren sus vidas después de haber guiado éstas por la comodidad, el lujo o un marido "razonable". Hábil manipulador, Allen juega a lo largo de todo el metraje de *Café Society* con las emociones del espectador, que confía en que Vonnie "abra los ojos" para enmendar su error, esto es, la tentación del lujo y el glamour que representa Phil (quien, por otra parte, se muestra como verdaderamente enamorado de ella). La comedia se tiñe de melancolía melodramática en el soberbio desenlace, que da cuenta mediante un montaje paralelo de cómo Vonnie

El desenlace: la secuencia de mayor emoción del filme.

y Bobby reciben el Año Nuevo -¡cuántas películas nos han emocionado con la música del *Auld Lang Syne*!- en sendas fiestas, ajenos a la alegría de los personajes que les rodean, sin duda acordándose el uno del otro, mientras la cámara gira a su alrededor y da cuenta de la soledad que los embarga a pesar de su aparente éxito y plenitud.

Pese a ser abandonado por Vonnie, y aunque se lamenta su desgracia -"el amor no correspondido mata a más personas que la tuberculosis", sentencia un amigo suyo-, el filme evita la complacencia con Bobby. Y es que, aunque sutil, no puede ser casual que se produzca una identificación entre él y Phil, su tío, mentor y rival. Tras la imposibilidad de conquistar a Vonnie, Bobby se casa con Verónica (Blake Lively), una modelo que desde su mismo nombre -equivalente al de Vonnie, sin el diminutivo cariñoso- se presenta como un sucedáneo de su verdadero amor. Además de guapa, Verónica es presentada como una mujer sin tacha y enamorada genuinamente de Bobby, una caracterización que la identifica con Karen (Sheryl Lee), la esposa "de toda la vida" de Phil. Si en una secuencia temprana la narración muestra cómo Phil engaña a Karen con Vonnie, más tarde es Verónica quien explícitamente le pregunta a Bobby si alguna le ha sido infiel. Incapaz de reconocer su *affaire* con Vonnie durante una estancia de ella en Nueva York, Bobby le miente a su esposa con éxito. De esta manera, Bobby "salva" su matrimonio, si bien éste queda viciado desde ese momento, y por tanto abierto a una futura ruptura, tal y como de hecho le ha sucedido al férreo matrimonio de Phil y Karen.

Bobby, por otro lado, seguirá regentando con éxito el Café Society, uno de los locales más *cool* y elitistas de Nueva York, cuyo nombre debe con toda probabilidad ser tomado del homónimo club de jazz fundado en 1938 en el Greenwich Village[1]. La ambivalencia en el valor otorgado a este espacio es clara: si bien se trata de un lugar de diversión y glamour -como podía serlo el Copacabana, el local ficticio de *La rosa púrpura de El Cairo* (1985) que tantas ganas tenía Cecilia (Mia Farrow) de conocer, y el mismo que Tom Baxter (Jeff Daniels) no duda en abandonar para cruzar la pantalla e ir a encontrarse con ella en el mundo real-, no deja de ser un reflejo neoyorquino de la superficialidad de las fiestas de Hollywood. Así, a su manera, Bobby se convierte -como lo es Phil- en un empresario exitoso rodeado de *beautiful people*, un logro que es promesa de vitalismo y belleza, pero que dista de su aspiración de vivir de manera despreocupada y genuina en el Greenwich. Como Vonnie, esa chica que prefería el encanto de la sencillez al lujo desaforado de Hollywood... hasta que sucumbió al mismo, Bobby pierde no solo su verdadero amor sino también su inocencia.

Cualquier tiempo pasado...

Parte de la educación que le permitirá a Holly (Dianne Wiest) ser una compañera adecuada para el personaje que interpreta Woody Allen en *Hannah y sus hermanas*, consiste en una audición en la que ella canta el *I'm old fashioned*, de Jerome Kern. Esta reivindicación de lo antiguo, de las viejas modas, supone una vía principal de fuga de la -a juicio de Allen- deprimente realidad del mundo. De ahí que el cineasta se haya decantado tantas veces en su filmografía por ubicar sus historias en un pasado que es recreado con la pátina del exotismo y la belleza. *Balas sobre Broadway* (1994), *Acordes y desacuerdos* (1999) o *Días de radio* (1987) son algunos buenos ejemplos de ello (LANE, 2016). A este refugio en un pasado idealizado Allen dio una original vuelta de tuerca en *Midnight in Paris* (2011), donde el escritor interpretado por Owen Wilson -un trasunto ficcional del propio cineasta- se remontaba a las épocas doradas de la bohemia parisién para entrar en contacto con sus ídolos: Buñuel, Man Ray, Picasso, Toulouse-Lautrec, Gertrude Stein y un largo etcétera.

En *Café Society*, Allen reincide en esta estrategia de introducir unos protagonistas de ficción en un entorno "real", en este caso el Hollywood de los años 30. Aunque el número de personalidades del cine "encarnadas" en personajes es mucho menor que en *Midnight in Paris*, la sensación de formar parte de ese universo está lograda gracias,

---

[1] *El Café Society fue pionero al constituirse como el primer "nightclub" estadounidense que reivindicaba la integración racial entre sus clientes y empleados, y en él despuntaron muchos músicos y cantantes afroamericanos: por ejemplo, Billie Holiday interpretó en él por primera vez "Strange Fruit", en 1939. Las connotaciones políticas y los logros artísticos asociados a este local constituyen una oportunidad perdida al entender de Richard Brody (BRODY, 2016).*

sobre todo, a las constantes referencias que los personajes hacen a celebridades como Ginger Rogers, Joan Crawford, Billy Wilder, Paul Muni, Spencer Tracy, Greta Garbo, William Wyler, Howard Hawks y un largo etcétera. Las alusiones a las estrellas del cine están particularmente bien ensambladas en la narración gracias a los diálogos de Phil, que ejerce su trabajo de agente tanto en su despacho como junto a una piscina rodeado de amigos y *celebrities*. En ocasiones, además, las referencias refuerzan su entidad al ser aderezadas con anécdotas -como la que Vonnie relata sobre Irene Dunne- y guiños a las biografías de los intérpretes -como el gusto de Errol Flynn por las jovencitas-. Parte de esta recreación y mitificación del entorno del Hollywood dorado incluye la contemplación de Bobby de las huellas de Gloria Swanson en el Teatro Chino, así como el *tour* de Vonnie y Bobby por las casas de las estrellas, situación que permite introducir a la protagonista como una chica capaz de apreciar lo verdaderamente valioso de la vida, que no tiene que ver con las posesiones materiales: ella prefiere poder ver el mar desde su apartamento en lugar de residir en una de las jaulas de oro de Beverly HIlls.

Como en tantas otras películas de Allen, el deleite estético cataliza o favorece la cristalización del romance (ECHART, 2017). En lo que supone un motivo recurrente de su filmografía, pocos planes mejores para una pareja romántica que pasar una noche escuchando a una banda interpretar standards del jazz o clásicos de Broadway; o, en sintonía con el amor de Allen por el séptimo arte, pocos placeres superiores al de compartir la experiencia de ver juntos una buena película en una sala de cine. Si en *Misterioso asesinato en Manhattan* (1993) Allen reproducía unos planos de *Perdición* (W. Wilder, 1944), ahora el cineasta reitera su admiración por Barbara Stanwyck haciendo lo propio con *La vestida de rojo* (R. Florey, 1935); así como hay lugar para demostrar de nuevo su pasión por la *screwball comedy* al reproducir unas imágenes de *Una mujer difamada* (J. Conway, 1936). También, mediante un póster gigante, Allen recupera por enésima vez en su filmografía la alusión a *En alas de la danza* (G. Stevens, 1936), protagonizada por los inefables Fred Astaire y Ginger Rogers…

En definitiva, Allen presenta en *Café Society* una visión dualista del mundo del cine. Por un lado, la película supone un homenaje a las películas concebidas como un arte popular; por otro lado, bajo la belleza seductora de la élite hollywoodiense se encuentra el vacío, una realidad que desoye los dictados más importantes: los registrados por el corazón.

CAFÉ SOCIETY (2016)
País: **EE.UU.**
Dirección y Guion: **Woody Allen**
Fotografía: **Vittorio Storaro**
Montaje: **Alisa Lepselter**
Música: **Varios**
Diseño de producción: **Santo Loquasto**
Vestuario: **Suzy Benzinger**
Intérpretes: **Jesse Eisenberg, Kristen Stewart, Steve Carrell, Blake Lively, Sheryl Lee, Corey Stoll, Stephen Kunken, Sari Lennick, Parker Posey, Jeannie Berlin, Ken Stott**
96 minutos
Distribuidora DVD: **eOne**
Estreno en España: **26.8.2016**

Filmografía de Woody Allen como director (últimas 10 películas)

- *Wonder Wheel* (2017).
- *Café Society* (2016).
  Irrational Man (2015).
- *Magia a la luz de la luna* (*Magic in the Moonlight*, 2014).
- *Blue Jasmine* (2013).
- *A Roma con amor* (*To Rome with Love*, 2012).
- *Midnight in Paris* (2011).
- *Conocerás al hombre de tus sueños* (*You Will Meet a Talk Dark Stranger*, 2010).
- *Si la cosa funciona* (*Whatever Works*, 2009).
- *Vicky Cristina Barcelona* (2008).

FUENTES

• BRODY, Richard (2016). *Youthful Illusions in Woody Allen's «Café Society»*. The New Yorker. 14.07.2016. Recuperado de <http://www.newyorker.com/culture/richard-brody/youthful-illusions-in-woody-allens-cafe-society>

• ECHART, Pablo (2017). *Artistic Talent and Sensibility: The Dramatic Uses of Art in Woody Allen's Creation of Characters*. Arte, individuo y sociedad, 29 (1), 57-70.

• LANE, Anthony (2016). *«Café Society» and «Life, Animated», Reviews*. The New Yorker. 18.07.2016. Recuperado de <http://www.newyorker.com/magazine/2016/07/11/cafe-society-and-life-animated-reviews>

¡Canta! (Garth Jennings)
PILAR YÉBENES

*Para Rocío... y su Super Piggy power con sus tres
lechones y medio: Juan María, Carlota, Martina y Javier*

Super Poder cochino[1]: la oportunidad de ser estrella

Buster Moon, el koala maestro de ceremonias protagonista de *¡Canta!*, no es solo el diseño de un personaje de animación bien trazado e ideado para que funcione en pantalla y para que conecte con el público. Moon es un *leitmotiv*, un reclamo de frases trilladas necesarias para impulsar las vidas de un gran colectivo de gente que llevan el arte -o no- por las venas, pero cuyo deseo es triunfar en la canción. "Soñar a lo grande", "Todos llevamos una estrella dentro", "Lucha por tus objetivos", pueden ser algunos de los enunciados de este concurso musical que supone *¡Canta!*. Vivimos en un momento de constante *revival*, pero donde hay pretensión por creer en la autenticidad y genuinidad de las cosas bien hechas y que tener un don puede abrirte puertas y ofrecerte la felicidad. Por eso, Buster Moon es necesario, absoluto y determinante como principal mimbre de una película de *target* familiar que despierta sonrisas y risas y que hace mover a ritmo de pop hasta al más arrítmico de la sala.

¡Canta! pone la música al servicio de la historia. Nos encontramos una propuesta divertida en animación 3D de género musical donde se saben fusionar adecuadamente

---

[1] *A grito de ¡Piggy Power! -¡Súper Poder Cochino!- Gunter, el cerdo con acento alemán más optimista del filme, pretende hacer felices a quienes están a su alrededor.*

el folclore de distintas culturas, como la americana y la española. ¡Canta! es el hilo musical de cualquiera de nuestras bibliotecas IPhone. Hagamos memoria con una de las secuencias más brillantes de la película: la que protagoniza la transgresora Rosita, una mamá de veinticinco lechones en edad de colegio, una cerdita sonrosada y con curvas propias de Beyoncé, que, creyendo que su sueño de ser cantante se ha esfumado, se marca en el supermercado un auténtico baile gitano a ritmo de caja, palma y guitarra con el mítico *Bamboleo* de Gipsy Kings -porque la conciliación de la mujer con el trabajo tampoco está fácil en el mundo animal-.

Más de ochenta y cinco *hit songs*, con un diseño de personajes de gran nivel, aunque lo importante en ¡Canta! no es tanto el diseño en sí, sino el uso que se hace de ellos, ya que la elección de los animales contrasta con la sensibilidad de los personajes otorgándole el golpe de humor desternillante en algunas secuencias.

Con el fenómeno *idol* se vuelve al discurso de la dramatización de la realidad de las personas que sufren para triunfar en una profesión y vocación durísima como es la música. La película posee el beneplácito de controlar a lo largo de, algo más de hora y media, la trama argumental expuesta y contada en *off* por Moon en el prólogo: erigir la mayor competición de música en forma de concurso y construir el teatro de su vida. Los hilos de sus marionetas -los personajes de su casting- bailan sincronizados puesto que las relaciones entre los protagonistas van entrelazándose y desarrollando sus propias historias dentro de la principal, y sus arcos de transformación se van negociando uno tras otro, donde las conductas giran grados y grados gracias a las tramas y subtramas de la película.

En ¡Canta! todo cliché y estereotipo funciona, incluso siendo otra película de animales antropomorfizados que hablan, sienten, padecen y en este caso tienen voz privilegiada. Otro filme de protagonistas mascoteros habitantes de zoo, como la espectacular y oscarizada *Zootrópolis* (Byron Howard y Rich Moore, 2016), la que a priori parecía una modesta cinta de la Universal, *Mascotas*, con recaudación[2] de oro (Chris Renaud y Yarrow Cheney, 2016) o la secuela innecesaria de *Buscando a Dory* (Andrew Stanton, 2016). No hay que olvidar que la constante del guion animal procede de la más primitiva historia, de los mismos inicios del arte animado, con los Gertie (McCay), Felix (Sullivan y Messmer) y Oswald (Disney e Iwerks) de turno. Y sí, funciona. Pero la fórmula tampoco es nueva y excluyente de la literatura de cuento de Pe-

---

[2] *"The Secret life of Pets"* obtuvo una recaudación de 104,354 millones de dólares en la semana de su estreno en EE.UU. Disponible en <http://www.boxofficemojo.com/search/?q=the%20secret%20life%20of%20pets> [fecha de consulta: 3-Mayo-2017].

rrault y Andersen, de las fábulas de Esopo y La Fontaine, de la fantasía de Orwell, o de las instructivas moralinas de Samaniego.

La película, historia de superaciones en concursos *talent*, sitúa la metrópoli como trasfondo -y fondo- donde habitan y conviven gorilas solicitando plaza para convertirse en mafiosos Corleones, viejas iguanas a las que se les saltan los ojos de las córneas provocando catástrofes y hasta ovejas raperas acomodadas en mansiones intentando buscar el sentido y las metas de sus aparentes vidas vacías.

Cada especie asume su simbología, la naturaleza de las sensaciones externas y las acciones de cada animal hacen que cada uno de ellos opte por una historia de superación acorde al peso, movimiento, color y características de su especie en cuestión. La historia del gorila Jonny es la primera que se narra después del prólogo de Moon, donde la superación es delicada, temáticamente, al igual que la de Rosita, donde ambos sufren la presión familiar. En el caso de Jonny por los inconvenientes de pertenecer a una banda de ladrones de bancos, liderada por su padre y en el de Rosita, la de ser parte de una sociedad machista en la que ser madre y mujer no es la mejor de las decisiones. Ambos animales son dos de los que más connotaciones negativas[3] pueden simular por sus características, desafortunadas algunas por el gran público neófito en biología. El equipo de animación de *¡Canta!* tiene su apoyo precisamente en este vínculo para escribir y crear la vida del personaje. El gorila, animal cuya anatomía es la más comparada con los humanos, ha de ser ejemplo en el estadio moralizante y de enseñanza que han de tener las películas de animación para niños. El primate más fuerte y con mayor musculatura se doblega en dos caracteres opuestos -dos tendencias psicológicas con enérgicos contrastes en las relaciones- para establecer una tipología de comportamientos y un conflicto temperamental donde residen el bien y el mal y que cada uno tiene por su propia naturaleza y genética. Jonny, infiltrado en un temperamento melancólico -al igual que el resto de los personajes femeninos, Meena, Rosita y Ash- se mantiene firme en decisiones que le llevan por el buen camino, pero soportando -con remordimientos de conciencia e inestabilidad- los impulsos y pasiones de su padre, que hasta el último clímax del tercer acto adquirirá un comportamiento y mostrará un arco de transformación coherente con la historia propuesta por Jennings. Este gran personaje secundario, influido por la peripecia de la historia, supone un arco de transformación afectado con el éxito alcanzado por su hijo Jonny en el *talent show*. El cambio de carácter y la modificación de la conducta que ha man-

---

[3]*Los cerdos, mamíferos domésticos, son motivo de mofa y de insulto en el ideario psicológico y verbal de los humanos, porque pensamos que son glotones y sucios, nada que ver con la realidad: nobles y limpios a los que les gusta jugar y tomar el sol.*

tenido durante todo el filme se desencajan al ver a su hijo en la televisión triunfar, mientras él está cumpliendo pena en la cárcel. Una historia interior sobrecogedora, extrapolable a las obstinaciones que los padres tenemos por controlar las acciones de nuestros hijos y que supone una maravillosa fragilidad ante las emociones y los sentimientos en un conflicto temperamental en escena considerablemente atractivo. Bigg Daddy arrasa con los cimientos que rodean su celda y saca la fuerza icónica del animal que conoce el niño en la sala, el animal irracional, sin florituras, en estado puro, el macho que dirige en las selvas a más de treinta gorilas responsabilizándose de la seguridad y bienestar del grupo, el primate al que se le desprende cualquier tipo de humanidad y utiliza los brazos y patas para correr por la *cityzoo*, llegar al *backstage* y fundirse en un abrazo con su hijo poniendo fin a una pelea con tan solo una mirada. Igual que los gorilas en su hábitat.

Y este dinamismo y acción visual que supone narrar con imágenes animadas, hace que no todo el metraje sobrecargue la cinta con el registro sonoro musical y que las vidas de los personajes fluyan una a una a buen ritmo. Es parte de ese repertorio Miss Crawley, la secretaría del koala, una dulce e inocente reptil escamosa entrada en años que acompaña en el periplo al dueño del teatro y padre de Moon desde las primeras décadas de la empresa y cuyo cariño y amistad se extiende a su hijo. Importante personaje porque se convierte en el detonante de la historia y conflicto del drama, y que a su vez trastornará el equilibrio de Moon. Y Eddie, la oveja negra, nieto millonario de la gran diva de la canción del país, que viviendo de las rentas familiares habrá de sufrir la transformación a la madurez y al espíritu del trabajo siempre al lado del koala, que le ofrece una relación de amistad basada en la solidaridad, en la confidencia y en la fidelidad, ingredientes cardinales para los guionistas.

En ¡Canta! se le dedica el tiempo suficiente a cada personaje para conocer estas y otras historias, con sus pros y sus contras, narraciones en un entorno animalario pero que transfiguran en los nuestros propios. El animal como efecto espejo del sentir humano. Ya lo transmitía el gran José María Gironella -autor de la colosal *Los cipreses creen en Dios*- hace cuarenta y un años, allá por el 76... con propósito del libro *La leyenda del Lobo Cantar*[4], de George Stone, del cual se había quedado enamorado:

> Se había producido la deseable sintonización. Cuando el Lobo Cantor se sentía solo, yo sentía soledad. Cuando el Lobo Cantor evocaba la figura de Dirus, el lobo atávicamente juicioso, yo evocaba la figura de mis Dirus particulares, que siempre han estado junto a mí, aconsejándome con sano criterio. Cuando el Lobo Cantor dialogaba con

---

[4] GIRONELLA, José María (1976), como se citó en REY, Francisco (2011). "La leyenda del Lobo Cantor": <http://bibliotecasolidaria.blogspot.com.es/2011/06/la-leyenda-del-lobo-cantor-george-stone.html>

Selección de las audiciones donde Mr.Moon elige a Jonny en una segunda opción.

el lobo Anciano, porfiando por rescatarlo de la rutina y convencerlo de que la misión de los lobos era precisamente cantar, yo rememoraba mis esfuerzos por abrirme paso entre la frialdad en torno, entre la cerrazón y el fatalismo, ansioso de proclamar que el hombre tiene derecho a usar sin cortapisas del don de la palabra. Cuando el Lobo Cantor decidió salir en busca de compañera -atravesando bancos de niebla, en medio de una formidable tormenta- yo reviví el momento exacto en que, atristado mi cerebro, me sentí incompleto y tuve conciencia de que, para no caminar cojitranco hasta la muerte, necesitaba salir en busca de mujer. Y así lo hice, y fue para bien... (GIRONELLA, 1976).

¡*Canta!* supone una galería inmensa de personajes que harán de sus arcos de transformación toda una aventura de superación y pasiones. El hándicap de llevar a cabo una película de animación con el cien por cien de personajes animales que hablan, piensan y sienten es al menos peligroso pero valiente, porque el espectador, inconscientemente, en algún momento del metraje, extrapolará algunas de estas subtramas -o todas- como parte de los problemas y devenires del día a día. La simulación y reconversión mental de animales en hombres -la lógica, en ocasiones, bajo el paraguas de la barbarie o de la indignación nos dice que somos la misma especie[5]- es el modus operandi de la mayor parte de las películas antropomorfas. Es importante comprender el término, porque quizás varias veces confundimos qué es la antropomorfía, ya que la delegamos en lo

---

[5] *El poderío de la animación da el uso de la palabra a los animales, regalándoles la acción por la que se revela y proviene el pensamiento humano y que fuera de las pantallas sería inconcebible. Es más: les dota de alma, la substancia que no poseen los animales y que es la causa de las sensaciones.*

animal únicamente. Lo antropomorfo se basa en otorgar características humanas a las cosas, no tiene por qué ser siempre un animal y el logro es de ellos, de los animadores que evidentemente no solo controlan a la perfección el movimiento animal y humano, sino también el *timing*, los pesos, las poses, etc.

Con fe y sollozos creímos que algunas de nosotras fuimos cervatillas segadas violentamente de madre y timón, casi reconvirtiendo a *Bambi* (1942) en una humana; otros seguirán haciendo simulaciones manidas, privadas -¡y públicas!- de la secuencia de injerencia de espaguetis más popular de la historia del cine, *La Dama y el Vagabundo* (1955); muchos padres sacaremos las garras como en su día lo hizo Mufasa por el joven descarriado sucesor al trono en *El Rey León* (1994); y otros soñarán ser héroes que hacen viajes insólitos al interior de sus miserias para poder reconvertirlas en venturas y felicidades del prójimo, surgiendo el mítico *Robin Hoood* (1973), el incansable Flik de *Bichos* (1998) o el accidentado y cándido Panda Po, *Kung Fu Panda* (2008).

Incluiría un libro aparte de citar todas las películas de animación en cualquiera de sus técnicas donde a los animales se le da voz y actúan en poder de sentimientos racionales humanos -*Fievel y el nuevo mundo* (1986), *Basil el ratón súper detective* (1986), *Babe, el cerdito valiente* (1990), *El planeta de los simios* (Tim Burton, 2001), *Ratónpolis* (2006), *Fantástico Sr. Fox* (2009) o *Rango* (2011), por abarcar una mínima y variada muestra.

Nunca podré dejar de olvidar cómo un niño puede llegar a meterse en el papel protagonista de una narración animada protagonizada por animales parlanchines. El escenario no podía ser más mágico que el Velódromo de Anoeta en el incomparable marco de la 51ª edición del Festival de San Sebastián. La gran pantalla de 400 metros cuadrados en un ambiente un tanto húmedo y agradecido acogía el estreno de la última de Pixar, *Buscando a Nemo* (2003). Flanqueada por filas de niños destinados a ver el filme, prensa, autoridades, y amantes del cine en general, pude asistir a un momento inolvidable que tan solo duraba nueve minutos pero que sellaba para siempre -y de nuevo-, una lección magistral de la compañía dirigida por el maestro Lasseter, donde el poder de una historia residía en el poder de su narración perfecta, sin fracturas, sin vías muertas, con un valor dramático imparable empastándose con excelencia absoluta en la trama y en la modificación de personajes.

Antes de que se estampara en la lona blanca el nombre de crédito de título de apertura de *Buscando a Nemo*, y con un prólogo agónico y bruñidamente terrorífico, todos nos convertimos en Nemo y Marlin. Los niños lloraban sin ocultarse la pérdida de Coral y sus innumerables alevines -eliminado cualquiera de sus anteriores sonrisas y manifestaciones nerviosas por el comienzo de la película- transmutándose en peces payasos durante hora y media de proyección. Los padres, sin previo aviso -como en la vida misma-, se transformaban en un océano de peligros innumerables, con escafandra incluida, donde su misión se convertía, sin comerlo ni beberlo (como le brota la llamada a la aventura a muchos héroes), en no dejar morir a ese pez payaso aventurero y valiente que había sobrevivido milagrosamente al desayuno del tiburón. Todos, desde diferentes prismas, fuimos peces cuyas branquias se nos quedaron tocadas para siempre. Es el poder de la animación antropomorfa que consigue que los peces payaso y cirujanos sean las estrellas de todos los acuarios mundiales en diversas lenguas.

Así es el fenómeno de la animación: ponga usted animales con alma en su película. El súper poder cochino es el grito de guerra que reivindica Gunter, el cerdo pareja musical de Rosita en ¡Canta!, cuando pretende transmitir ánimo y fuerza para ganar. Un grito que se convierte en el himno y reclamo de que todos -o casi todos- queramos ser reyes y reinas por un día, sentir el éxito y el aplauso en nuestras pieles… en definitiva, ser parte del show… de la vida.

¡A Singing Competition!

Directamente a lo grande, con pompa y boato y cierta excentricidad, empieza esta comedia musical animada, inspirada en el programa televisivo *American Idol*, con una secuencia en *flashback* que nos lleva a conocer al protagonista Buster Moon -voz de Matthew McConaughey- con tan solo seis años, momento en el que se enamora del teatro al ver cantar a la gran diva Nana Noodleman, una oveja millonaria que será el catalizador para la resolución de la historia. El propio Moon, como narrador intradiegético, cuenta su biografía mostrándonos quién es ese pequeño koala que se ha convertido -por el momento- en el empresario teatral, visionario, loco y cabezota, personalidad que le llevará a correr ciertos riesgos, pero también grandes triunfos. El koala visionario que pretende convertirse en empresario teatral al estilo de *Los Productores* (Mel Brooks).

El filme tiene corazón -tiene guion-, no es un simple cortejo de temas musicales desfilando uno tras otro. "¡A singing competition!", grita un eufórico y emocionado Buster Moon a su amigo la oveja, invitando a la población animalada al casting para participar.

La primera opción es darle responsabilidad a una octogenaria Miss Crawley con problemas de vista y despiste, confiándole la confección de los folletos publicitarios del concurso con el que Moon pretende recuperar parte de las pérdidas de su amado teatro. Fórmula universal en animación de cargarle el muerto al más desvalido con resultados brillantes. La iguana miope y torpe, pero entrañable, se confunde impresionando en el ordenador la cuantía equivocada del premio para el ganador del concurso de talentos de canto, añadiéndole un cero más a la cifra módica y pagable de 1.000 dólares. El detonante, por lo tanto, está servido en bandeja de plata para pasar un auténtico buen rato, donde secuencia tras secuencia la condición humana se verá reflejada como un microcosmos social transmutado en animales variados con naturalezas y temperamentos muy distintos. La segunda opción es vestir a los muñecos e iluminarlos de personalidad. A Meena, la elefanta, le paralizará el miedo. A Mike, el ratón blanco, le sobrará la prepotencia. A Jonny, el gorila, le confundirá la familia. A la puercoespín Ash le enajenará el amor.

Y la tercera cuestión es resolver los conflictos surgidos en una película donde sobresale la historia por encima de los diseños de personajes, fabulosos todos, pero no del todo originales; Disney ya nos pintó a los gorilas de *Tarzán*, a los *Tres Cerditos*...

Haciendo funcionar el cóctel: animación, comedia y musical

Con un control creativo dominante en el entretenimiento familiar e infantil, Illumination Entertainment y su productor[6] Chris Meledandri vuelven a construir una cinta exclusiva con una historia original. Años antes lo consiguieron con *Despicable Me* (Chris Reanaud y Pierre Coffin, 2010), con guion del grande y admirado Sergio Pablos, y *Los Minions* (2015), aunque bien es cierto que esta última menos espectacular que *Gru, mi villano favorito* y su secuela *Despicable Me 2* (2013), pero funcionando en taquilla de manera grandilocuente. No hay que olvidar que *Gru 2. Mi villano favorito* superó los mil millones de dólares de recaudación y logró un *merchandising* intensamente universal.

El que fuera presidente de 20th Century Fox Animation conoce las reglas del juego de la comedia y las sinergias con la animación en sus diferentes estadios. Inmortalizó a la ardilla Scrat no solo en la imprescindible e innovadora *Ice Age: La edad del Hielo* (Chris Wedge, 2002), también en los cortometrajes *Gone Nutty* y *No time for nuts*. Del mismo modo experimentó con *Robots* (2005), *Alvin y las ardillas* (2007) y *Horton* (2008), con las que ya lleva aprendido cómo crear productos de animación para denominación familiar, y además sabe controlar la distribución de sus películas de manera exclusiva y con un aval como es Universal.

---

[6]*Produce "Canta", junto a Meledandri, Janet Healy.*

Ensayos de Rosita y Gunter donde la cerdita se tropieza y cae pensando que su vida artística está acabada.

Las películas *made in Illumination*[7] son conocidas por tener presupuestos muy competitivos al ser producidas en Francia, y consiguen alcanzar el mismo nivel de maestría técnica que casi todas las películas de animación de las *majors*.

El reconocimiento de Meledandri como productor viene acreditado por Annecy, el más ilustre festival de animación mundial, en los Alpes franceses, y al que al menos, una vez en la vida, recomiendo que se acuda por su aura mágica y su diversión asegurada. El premio de 2016 en la localidad francesa no simbolizaba uno más en la carrera del productor americano y sí constituye un respaldo de la industria europea y americana de la animación como puente de unión de las dos orillas del Atlántico. Que la película sea interesante y esté bien hecha es responsabilidad de Christophe Lourdelet y Garth Jennings, directores de la cinta, cuyo casting original de la misma resultó un acierto único, no solo en voces sino en temas musicales. Algunos de ellos ya habían hecho los deberes y traían experiencias en doblar animación y en cantar: Scarlett Johansson -dando vida a la rockera Ash- ya vibró cantando en *El libro de la selva*; Seth MacFarlane -Mike, el ratón estafador en el filme- es, entre otras muchas facetas de su vida, músico y cantante; o la propia cantante Tori Kelly que presta su derroche de voz a Meena, la tierna elefanta. Todos ellos son referencia en la animación americana donde no olvidamos papeles magistrales como el de John C.Reilly -en *¡Canta!* interpretando a Eddie, la oveja millonaria, y representando el papel de Ralph en *¡Rompe Ralph!* (2012)-; o Reese

---

[7]*En 2011, Illumination se hace con el control del departamento de animación y efectos visuales francés Mac Guff fundando Illumination Mac Guff.*

Casting de *¡Canta!*.

Witherspoon, que ilustra a Rosita, y que ya pusiera su voz en *Monstruos contra alienígenas*, la película que produjo Dreamworks en 2009. El resto de canciones hacen vibrar y consiguen que, por una hora y cuarenta y cinco minutos, la fusión entre espectadores de muy distinto *target* no suponga ser un mito: Taron Egerton convertido en el noble gorila Johnny cantando *I'm Still Standing*, de Elton John; Nick Kroll, Gunter en la pantalla, constituyendo un acertado diseño de personaje y que interpreta *Bad Romance*, de Lady Gaga, o el éxito *Shake it off*, de Taylor Swift, con fuegos artificiales de puesta en escena con el cerdito alemán dentro de una lavadora. Película cuidada, incluido un diseño de vestuario primoroso como las gafas de corazón, estilo *poppy*, que lleva Ash en una de las secuencias finales y escalofriantes, con un macarra solo de guitarra eléctrica, cantando el tema *Set it all free*, de Sam Tsui y Madilyn Bailey, a capella y sin amplificador en su comienzo.

En definitiva, todo un *score* original empastado y organizado por el compositor Joby Talbot, que ya trabajó con Jennings en la música de *Guía del autoestopista galáctico* (2005) y en *El hijo de Rambow* (2007).

Hacer uso de los temas musicales de las generaciones de los padres que acompañan a sus hijos a la sala a ver *¡Canta!* actúa de punto de conexión emotivo entre ambos. Algunas de las canciones clásicas del pop o del jazz de la película añaden una capa semántica que solo los adultos llegan a entender -aunque a los infantes les resulte agradable-. Es el caso del mítico tema de Sinatra, *My Way*, versionado desde Elvis Presley a Vicente

Fernández y que en esta ocasión interpreta el derroche de voz del polifacético Seth MacFarlane, creador de *American Dad* y guionista de *El laboratorio de Dexter* o *Vaca y Pollo*, de Network Cartoon, dando luz a este personaje con varias brozas en contra, por lo absolutamente desagradable que resulta. Mike, el ratón blanco, atiende a la descripción del personaje ruin, que aleja al espectador de obtener su cariño. Es evidente que todos están confeccionados para desarrollar diferentes funciones y acciones que hagan inteligible y creíble la historia de *¡Canta!*. Mike constituye un personaje clave en el desarrollo, siendo giro de la historia cuando parece que todo va en buena dirección. El ratón hace la función, como lo designaría Vladimir Propp, del agresor dañando a uno de los miembros de la familia o causando perjuicios (Propp, 1981: 42). Mike es el autor de la destrucción del Teatro Luna, que con sacrificio y fe renuevan los integrantes ganadores del casting del concurso, junto a Moon y Crawly.

Días después del preestreno, con sorpresa, inglés arbitrario y encanto, oigo tararear a mi hijo pequeño *I'm still standing* y decirme apasionado: "…¡Ésta es la canción que canta el gorila de la película, mamá!". En nuestras manos está mostrarles que hay alguien por el planeta llamado… Elton John.

¡SING! (2016)
País: **EE.UU.**
Dirección: **Garth Jennings, Christophe Lourdelet**
Guion: **G. Jennings**
Casting: **Allison Jones**
Música: **Joby Talbot**
Diseño de producción: **Eric Guillon**
Dirección de arte: **Francois Moret**
Voces originales: **Scarlett Johansson, Taron Egerton, Matthew McConaughey, Nick Kroll, Reese Witherspoon, Nick Offerman, Jennifer Saunders**
108 minutos
Distribuidora DVD: **Universal**
Estreno en España: **22.12.2016**

Filmografía de Garth Jennings como director

- *Guía del autoestopista galáctico* (*The Hitchhiker's Guide to the Galaxy*, 2005).
- *El hijo de Rambow* (*Son of Rambow*, 2007).

FUENTES

- AYUSO, Rocío (2016). *La animación de Hollywood desembarca en Annecy.* Golden Globe Awards. 20 Jun. Recuperada de <www.goldenglobes.com>
- BEATTIE, John (1993). *Otras culturas.* Madrid: Fondo de Cultura Económica.
- PROPP, Vladimir (1981). *Morfología del cuento.* Madrid: Ed. Fundamentos.
- SING [CD], Original Motion Picture Sountrack. Universal Studios. 2016.

El editor de libros (Michael Grandage)
JOSÉ MARÍA CONTRERAS ESPUNY

Para su primer trabajo en la dirección cinematográfica, el dramaturgo Michael Grandage ha escogido reivindicar la figura de Maxwell Evarts Perkins (Colin Firth), quien, desde su despacho en la editorial Scribner's, jugó un papel determinante en la literatura estadounidense de la primera mitad del siglo pasado. El guion lo firma John Logan (*Gladiator*, *El aviador*, *La invención de Hugo*...) y se basa en la biografía *Max Perkins: Editor of Genius*, de Scott Berg, recientemente publicada en español por Rialp (2016). Si bien Perkins editó a escritores celebérrimos como Scott Fitzgerald o Ernest Hemingway, la película se centra en la relación que mantuvo con el más indómito de sus autores, Thomas Wolfe (Jude Law).

Un editor aristotélico y un autor monstruoso

En una conferencia en la Universidad de Nueva York, Perkins afirmaría que «el proceso es muy simple [...] a fin de cuentas un editor no puede sacar de un autor sino lo que ya existe dentro de él» (SCOTT BERG, 2016: 19). Fácil de formular pero difícil de llevar a cabo, porque un escritor, según parece, no es una naranja que uno pueda exprimir hasta vaciarlo de palabras. Pero Perkins, aunque quisiera restarse importancia, tenía una serie de facultades que lo convertirían en el mascarón de proa de su editorial: sabía identificar qué semilla apuntaba a árbol frondoso, trabajaba concienzudamente en los manuscritos, incluso ejercía de psiquiatra, asesor o prestamista si llegaba el caso -que llegaba muy a menudo-.

Todos estos roles y alguno más tuvo que desempeñar en la edición de Thomas Wolfe. Rechazado por distintas editoriales a causa de su escritura masiva y su caótica estructura, Perkins supo ver, sin embargo, las huellas de un escritor importante. Tras aceptar lo que sería su novela *El ángel que nos mira*, se inicia un faraónico proceso de corrección y pulido entre ambos, sin el cual, casi sin lugar a dudas, Wolfe no hubiera conseguido el éxito que luego tuvo. Por así decirlo, Max logró que Thomas fuera legible.

En este sentido, *Genius* se emparenta con otras películas que atienden a la relación entre creador y mecenas. Es el caso de *El tormento y el éxtasis* (Carol Reed, 1965), donde Miguel Ángel (Charlton Heston) es conducido providencialmente por el papa Julio II (un inspirado Rex Harrison), quien encauza el inflamable talento del florentino hacia la decoración de la Capilla Sixtina. O la más reciente *24 Hour Party People*, dirigida por Michael Winterbotton y estrenada en el año 2002; película valiosa y en parte metanarrativa. Cuenta la historia de Tony Wilson, quien catalizaría la música de Manchester y bregaría con vocalistas empantanados en la autodestrucción y los estupefacientes. O, también en cierto sentido, *Amadeus* (Miloš Forman, 1984), en la que Antonio Salieri, corroído por el rencor hacia un Dios que había otorgado su más excelso don a su más baja criatura (Mozart es representado soez y odioso), hilvana un plan en que el mecenazgo será homicida.

Estos títulos coinciden también en presentar a un creador genial, desbocado, heredero, aunque sea retrospectivamente, de la imagen romántica del artista y de su Yo sobredimensionado y caníbal en no pocas ocasiones. No hace falta mucha temeridad teórica para afirmar que la sombra del romanticismo sobrepasa el siglo XIX y que los movimientos vanguardistas bien pueden considerarse sus epígonos. Llámenlo posromanticismo o como prefieran, pero lo cierto es que en ésas estamos. Y clara muestra de ello el cine que, al acercarse a los artistas, no disimula su preferencia por los atormentados, excluidos, rebeldes; autores -será el caso de Thomas Wolfe- tronchados por su propio ímpetu creador, consumidos, como si una vela tuviera que bastarse para alimentar una hoguera. Vitales también, tanto que lo son de forma trágica. Podría aplicárseles en conjunto el título del biopic que Vincente Minnelli filmó sobre Van Gogh: *Lust for live*, lujuria por la vida.

Calibán y Próspero

"Yo soy Calibán. Esa criatura de la isla: monstruosa y deforme; repulsiva, extraña, herida y abocada a la poesía", confiesa Wolfe en la película durante la corrección de su primera novela. Recurre a un personaje de *La tempestad*, de William Shakespeare. Hemos de suponer que, por tanto, Perkins es Próspero, dueño de los sortilegios que determinan el devenir de la historia y padre adoptivo de la criatura. Próspero instruye a Calibán y le da la facultad del lenguaje, hasta que éste se rebela intentando violar a Miranda, su hija: «De no habérmelo impedido tú, en la isla habría hoy un montón de Calibanes» (SHAKESPEARE, 2016: 472).

La referencia a la obra de Shakespeare, además de subrayar el carácter putativo de Max y la ulterior traición de Thomas, alude a la tosquedad no labrada y salvaje de Wolfe, tanto a nivel personal como artístico. Max se consagra en desbastar una naturaleza en bruto y, más importante aún, encaminar un anhelo cósmico y, por ello, irrealizable. Lo explica el propio autor en su libro *Historia de una novela* (1993), donde cuenta su experiencia con la escritura y corrección de *Del tiempo y el río*; proceso que ocupa todo el segundo acto de la película. En sus páginas, Wolfe confiesa el propósito fáustico que le anima, más aún, que le subyuga: capturar y trasmitir la totalidad de la vida norteamericana, «elaborar una expresión acabada y completa, descubrir todo un universo y su consiguiente lenguaje» (WOLFE, 1993: 74).

Y por si las dimensiones del propósito no bastaran, hay que añadir dos características del hacer literario de Wolfe. En primer lugar, una memoria prodigiosa que, al igual que el personaje de Borges, Funes (BORGES, 2009), todo lo retenía sin jerarquizar entre lo fundamental y lo accesorio. No había elipsis posible, nada que no mereciera ser escrito. En segundo lugar, una fertilidad incontenible que se traducía en escritura compulsiva. Tranquilamente podía producir entre 5.000 y 10.000 palabras de una sentada. En pos de su objetivo holístico, cualquier hecho que intentaba escribir se ramificaba exponencialmente. En palabras del propio Max Perkins:

> Tom era un hombre de enorme talento, un genio. Ese talento, como su visión de América, era tan vasto que ni un solo libro y ni siquiera una vida podían contener todo lo que él tenía que decir (SCOTT BERG, 2016: 20).

Así las cosas, solo un editor igualmente genial podía organizar ese océano literario con vistas a que resultara comprensible. Ese fue Max Perkins y, cuando Wolfe necesita tres porteadores para llevar a su despacho el manuscrito de *Del tiempo y el río*, se limita a decir: "buen trabajo".

Wolfe durante la aceptación de su primera novela *El ángel que nos mira*.

In loco parentis

La relación excede el ámbito profesional surgiendo una amistad de tintes paterno-filiares. Para Perkins, padre de cuatro hijas, Wolfe supone el hijo que nunca tuvo. Por su parte, Max sustituye al padre de Thomas, muerto cuando el escritor tenía 22 años.

Esta relación desencadena un nuevo conflicto: los celos de Aline Bernstein (Nicole Kidman). Casi veinte años mayor que Wolfe, lo dejó todo por él y ahora se siente desplazada cuando Thomas alcanza el éxito y empieza a centrarse cada vez más en su vocación y, por tanto, en su amistad con Perkins. "En un momento en que nadie me necesitaba, conocí a Tom -confiesa Aline a la mujer de Max en una cafetería-. Pero ahora sé que le he perdido a causa de su marido".

La subtrama del romance y ruptura con Aline se simplifica en la película y llega a una disyuntiva que en la realidad no se produjo (o Max o yo). Permanece, no obstante, el tema de fondo: la genialidad, en lo que tiene de permanencia de la infancia -que no es poco, se supone-, precisa de una figura tutelar continua. Así, llegado Max y su rol paterno, Aline, amante y madre hasta entonces, sobra.

La rebelión de la criatura

A raíz de la publicación de *Historia de una novela*, en la que, se ha dicho, Wolfe contaba los entresijos de la creación y edición de su segunda obra, Bernard de Voto escribió un artículo titulado *El genio no es suficiente*. En él dejaba claro que sin la intervención de Perkins, las novelas de Wolfe serían inviables, ya que el editor dotaba de esqueleto a las continuas y descontroladas erupciones verbales de su autor. De esta manera, «De Voto había destruido el sentimiento de logro de Wolfe» (SCOTT BERG, 2016: 379), lo que se sirvió para deteriorar la relación entre ambos. Muestra de ello las cada vez más airadas reacciones de Wolfe cuando Perkins proponía eliminar ese fragmento o reformular aquella frase.

En una cena con Scott Fitzgerald (Guy Pearce) y su mujer Zelda -depresiva, casi catatónica- se produce el estallido. Wolfe ataca a Fitzgerald sugiriendo que está castrado literariamente por la enfermedad de su mujer. Perkins, indignado, arrastra a Wolfe fuera de la casa y, tras un comentario en que el escritor deja traslucir el miedo que Scott encarna -la gloria como antesala de la decadencia-, se produce la siguiente discusión:

MAX- Me duele que seas tan cruel.

THOMAS- Así que te he vuelto a decepcionar. [...] Pero antes de sacarme a rastras para sermonearme, pregúntate si puedes darme lecciones. ¿Pretendes que sea igual que tú?

MAX- No, Tom, pero deberías madurar.

THOMAS- ¿Tú me das lecciones a mí? Si no eres más que un cobarde. [...] No tienes ni la más remota idea de lo que es estar vivo. Le tienes un pavor terrible a vivir.

MAX- Hay otras formas de vivir, como amar a tus hijos y ver cómo se hacen mayores. [...] He soportado tu maltrato porque creía que tu trabajo lo valía, pero que Dios asista a quien te quiera, Tom. Porque por mucha labia que tengas, no tienes ni la menor idea de lo que es estar vivo, lo que es mirar a los ojos de otro y sufrir por él.

Si al principio de la relación Thomas era un niño agradecido y conforme con lo que Max dictaminaba, ahora entra en la adolescencia -no por simbólica menos borrascosa- y desea independizarse, reafirmarse en su individualidad.

Se propone, igualmente, una antítesis. De un lado, el hombre burgués, adulto y responsable, padre de familia que vive para los otros, y que, siguiendo el aserto evangélico, gana su vida perdiéndola. Del otro, el yo romántico e hipertrófico de un artista que vive embelesado y enclaustrado en su personalidad, que no busca contribuir ni ser productivo salvo egocéntricamente o en el marco de su avasalladora -y cada vez más sacerdotal- vocación.

Es significativo que la siguiente escena comience con Thomas diciendo: "Max se piensa que me ha creado, como Pigmalión". Se trata de la criatura rebelándose contra el creador para llegar a ser plena, incondicionalmente, según un cauce propio. Matar al padre, en términos edípicos. Piensen en *Blade Runner* y en cómo Roy hendió sus dedos en las cuencas de los ojos de su Hacedor.

Así, una vez cortado el cordón umbilical que a Max le unía, Wolfe inicia un viaje que nos llevará hasta el final. Un viaje iniciático -qué propicias las carreteras para la epifanía- que le hará madurar y, de ahí, reconciliarse con la figura del padre.

"A veces las aguas se alejan de mi padre y a veces discurren de vuelta hacia su puerta", le explica Wolfe a Perkins antes de ponerse en camino, empleando una metáfora que estará presente durante toda la película. Los ríos que corren y, ya lo decía Manrique, están destinados al mar.

Tras visitar a Scott Fitzgerald y hacerle éste ver lo desagradecido e injusto que había sido con Perkins, vemos a Thomas en una playa. Un primer plano nos hace ver que súbitamente ha comprendido y queda en paz. Acto seguido, se desploma. Morirá de tuberculosis cerebral en el hospital -coincidencias fluviales- en que murió su padre biológico; no antes sin escribir una carta a Max, su padre adoptivo, que la película le hará llegar tras el entierro y que obra una reconciliación póstuma:

> [...] Quiero volver a verte. Me invaden una angustia y un arrepentimiento imposibles por todo lo que no podré decirte, por todo lo que queda pendiente. Es como si se hubiera abierto un ventanal a la vida. Y si supero esto, quiera Dios que sea mejor persona y siga tu ejemplo.

El "impávido" Max, que así lo apodaron (Scott Berg, 2016, 208), y cuya excentricidad de llevar siempre sombrero se muestra en la película hasta el punto de tenerlo puesto en la cama, recibe la carta de Thomas en su despacho. La abre y, cuando lleva apenas unas líneas, se descubre la cabeza por primera vez en todo el metraje y, con los ojos humedecidos, deja el sombrero sobre el escritorio.

A true history

Como ven, *Genius* despliega un buen número de cuestiones de calado y, pese a ello, no entusiasmó al público y decepcionó a la crítica; posiblemente con razón, ya que todos estos temas aparecen superficialmente. Además, no se desarrollan hasta las consecuencias que hubieran sido de más enjundia, como, por ejemplo, el afán trascendente que anidaba en la búsqueda del padre (WOLFE, 1993: 38). En definitiva, hay un fondo

Aline en el despacho de Max, recriminándole que le haya arrebatado a Thomas.

de cuestiones intuidas que no han sabido traducirse de forma elocuente al lenguaje cinematográfico.

No cabe duda de que siempre conllevará más riesgos tomar un personaje de la vida real que diseñarlo expresamente, ya que, pese a encontrarte con el protagonista ya hecho y caminado, surge el problema del realismo, la dificultad de hacer justicia a lo retratado. Por eso el cine biográfico es tan conflictivo, más aún cuando se pretende abarcar una vida completa.

Más común, diría que hasta más sensato, es centrarse en una horquilla que abarque la génesis, desarrollo y conclusión de un conflicto de especial relevancia en la vida del personaje. Es el caso de *Shadowlands* (Richard Attenborough, 1993), en la que veremos la relación que C.S. Lewis establece con Joy Gresham, quien, a no tardar mucho, lo convertiría en viudo.

En esta línea se inscribe *Genius*: no pretende abarcar la completa existencia de ninguno de los dos personajes, sino la relación entre ambos. Ahora bien, pese a estrechar la horquilla, no parecen solventadas las fricciones entre el tiempo de la historia y el del relato, de forma que nos queda la sensación de que tanto la discriminación de los acontecimientos como el desarrollo de lo escogido, han afectado decisivamente a la causalidad y organicidad de los hechos. No se trata solo de que falten cosas, sino también de una deficiencia narrativa en lo que sí aparece.

Está claro que no es *Genius* la película definitiva sobre la escritura. Puede deberse a que «el oficio literario es el arte que plantea más problemas para ser representado en la pantalla» (GIL-DELGADO, 2016), siendo de una naturaleza, por así decirlo, menos vistosa que la música o la pintura. Sea como fuere, y admitiendo importantes logros hasta ahora (*Descubriendo a Forrester*, *El ciudadano ilustre*, *Historia de un crimen*), aún se espera la cinta que le haga justicia; no en vano el cine mantiene con la literatura una deuda no menor de la que, sirva para el caso, un hijo tendría con su padre.

GENIUS (2016)
País: **Reino Unido**
Dirección: **Michael Grandage**
Guion: **John Logan**
Fotografía: **Ben Davis**
Montaje: **Chris Dickens**
Música: **Adam Cork**
Diseño de producción: **Mark Digby**
Vestuario: **Jane Petrie**
Intérpretes: **Colin Firth, Jude Law, Nicole Kidman, Laura Linney, Guy Pearce, Dominic West, Vanessa Kirby, Demetri Goritsas, Katherine Kingsley, Andrew Byron, Jacqui Boatswain, Leon Seth**
104 minutos
Distribuidora DVD: **Karma**
Estreno en España: **7.12.2016**

Filmografía de Michael Grandage como director

- *El editor de libros* (*Genius*, 2016).

Max y Thomas en un local de jazz durante la corrección de *Del tiempo y el río*.

FUENTES

- BORGES, JORGE LUIS (2009). *Ficciones*. Barcelona: Destino.
- GIL-DELGADO, Fernando (2016). Crítica de *El editor de libros*. FilaSiete. 188.
- SCOTT BERG, A. (2016). *Max Perkins: el editor de libros*. Madrid: Rialp.
- SHAKESPEARE, William (2016). *Romances*. O.C. Vól. IV. Madrid: Penguin clásicos.
- WOLFE, Thomas (1993). *Historia de una novela: el proceso de creación de un escritor*. Madrid: Pliegos.

El hijo de Saúl (Lászlo Nemes)

MARÍA NOGUERA

Pienso que no eran muchos los que conocían a Lászlo Nemes cuando, entre finales de 2015 y principios de 2016, este realizador y escritor húngaro de unos treinta y tantos ganó (casi) todo en los festivales de cine de Europa y Estados Unidos. Gracias a su ópera prima *El hijo de Saúl*, un proyecto muy personal que le llevó cinco años de trabajo, le vimos recibir el Gran Premio del Jurado en el Festival de Cannes y el BAFTA a mejor película de habla no inglesa, así como el Globo de Oro y el Oscar en esta misma categoría. También los críticos de cine mostraron su entusiasmo por este filme, que fue reconocido como Mejor película de habla no inglesa en los Critics Choice Awards, Mejor ópera prima por parte del Círculo de Críticos de Nueva York, y Mejor película extranjera por parte de la Asociación de Críticos de Los Ángeles y también la de Chicago. El aplauso unánime de público y crítica no sería aquí significativo -otros cineastas más o menos noveles como Damien Chazelle, Pablo Larraín o J.C. Chandor también se han subido a su particular cresta de la ola en los últimos años- si no fuera por el debate intelectual que ha acompañado al primer largometraje de Lászlo Nemes.

El hijo de Saúl es una historia sobre el Holocausto, por lo que excede la exégesis fílmica y entronca con el asunto de la narración del mal, en la línea de la *Trilogía de Auschwitz*, de Primo Levi, o *Kaddish por el hijo no nacido* y *Sin destino*, de Imre Kertész.

La representación fílmica de la "solución final", el genocidio sistemático de la población judía europea llevado a cabo por la Alemania nazi durante la Segunda Guerra Mundial, exige tomar postura frente a la ficcionalización y la puesta en escena de los hechos ocurridos en los campos de exterminio y en las cámaras de gas. Todo esto, para dar con la manera adecuada de mostrar ese horror a través de la imagen en movimiento sin caer en la banalidad -o, más bien, la banalización- del mal formulada por Arendt. No olvidemos aquí que algunos supervivientes de los campos como Elie Wiesel, escritor y Premio Nobel de la Paz, han cuestionado incluso la conveniencia de llevar el Holocausto al cine: "No se puede imaginar lo inimaginable. Y, sobre todo, uno no lo muestra en la pantalla" (BARON, 2005: 3). En última instancia, y en palabras de Hirsch, la gran paradoja a la que se enfrentan las denominadas *Holocaust films* consiste en "representar lo irrepresentable" (2004: 2).

Este afán que Sánchez-Biosca ha denominado la "expresión de lo indecible" (1999:17) tiene su correlato en el sorprendente planteamiento visual de *El hijo de Saúl*, uno de los mayores logros del debut cinematográfico de Nemes, que, por otro lado, certifica que la memoria de los campos de concentración, sean estos de uno u otro signo, para nada está agotada en lo que a las posibilidades de la expresión fílmica se refiere. "De hecho -explica Rosenstone-, el Holocausto se representa continuamente en cine. La pregunta aquí es qué dicen esas representaciones, o cómo reflejan, se relacionan, se conectan, apostillan, cuestionan o explican detalladamente los datos, cuestiones, problemas y debates de la descomunal bibliografía sobre el tema. Dicho sencillamente: ¿qué se aprende cuando nos enfrentamos a ellas?" (2014: 231). Como ha señalado Sand en su historia cinematográfica del Holocausto, el éxito de estas películas no está tanto en crear un efecto de "autenticidad histórica" como en desplegar técnicamente las ideas que las vehiculan (2005: 354).

Una nueva lógica de la mirada

Lejos de la composición simétrica y el esfuerzo de escenografía y ambientación de otras películas de temática análoga como *La lista de Schindler* (SPIELBERG, 1993) o *El pianista* (POLANSKI, 2002), *El hijo de Saúl* parece invertir la lógica de la mirada. Se trata de mostrar menos para expresar más. Todo el trabajo de cámara que después detallaremos se orienta a la consecución de un punto de vista restringido que va en consonancia con la estrechez del formato 4:3 y el desenfoque de fondo, lo que limita el campo de visión del espectador, a quien no le está concedido ver el drama en toda su crudeza, como corresponde a los límites de la percepción humana. Va de suyo, por tanto, que las decisiones de carácter técnico que hacen tan atractiva esta película proceden de una decisión ética sobre la representación de aquello que Steiner llamó "la caída de Europa en la inhumanidad" (2005: 74). Nemes acierta al delegar en el poder moral de la imaginación lo que no puede ni debe ser mostrado, una idea que se desprende de sus propias palabras:

> *El hijo de Saúl* es un ambicioso largometraje producido con un presupuesto modesto que introduce al espectador en lo más profundo de un campo de concentración. Nuestro objetivo era tomar un camino completamente diferente al habitual en la realización de dramas históricos, cuya dimensión suele ser muy amplia y cuya narración se caracteriza por presentar múltiples puntos de vista. Esta película no narra la historia del Holocausto, simplemente la historia de un hombre atrapado en una situación espantosa, limitado en el espacio y en el tiempo (...). A lo largo de la película seguimos los pasos del protagonista, revelamos únicamente lo que ocurre a su alrededor y creamos un espacio fílmico orgánico, de reducidas dimensiones más cercanas a la percepción humana (...). La película retrata este mundo de forma fiel, pero los sucesos y lugares en los que aconteció el horror se presentan fragmentados, lo que permite al espectador dar rienda suelta a su imaginación. El espectador no puede evaluar la totalidad del infierno que atraviesa el protagonista, solo puede reconstruirlo parcialmente en su cabeza (NEMES: 2015)

La preocupación temática de Nemes por la cuestión del Holocausto deviene de un temor de la infancia que también ha pervivido en su cabeza. Parte de su familia fue asesinada en Auschwitz y en casa oía hablar de cosas que nunca llegó a comprender del todo. Aunque pasó parte de su adolescencia en París cuando sus padres, opositores del régimen comunista, emigraron de Hungría, Nemes volvió a su Budapest natal para estudiar cine a la edad de 26 años, en 2003. Fue entonces cuando empezó a trabajar como asistente de Belá Tarr en el prólogo del filme de colaboración *Visiones de Europa* y en *El hombre de Londres* (quizá de aquí resulta algo del diseño de tiempo y espacio fílmicos presente en *El hijo de Saúl*), y cuando sacó adelante sus primeros trabajos cinematográficos. En esta época de iniciación al cine, Nemes recuperó ese episodio específico de la historia de su familia que años después abordaría en la película que nos ocupa y que cuenta con su particular ensayo en su primer cortometraje, de 2007, titulado *Paciencia (Türelem)*[1]. Como veremos después a propósito de *El hijo de Saúl*, en *Paciencia* la cámara sigue de cerca a la protagonista, el tema del Holocausto se circunscribe a aspectos ligados a la rutina y la burocracia de la maquinaria de exterminación nazi, y la

---

[1] Merece la pena ver el cortometraje *Paciencia (Türelem)*, de Lászlo Nemes, disponible en la red <https://youtu.be/5g1FIkw9CYM>

degradación humana queda relegada a los bordes del encuadre, como una especie de fuera de campo impreciso.

Tras la huella del poeta

Más allá, no obstante, de la evidente coincidencia en tema y estilo entre el primer cortometraje y el primer largometraje de Nemes, lo que de verdad establece una afinidad entre *Paciencia* y *El hijo de Saúl* es lo que podríamos llamar la huella de T. S. Eliot:

"(...) no podía
hablar, y me fallaba la vista, no estaba
ni vivo ni muerto, y nada sabía,
mirando en el corazón de la luz, el silencio".

Estos versos del escritor de origen estadounidense afincado en Londres que proceden de su largo poema *La tierra baldía* (1922), y que se insertan a modo de prólogo en *Paciencia*, encuentran eco en *El hijo de Saúl*. Pocos poetas como Eliot han emocionado tanto al hablar del cansancio y el dolor de una época a través de una escritura tan radicalmente distinta que, como no podía ser de otra manera, generó en su momento tanta incomodidad como asombro (LUCAS: 2015). En una suerte de descubrimiento cinematográfico del espíritu de Eliot, Nemes se adentra en las profundidades del abismo a la búsqueda de un resquicio de luz, en una película cuyo protagonista -igual que en los versos citados- no está ni vivo ni muerto, si bien encarna la esperanza en la recuperación del humanismo perdido. No en vano, y de acuerdo con esta noción del encuentro con la vida en el centro de la muerte que subyace en *El hijo de Saúl*, el intelectual e historiador Didi-Huberman ha llegado a definirla como "un monstruo necesario, coherente, benéfico, inocente" (2015).

La película narra la historia de Saúl Auslander, un prisionero húngaro de Auschwitz-Bikernau, que en el año 1944 forma parte de los sonderkomnando, unas cuadrillas de judíos que eran elegidas por sus carceleros como mano de obra para hacer el trabajo sucio de velar por el buen funcionamiento del campo a cambio de unos "privilegios" bastante inciertos. Se encargaban de escoltar a los nuevos prisioneros, les obligaban a desvestirse, les requisaban sus pertenencias y les hacían entrar en las cámaras de gas. Tenían después que limpiar los restos de sangre, heces y orina, y quemar decenas, centenas, millares de cadáveres en los crematorios, donde estaban al frente de los hornos cuyas cenizas también se les encomendaba limpiar. La llegada de nuevos convoyes con más prisioneros hasta Auschwitz-Birkenau fue de verdad incesante tras la invasión de

El recurso al fuera de campo para sugerir lo irrepresentable.

Hungría por parte de los nazis en marzo de 1944, lo que se traduce en la película en un ritmo vertiginoso que no da tregua al espectador. Por lo que respecta a Saúl, se mantiene en un estado de anulación emocional, fruto de toda esa experiencia atroz: "Se trata de una interpretación muy minimalista -ha indicado el actor Géza Röhrig, quien encarna al protagonista de la película-, ya que las condiciones de trabajo de estas personas eran horribles y para ellos era imposible tener una reacción emocional, de tristeza (...). Eran prácticamente zombis" (MOYA: 2016).

Nemes sitúa la acción de la película en el corazón del infierno, donde confluyen tres elementos de carácter histórico que ayudan a la recreación del escenario elegido. Primero, *El hijo de Saúl* se basa en *Los manuscritos de Auschwitz*, unos escritos que fueron redactados y escondidos por antiguos miembros del sonderkommando donde se detallan las tareas que realizaban diariamente, algo que en el filme se refleja en el automatismo con el que Saúl encara las suyas. Segundo, la estética de la película bebe de las cuatro fotografías clandestinas tomadas en agosto de 1944 por un miembro del sonderkommando de Auschwitz-Birkenau, un supuesto Alex, quien dio a conocer al mundo el siniestro funcionamiento del campo a través de unas figuras borrosas y un encuadre desplazado, estrategia visual que deliberadamente es continuada en *El Hijo de Saúl*. Interesa destacar aquí cómo Nemes rinde además tributo al fotógrafo clandestino -y, con él, a la poética de la imagen en su sentido más amplio- gracias a una subtrama en la que Saúl burla la vigilancia de los oficiales y colabora en la obtención de dichas instantáneas.

Y, tercero, la película recoge el ambiente previo a la rebelión de los prisioneros del sonderkommando de Auschwitz-Birkenau acaecido el 7 de octubre de 1944, cuando se mató a tres guardias y se hizo estallar el crematorio, lo que facilitó la fuga de cientos de prisioneros, que fueron después recapturados y asesinados. Esta atmósfera de agitación en la que Saúl se haya inmerso no solo advierte sobre la necesidad del hombre de resistir en el bien frente al poder devastador del mal, sino que sobre todo legitima la extraña tarea que intentará sacar adelante a lo largo del filme, un quehacer aparentemente absurdo, "que lo mantiene por completo enajenado de sí mismo, casi sepultado por el frenesí enloquecido que lo rodea, pero a la vez aislado de todo ello" (HEREDERO: 2016, 11). Y es que, en el contexto de la ignominia donde ya nada se puede perder, Saúl se propone salvar a un niño; pero a un niño muerto.

Salvar al que ha muerto

Al inicio del filme, y en mitad de la terrible rutina de su trabajo como miembro del sonderkommando, Saúl es testigo de cómo un jovencísimo prisionero logra salir con vida de los gaseamientos. Si bien los oficiales alemanes acaban rápidamente con el chico, ese instante fugaz de resistencia a la muerte supone algo así como un destello en la conciencia de Saúl, quien a partir de entonces hará todo lo que esté en su mano para salvar el cadáver del chico. Esto es: para darle una sepultura digna, con la debida presencia de un rabino. Tendrá entonces que esconder el cuerpo como si fuera el de un hijo propio -de aquí el título y el misterio sobre la verdadera identidad del niño que sobrevuela el filme-; escapar al escrutinio de los soldados y al de los otros prisioneros -pues Saúl termina por poner en peligro a los vivos para honrar al muerto (OCAÑA: 2016)-; buscar un rabino que se preste a llevar a cabo una ceremonia de enterramiento clandestina, buscar otro, y otro...

Y así es como el protagonista de *El hijo de Saúl* comienza a deambular por el campo de Auschwitz-Birkenau, y con él el espectador, quien se diría que le ayuda a portear el cadáver del chico, asumiendo de este modo como propia esa empresa de tintes delirantes que supone salvaguardar la vida del que ya ha muerto. Juntos se adentran en los barracones, se agolpan en la entrada de las cámaras de gas, y engrosan las filas del espanto, a la vez aturdidos y a la vez distantes con respecto a los gritos de los demás prisioneros, a las montañas de carne abandonada, en una película que, si bien resulta especialmente física, golpea de modo directo en el alma.

Como ya hemos adelantado, Nemes recurre a una técnica estilística y narrativa sublime, donde todo se encamina a introducir al espectador en los horrores del lugar y a hacerle partícipe de la odisea de Saúl desde un punto de vista muy limitado, que literalmente le obliga a uno a estar pegado al cogote del protagonista, igual que la cámara, que se sitúa a escasos centímetros de la espalda y el torso del actor principal, lo que recuerda la incapacidad del hombre para conocerlo todo, máxime en ese agujero negro que es el exterminio nazi. Todo esto, favorecido por el estilo encrudecido de un rodaje en 35 mm que huye de la nitidez digital y por la agilidad de la cámara en mano a la que además se une un diseño de sonido hiperrealista gracias al que cada golpe, cada gemido y cada lamento evocan la sombra de un espanto. El uso de una fotografía con poca profundidad, el recurso al fuera de campo para sugerir lo irrepresentable y la narración a través de tomas largas dan como resultado un filme obsesivo, desgarrador e incómodo, donde finalmente "el Holocausto no ocurre en la pantalla, sino en la imaginación del espectador" (CERCAS: 2016). Nemes, quien entiende el cine como un arte capaz de cambiar al hombre (BELINCHÓN: 2016), propone finalmente en *El hijo de Saúl* un punto de vista audaz sobre la representación del mal, que bien podría servir para ratificar a la ficción cinematográfica como un instrumento idóneo para el relato de la historia.

SAUL FIA (2015)
País: **Hungría**
Dirección: **László Nemes**
Guion: **L. Nemes, Clara Royer**
Fotografía: **Mátyás Erdély**
Montaje: **Matthieu Taponier**
Música: **László Melis**
Diseño de producción: **László Rajk**
Vestuario: **Edit Szücs**
Intérpretes: **Géza Röhrig, Levente Molnár, Urs Rechn, Sándor Zsótér, Todd Charmont, Björn Freiberg, Uwe Lauer, Attila Fritz, Kamil Dobrowolski, Christian Harting**
107 minutos
Distribuidora DVD: **Avalon**
Estreno en España: **15.1.2016**

Filmografía de László Nemes como director

- *El hijo de Saúl* (*Saul fia*, 2015).

FUENTES

- BARON, Lawrence (2005). *Projecting the Holocaust into the Present: The Changing Focus of Holocaust Feature Films Since 1990*. Oxford: Rowman & Littlefield.

- BELINCHÓN, Gregorio (2016). *El cine es de las pocas artes que puedan cambiar al ser humano*. 15.01.2016. Recuperada de <https://cultura.elpais.com/cultura/2016/01/14/actualidad/1452804028_832510.html>

- CERCAS, Javier (2016). *El problema de Lanzmann*. 14-02-2016. Recuperada de <https://elpais.com/elpais/2016/02/08/eps/1454934543_564956.html>

- DIDI-HUBERMAN, George (2016). *Salir de la oscuridad*. Caimán, 45, 15-27.

- HEREDERO, Carlos F. (2016). *La resistencia moral*. Caimán, 45, 10-11.

- HIRSCH, Joshua (2004). *After Images. Film, Trauma, and the Holocaust*. Philadelphia: Temple University Press.

- LUCAS, Antonio (2015). *La tierra baldía*. 03-01-2015. Recuperada de <http://www.elmundo.es/cultura/2015/01/03/54a6ec3f268e3e602f8b458b.html>

- MOYA, Tamara (2016). *Géza Röhrig: "Hollywood sabrá que no me interesan esas papeles, dejarán de llamar"*. 15-01-2016. Recuperada de <http://www.fotogramas.es/Peliculas/El-hijo-de-Saul/Geza-Roehrig-Hollywood-sabra-que-no-me-interesan-esos-papeles-dejaran-de-llamar>

- NEMES, László (2015). *El hijo de Saúl*. Pressbook. Madrid: Avalon.

- OCAÑA, Javier (2016). *A un metro del infierno*. 15-01-2016. Recuperada de <https://cultura.elpais.com/cultura/2016/01/14/actualidad/1452782405_801210.html>

- ROSENSTONE, Robert (2014). *La Historia en el Cine. El Cine sobre la Historia*. Madrid: Rialp.

- SÁNCHEZ-BIOSCA, Vicente (1999). *Hier Kein Warum. A propósito de la memoria y de la imagen en los campos de la muerte*. En A. LOZANO AGUILAR (coord.), *La memoria de los campos. El cine y los campos de concentración nazis* (pp. 13-42). Valencia: Ediciones de la mirada.

- SAND, Shlomo (2005). *El siglo XX en la pantalla*. Barcelona: Crítica.

- STEINER, George (2005). *La idea de Europa*. Madrid: Siruela.

El hombre de las mil caras (Alberto Rodríguez)

CRISTINA ABAD

Alberto Rodríguez es un cineasta que nos obliga a mirarnos en el espejo a corta distancia y eso es algo que a los españoles no nos gusta. Lo hizo en sus anteriores largometrajes (*Grupo 7* y *La isla mínima*) y vuelve a hacerlo en *El hombre de las mil caras*, un *thriller* sobre la corrupción de los años 90, con Francisco Paesa como Lazarillo de Tormes pero con los bolsillos más grandes.

Como esto del pillaje tiene raigambre en nuestro país -no hay más que ver los casos con que nos desayunamos cada mañana-, el director sevillano consideró que aceptar el encargo que le hacía el grupo Zeta de llevar a la gran pantalla el libro de Manuel Cerdán, *Paesa: el espía de las mil caras*, podía ser una cosa interesante y de plena actualidad.

> Lo primero que me hizo aceptarlo fue la sensación de que esto que había ocurrido hacía veinte años podía haber saltado al telediario de la noche de ese mismo día (ABAD, 2016 a: pág. 37).

Se trataba de narrar el origen de la descomposición política y social que vivimos: para los que no fueron testigos de la época, la camaleónica y sorprendente carrera del espía más esquivo de España, que fue director del Banco Nacional de Guinea, diplomático de Santo Tomé y Príncipe, galerista de arte, traficante de armas con ETA, fundador de bancos, empresario fantasma en Panamá y protegido de la Stasi.

En 1998, tras la detención de Luis Roldán -ex director general de la Guardia Civil-, se le dio por muerto y hasta se publicó su esquela en El País. Pero en 2004 "resucitó", al prescribir casi todos los cargos de los que se le acusaba, entre ellos llevarse los más de 1.100 millones de pesetas malversados por Roldán. Desde entonces se le había perdido la pista.

Antes del estreno de la película, entrevistamos en FilaSiete a su director y a dos de sus actores, José Coronado y Carlos Santos, que interpretan a Jesús Camoes y Luis Roldán. "Paesa es el maestro de todos los Bárcenas y Blesas que hoy siguen sus pasos; el pícaro por antonomasia", nos dijo José Coronado (ABAD, 2016 b). De aquellos polvos, estos lodos...

La historia de un mentiroso

Aunque la propuesta la hizo Zeta antes de *La isla mínima*, no fue hasta después de su rodaje cuando la maquinaria Rodríguez-Cobos -Rafael Cobos, su guionista de cabecera- se puso en marcha. Cuatro años tardó en fraguarse la película.

> La segunda razón -continúa Rodríguez sobre las motivaciones para aceptar el encargo- fue el personaje de Paesa. Me parecía increíble que ese hombre se hubiera mantenido cuarenta y pico años en el alambre haciendo todo tipo de trabajos, entre comillas, y que hubiera salido indemne de todo. Eso y su increíble capacidad de fabular. Era un personaje que se había inventado y reinventado a sí mismo una y otra vez. Luego está el aspecto moral, claro, que es bastante discutible, o mejor dicho, deplorable. Paesa es un hombre al que no le queda nada, y probablemente porque él mismo lo ha elegido (ABAD, 2016 a: pág. 37).

Lo que ambos hicieron en el guion con un material tan complejo como el que se encontraron en el libro original y en las hemerotecas fue arriesgado y mereció el Goya al mejor guion adaptado, uno de los dos ganados de entre once nominaciones.

Sobre la base de que "el lenguaje con el que mejor se pueden contar las verdades es la ficción", y con dominio del ritmo del *thriller*, narran los hechos desde la perspectiva de Camoes, alter ego del auténtico Jesús Guimerá -piloto en busca de aventuras que fue mano derecha de Francisco Paesa-, que actúa como guía del espectador en este intrincado laberinto, un personaje ajeno a ese mundo que solo busca participar del botín, pero que acaba siendo también engañado.

Es el personaje más ficcionado, sin duda -explica Coronado-. Se sabe que era piloto, amigo de Paesa, y que intervino con él, no solo en el periplo Roldán sino en muchos más. Es el más humano y el que tiene más cercanía con el espectador. El ciudadano de a pie, que invita a todos a ser Camoes y a codearse con el poder, con los que movían el mundo en ese momento, sin pertenecer a él. Y que al final fue, como todos los ciudadanos de a pie, ninguneado y olvidado en el ostracismo por el propio Paesa (ABAD, 2016 b).

Un *thriller* de despachos

"Ésta es una historia real, pero como todas las historias reales hay alguna mentira porque ésta es la historia de un mentiroso". Así empieza la narración en *off* de Jesús Camoes, para centrar a continuación el argumento en un Paesa arruinado tras huir de España en plena crisis de los GAL por un caso de extorsión, que recibe la visita de Roldán y su mujer para salvar 1.500 millones de pesetas sustraídas al erario público.

> La decisión de poner de narrador al piloto la tomamos precisamente en el momento en que nos damos cuenta de que la forma más honesta de contar esta historia es la ficción. Camoes ofrece el punto de vista de uno de los implicados. Lo que estamos viendo no son más que sus recuerdos, con lo cual puede ser así o puede no ser así. Eso nos descargaba un poco de responsabilidad pero por otra parte tenía mucho que ver con esa pretensión de ser honesto narrando una ficción basada en una serie de hechos reales más o menos probados. No hay héroes ni villanos, es cierto, pero todos están mintiendo, con lo cual... (ABAD, 2016 a: pág. 38).

Pese a lo justificado de esa focalización, hay que decir que al espectador le resulta difícil seguir la urdimbre de la tela de araña de Paesa. Para quien no conozca la política española de la época, la información puede resultar excesiva, y la voz en *off* de José Coronado -en ocasiones demasiado explícita- un recurso para salir airoso del trance.

Hay quien considera *El hombre de las mil caras* una película de espías, aunque más bien es una película de tramposos y de aventuras que transcurren en despachos, como dicen Alberto Rodríguez y Carlos Santos.

> Yo la definiría como una película de mentirosos. Ahí radica su complejidad, en que los personajes no dicen tres verdades seguidas. Después de recibir del Grupo Zeta el encargo de la película, y de documentarnos, llegamos a la conclusión de que las teorías sobre lo sucedido eran tan diversas que lo más honesto por nuestra parte era ficcionar. Dice Le Carreé que la diferencia entre la realidad y la ficción es que ésta

tiene que ser coherente. Por eso hasta los personajes son una estilización de las personas reales (ABAD, 2016 a: pág. 37).

Maquinaria de reloj suizo

Quienes trabajan con Alberto Rodríguez dicen que sabe lo que quiere y no descansa -ni deja descansar- hasta alcanzar un resultado a la altura. Reproducimos por su interés algunos fragmentos de la entrevista en diálogo con los actores:

JC/ Su exigencia es tremenda, empezando por él mismo.

CS/ En la primera conversación, Alberto nos avisó de que Rafa estaría en los ensayos, aunque luego en el rodaje desaparecería. Y allí estaba un día y otro con su ordenador, haciendo pequeñas reescrituras de guion, incluso rehaciendo escenas enteras. Casi siempre con nuestras aportaciones, que si tenían lógica no se cuestionaban. El objetivo era que todo lo que estuviera en el guion se encarnara perfectamente, sin trabas.

JC/ Alberto usa este sistema para ver si lo escrito con Rafa Cobos entra bien. Muchas secuencias se cambiaron durante ese mes, otras se borraron de un plumazo.

CS/ Tuvimos un mes de ensayos, cosa inaudita en una película. Trabajamos un mes a jornada completa, cinco, seis, siete horas. Hacíamos cada secuencia del orden de quince o veinte veces. Alberto te pone un guion delante con una serie de frases que te aprendes como siempre, pero cada una de esas frases puede tener quinientos matices diferentes. Cada secuencia tiene varios niveles de subtexto, de lecturas posibles.

JC/ Nada es gratuito, todo está medido con relojería suiza. La verdad es que al terminar de ensayar podíamos haber hecho una película o una obra de teatro, porque íbamos cargados como no hemos ido nunca (ABAD, 2016 b).

Paesa -un Eduard Fernández en estado de gracia, orgánico y veraz- soporta el peso de la trama y le da carne a un personaje difícil y esquivo; es una auténtica caja china, encarnación de la mentira y de la egolatría. Su actuación le valió el premio al mejor actor en el Festival de San Sebastián. Cuenta con una serie de coprotagonistas, a los que no cabe llamar secundarios: José Coronado, como Camoes, un peón con galones, de interpretación más limitada, y Carlos Santos en el papel de un Roldán chulesco y frágil, bastante convincente, pese al postizo y al escaso parecido de Santos con el ex director general de la Guardia Civil. Se llevó el Goya al mejor actor revelación.

No hay épica en los personajes pero tampoco ridiculización. Sí, una mirada irónica y crítica a uno de los episodios más cutres y sangrantes de la picaresca española. Una

Un momento del rodaje de la visita de Roldán y su mujer a Paesa.

frase de Roldán en la película resume toda aquella corrupción: "Yo soy bueno, yo hacía lo que hacían todos", que es una de las grandes excusas del corrupto.

> Paesa pilla a Roldán en un momento de crisis, de miedo, de desconocimiento -dice Carlos Santos. Pero necesitamos ver que toda esa maraña intrincada de "el esclavo del esclavo", que urde Paesa alrededor de los 1.500 millones, incide en el personaje. Había que mostrar ese choque de trenes, porque este señor no solo había sido director general de la Guardia Civil, sino gobernador de Navarra en los años más duros de la lucha antiterrorista. Era un hueso duro de roer para él. Es muy significativo que la última vez que Roldán le llama por su nombre a Paesa es al final, cuando se despide de él y le dice: "Gracias por todo, Paco". Le ha derrotado. Paesa ha ganado, Roldán ha perdido. Había que dotar a ese personaje de carne, de hueso, de sangre, de piel, de alma. Y ver esa descomposición, y que el público se pusiera un poquito en sus zapatos (ABAD, 2016 b).

Junto a ellos, otros actores ponen el contrapunto, y llenan la pantalla, como Emilio Gutiérrez Caba en el papel de espía "de chequera" -muy Gutiérrez Caba- o Marta Etura, como esposa fiel -también a las peripecias- de Roldán.

Rodríguez se rodea de su equipo técnico habitual. Los diálogos, inteligentes y rápidos, y el ágil montaje de José Manuel García Moyano, marcan el ritmo de la acción junto al apoyo de una banda sonora muy narrativa de Julio de la Rosa, que cubre el arco psicológico de lo cómico a lo dramático pasando por lo inquietante. La fotografía de

Álex Catalán, de paleta deslavada muy del momento y con alternancia de planos generales y primeros planos, es sensacional. Y el diseño de producción y de vestuario, de Pepe Domínguez del Olmo y de Fernando García, complejos por la proximidad de la época.

> Trabajar una época cercana es complicado. Tienes la sensación de que vas a bajar a la calle y a empezar a rodar, pero luego te das cuenta de que el mobiliario urbano, los coches, no tienen nada que ver con lo de aquel momento. Es más fácil hacer el siglo XII del que no tenemos muchas referencias de época (ABAD, 2016 a: pág. 39).

El recurso a metáforas y *Macguffin* -el cuadro, el mechero, la llave- contribuye a seguir y cerrar las tramas y la historia dejando al mismo tiempo la sensación circular de que esto de la corrupción no terminará nunca. Y el estilo documental, con abundante material de archivo, dota a *El hombre de las mil caras* de verosimilitud.

> Era muy importante que los medios de comunicación estuvieran en la película de una forma u otra porque también tuvieron su papel en cómo se contó la historia. Durante un año se generaron noticias diarias sobre Roldán, y vistas en perspectiva de hemeroteca tenían muy poco que ver con la realidad. Procedían de chivatazos. Había una necesidad constante de saber qué pasaba con Roldán que había puesto en jaque al país, y en determinado momento se convirtió en *thriller* internacional con muchos espías, servicios secretos, contactos que se suponía que tenía, y en otros momentos tuvo algo de vodevil de chascarrillo popular de bar (ABAD, 2016 a: pág. 39).

La película tuvo muy buena recepción por parte del público y de la crítica. Pero lo que acabó de rizar el rizo, cerrar la caja china y poner la guinda al pastel fue, sin duda, la aparición del propio Paesa -dado por muerto- en las páginas de *Vanity Fair* para reivindicar su protagonismo apenas unos días antes de la presentación de la película en el Festival de San Sebastián.

> Estábamos viajando a San Sebastián cuando me enviaron el link a la noticia -recuerda Alberto Rodríguez-. Lo primero fue una sorpresa descomunal. Pero cinco minutos después pensé: ¡pero si esto es muy coherente con el personaje!, es el típico movimiento de Paesa. Mientras hacíamos la película, habíamos intentado localizarlo pero la información que teníamos era un poco obsoleta. Supimos que estaba censado en París y que venía una vez al mes a ver a su hermana. Luego le perdimos la pista. Alguien le dijo a Rafael Cobos, mientras presentaba en Madrid *La isla mínima*, que había fallecido. Así que cuando lo vimos en portada pensamos: otra vez ha vuelto de entre los muertos... (ABAD, 2016 a: pág. 37).

Quienes trabajan con él dicen que la exigencia de Alberto Rodríguez es tremenda.

EL HOMBRE DE LAS MIL CARAS (2016)
País: España
Dirección: Alberto Rodríguez
Guion: A. Rodríguez, Rafael Cobos
Fotografía: Alex Catalán
Montaje: José M. G. Moyano
Música: Julio de la Rosa
Diseño de producción: Pepe Domínguez del Olmo
Vestuario: Fernando García
Intérpretes: Eduard Fernández, José Coronado, Carlos Santos, Marta Etura, Emilio Gutiérrez Caba, Luis Callejo, Tomás del Estal, Pedro Casablanc
123 minutos
Distribuidora DVD: Warner
Estreno en España: 23.9.2016

Filmografía de Alberto Rodríguez como director

- *El hombre de las mil caras* (2016).
- *La isla mínima* (2014).
- *Grupo 7* (2012).
- *After* (2009).
- *7 vírgenes* (2005).
- *El traje* (2002).
- *El factor Pilgrim* (2000).

FUENTES

• ABAD, Cristina (2016). *Entrevista con Alberto Rodríguez, director de El hombre de las mil caras. "La forma más honesta de contar esta historia es la ficción"*. FILA SIETE Nº 188 (diciembre 2016).

• ABAD, Cristina (2016). *Entrevista a José Coronado y Carlos Santos, actores de El hombre de las mil caras. "A Paesa la gente lo admiraba; hoy día la gente está harta de estos tramposos"* <http://filasiete.com/noticias/entrevistas-protagonistas/entrevista-a-jose-coronado-y-carlos-santos-actores-de-el-hombre-de-las-mil-caras/>

• CERDÁN, Manuel (2016, reed.). *Paesa: el espía de las mil caras*. Plaza y Janés.

• IMDB imdb.com sobre *El hombre de las mil caras* y filmografías del director, los guionistas, actores, etc.

• VV.AA. WIKIPEDIA. Voces de *El hombre de las mil caras*, Alberto Rodríguez, Rafael Cobos, Eduard Fernández, José Coronado, Carlos Santos.

El renacido (Alejandro González Iñárritu)
ÁNGEL PEÑA

Paradojas de las fronteras -y pasmo de sus defensores-: un mexicano de 53 años ha desempolvado el manual de los mitos fundadores de EE.UU. en uno de esos momentos clave en el que el alma nacional de uno de los más fabulosos proyectos de la historia camina entre la perplejidad y la duda. Nada nuevo. Para eso están los mitos. Listos para el rescate.

Alejandro González Iñárritu obtuvo en 2014 el plácet del todo Hollywood con *Birdman*, un excelente trabajo formal con un contenido de una endogamia al parecer efectiva (Oscar a mejor película, director y guion original), pero un poco cargante para un espectador limitado al otro lado de la pantalla. Su siguiente película, *El renacido*, ha buscado directamente el corazón de EE.UU. con la adaptación de una novela de Michael Punke que narra la legendaria aventura de Hugo Glass, un personaje histórico de principios del siglo XIX. Trampero y explorador en el norte de la antigua Louisiana (hoy parte de los estados de Dakota del Norte y Dakota del Sur), acompaña junto a su hijo mestizo a una expedición comercial masacrada por los indios. Los supervivientes huyen, pero en viaje de regreso a la civilización, Glass sufre el ataque de un oso grizzly, que lo deja herido de muerte. El capitán de la expedición, ante la inminente llegada de los indios, comprende que no puede cargar con él y lo deja al cuidado de su hijo y otros dos tramperos. Uno de ellos, el cínico exmilitar John Fitzgerald, asesina al hijo de Glass y engaña a su compañero para huir sin cuidar al enfermo. Glass, que observa impotente el asesinato, inicia una lenta y dolorosa recuperación en lo más espeso de una naturaleza virgen que le permite regresar a la civilización para consumar su venganza.

Críticos como Dimock (2016) han emparentado la película con las primeras expresiones narrativas de la devoción norteamericana por el Oeste salvaje como salida espiritual de emergencia ante la creciente civilización del Nuevo Mundo. Dimock se centra en los paralelismos evidentes con la novela *El último mohicano*, de James Fenimore Cooper. Si la novela muestra la gloria del sacrificio en la pureza que emana una naturaleza tan armoniosa como despiadada, González Iñárritu no ha eludido -en ocasiones incluso ha buscado de forma algo pretenciosa- las consecuencias de perseguir el fulgor de esa dureza diamantina. En todos los sentidos.

Gran respaldo de la Academia

La producción comenzó en 2001, con la compra de los derechos para el cine de la novela, pero los proyectos de los directores Park Chan-wook (con Samuel L. Jackson de protagonista) y Hilcoat (con Christian Bale) fueron abandonados. En 2011, Alejandro González Iñárritu se puso a los mandos. Con todas las consecuencias. Mark L. Smith recuerda la inquietante experiencia de coescribir con el mexicano el guión adaptado: «Me venía con algunas ideas y yo le decía 'Alejandro, esto no lo vamos a poder hacer, no va a funcionar' y él me respondía 'Mark, confía en mí, podemos hacerlo'. Al final tenía razón» (McKittrick, 2016). Pero con un coste. Los 60 millones de dólares inicialmente presupuestados se convirtieron en 135 millones, aunque la recaudación final de 533 millones en todo el mundo compensó ampliamente el esfuerzo. Buena parte del éxito llegó con los tres Oscar. Los de mejor director y fotografía hablaban sobre la calidad formal de la película, pero el mejor actor principal, además de hacer justicia con una excelente interpretación, tuvo especial eco por suponer el fin del suplicio de Leonardo DiCaprio, después de cuatro nominaciones.

Más allá de la osadía artística y financiera, González Iñárritu embarcó a su equipo en una odisea que no tuvo mucho que envidiar a la de Glass. Su obsesión por rodar con luz natural en paisajes que se ajustaran a su visión de la historia provocó largos y penosos rodajes en 12 localizaciones de tres países (EE.UU., Canadá y Argentina). Hubo dimisiones y despidos, las fechas previstas se dilataban... Pero el artefacto, en este caso cinematográfico, pudo al fin sobrevivir a la naturaleza. O, por qué no decirlo, imponerse a ella. Aunque González Iñárritu busque la ilusión de fundirse con ella, el cine aparece al fin y al cabo. Navarro (2016) incluso sostiene que "en la película se fuerza el realismo de forma impresionista, con constantes movimientos de cámara que muestran en gran angular unos bosques en plenitud que envuelven y abruman a los protagonistas". Este realismo se acentúa, según él, "por haber sido rodado todo el filme con luz natural", pero el director busca conmover no solo con las tramas de venganza, sino "también con los elementos visuales". Así, frente a una pretendida pureza de expresión, aparecen huellas de películas como *Mando negro* (Bruce Beresford, 1991), de donde parecen provenir las flechas que atraviesan las gargantas y cabezas de los tramperos en el ataque de los indios, o *Salvar al soldado Ryan* (Steven Spielberg, 1998), cuyo estilo permea toda la historia.

La pretensión de pureza del realismo se revela, no obstante, como una mera entelequia. El arte busca la apariencia de realidad a través de una diversidad de recursos. Y González Iñárritu amerita una maestría más que honrosa en la gestión de estos recursos. Para Carrillo (2015), el hecho de que Iñárritu, junto a su director de fotografía Emmanuel Lubezki, decidieran que la película simulara una sola toma y grabarla solo con luz natural forma parte de un continuo en la carrera del mexicano. Carrillo hilvana el riesgo formal que atraviesa su filmografía con los ejemplos de *Amores perros*, "cuyas tramas no solo se mezclan entre sí, sino que también se nos presentan con sus escenas inconexas o desordenadas en el tiempo, dejando al espectador la tarea de reconstruir a trama", o con *Birdman*, que "simula ser casi en su totalidad un gran plano secuencia [...] al mismo tiempo que incluye varias elipsis en la narración, por lo que termina siendo una paradoja audiovisual en la que el tiempo del relato es de dos horas de toma continua mientras queda claro que el tiempo de la historia es de tres días".

En busca del mito

Queda claro, por lo tanto, que González Iñárritu no pretende pasar por un naturalista, sino que busca imprimir una huella con un manejo sofisticado de diferentes herramientas cinematográficas según las necesidades que detecta en las tramas. Otra cosa es mostrar un desacuerdo con el uso de dichas herramientas. *El renacido*, por ejemplo, ha recibido críticas por su desmedida duración; la excesiva crudeza de determinadas escenas o las inexactitudes históricas. Comparto la primera, teniendo en cuenta el circuito comercial al que está dirigido, pero no la segunda ni la tercera, dado el material que se está tratando: el mito.

Schaap (2016) compara a González Iñárritu con otro adepto (salvando las distancias de tiempo, circunstancias y maestría) a ensangrentar al espectador: Shakespeare. Ambos, dice, están "trabajando con materiales consolidados hace mucho tiempo". En el caso del mexicano, "una de las grandes sagas del Oeste Americano, la historia de Hugh Glass (...) una historia de superación al más puro estilo americano porque no muere, por la fuerza de su voluntad, a millas y millas de la civilización. Es venganza lo que respira, lo que lo devuelve a la vida". Y, sin embargo, algo cambio al contacto con una faceta de la naturaleza encarnada en Hikuc, un solitario superviviente de la tribu Pawnee que comparte con él su comida y su sabiduría: "La venganza está en manos del Creador", le explica a Glass. Aquí está, según Schaap, el núcleo de "un mito que muchos han repetido, recontado, reescrito y rehecho". Cuando Glass encuentra a Fitzgerald, "la leyenda dice que no lo mata. Ese final inolvidable es justo lo que mantiene la historia viva. Si Hugh Glass simplemente le hubiera puesto una pistola en la sien a Fitzgerald, nadie se habría sorprendido y la historia no se habría mitificado".

En la película, González Iñárritu le añade a la historia original la mujer india y el hijo mestizo de Glass. La trágica pérdida de ambos subraya la motivación que la venganza insufla en la gesta del protagonista, pero sobre todo realza el valor de la epifanía que lo lleva al perdón. Y a una recompensa mucho mayor que la mera satisfacción del ojo por ojo: al final de la película, recibe la visita consoladora del espíritu de su mujer.

Este matiz resuena en lo más hondo de la identidad estadounidense. Steven G. Kellman ha tratado con detenimiento el anhelo estadounidense por lo que denomina "auto-engendramiento", es decir, la capacidad para romper momentáneamente las ataduras de la civilización en busca de la propia esencia, con el resultado de un renacimiento como individuo pleno. Esta especial atracción por lo salvaje nace con la misma nación estadounidense al calor del mito de la frontera. Smith (1970) dice que la formación del Oeste simbólico y mítico invocado hasta la saciedad en la narrativa norteamericana surge al plasmarse el ideal *jeffersoniano* de crecimiento personal entre los colonos que se asentaron a lo largo del siglo XIX en el recién conquistado Medio Oeste. Uno siempre podía acompañar al sol en su ruta para reinventarse: "Los americanos no podían esperar para ir al Oeste. Las ciudades de las 13 colonias se estaban abarrotando y volviéndose insalubres. La promesa de tierra para cultivar, y más tarde de oro que extraer, tocó la fibra sensible del emergente espíritu americano. Si la vida no funcionaba, se levantaba la tienda y a moverse. La frontera vino a representar América y toda su promesa y posibilidad". El estadounidense sigue hoy vibrando en el cine con la posibilidad de reencontrarse con esa vitalidad original de la que surgió su nación. Más allá de la fruición

En el tramo final de la película, Glass recibe la visita del espíritu de su mujer india.

estética por la obra de arte, intuye el latido de lo sublime. Lo reconoce en las penalidades extremas del personaje caracterizado por DiCaprio, un sufrimiento que, al rozar con la fibra del héroe, deja entrever el brillo de la autenticidad como el reflejo de un diamante nacido del carbón.

Pero una pasión tan poderosa corre el peligro de desbordarse. Alexis de Tocqueville (2007) fue uno de los pioneros en la crítica a lo que consideraba una hipertrofia idiosincrática estadounidense de la libertad como proyección hacia lo desconocido, hacia el futuro por construir: la actitud *restless* (sin descanso) que observaba en muchos americanos incapaces de disfrutar de sus logros, de establecerse para consolidarlos, al estar siempre enfocados en el siguiente proyecto. El dique del proyecto estadounidense se llama comunitarismo y proviene de la profunda religiosidad que, desde los primeros peregrinos embarcada en el Mayflower y pasando por el trascendentalismo de Emerson, ha sobrevivido los embates materialistas para aparecer en los momentos clave, cuando los estadounidenses se muestran, de nuevo, sedientos de algo más.

THE REVENANT (2015)
País: EE.UU.
Dirección: **Alejandro González Iñárritu**
Guion: **A. González Iñárritu, Mark L. Smith**
Fotografía: **Emmanuel Lubezki**
Montaje: **Stephen Mirrione**
Música: **Alva Noto, Ryuichi Sakamoto**
Diseño de producción: **Jack Fisk**
Vestuario: **Jacqueline West**
Intérpretes: **Leonardo DiCaprio, Tom Hardy, Domhnall Gleeson, Will Poulter, Forrest Goodluck, Paul Anderson, Kristoffer Joner, Joshua Burge**
156 minutos
Distribuidora DVD: **Fox**
Estreno en España: **5.2.2016**

Filmografía de Alejandro González Iñárritu como director

- *El renacido* (*The Revenant*, 2015).
- *Birdman o (La Inesperada Virtud de la Ignorancia)* (*Birdman or (The Unexpected Virtue of Ignorance)*, 2014).
- *Biutiful* (2010).
- *Chacun son cinéma -segmento "Anna"-* (2007).
- *Babel* (2006).
- *21 gramos* (*21 Grams*, 2003).
- *Amores perros* (2000).

DiCaprio y González Iñárritu durante el rodaje de *El renacido* (*The Revenant*).

FUENTES

• CARRILLO, Juan Carlos. *Evolutions of Film Language in the Digital Age*. ComHumanitas: Revista Científica de Comunicación, 6(1), 40-51.

• DIMOCK, Wai Chee (2016). *Half-and-Half: Iñárritu Remixes James Fenimore Cooper*. Los Angeles Review of Books. 16-2-2016 <https://lareviewofbooks.org/article/half-and-half-inarritu-remixes-james-fenimore-cooper/>

• KELLMAN, S. G. (1976). *The Fiction of Self-Begetting*. MLN, 91, 6, 1243-1256.

• MCKITTRICK, Christopher (2016). "I think he wanted to toss me off the cliff". *Mark L. Smith on The Revenant and Martyrs*. 27-1-2016. Creative Screenwriting. Recuperada de <https://creativescreenwriting.com/i-think-he-wanted-to-toss-me-off-the-cliff-mark-l-smith-on-the-revenant-and-martyrs/>

• NAVARRO, Miguel Ángel (2016). *El Western y la Poética: a propósito de El Renacido y otros ensayos*. Oviedo: Pentalfa.

• SCHAAP, James (2016). *The Revenant - A Brutal Masterpiece: Review Essay*. Pro Rege, 4, 8-11.

• SMITH, H. N. (1970). *Virgin Land: The American West as a Symbol and Myth*. Harvard University Press.

• TOCQUEVILLE (2007), Alexis de. *Democracy in America*. W. W. Norton and Company.

Espías desde el cielo (Gavin Hood)

JUAN PABLO SERRA

La carrera de Gavin Hood, actor y director sudafricano licenciado en Derecho y Cine, es, a falta de una palabra mejor, irregular. Y no parece un realizador obsesionado por construir una carrera de autor, a tenor de la heterogeneidad y calidad relativa de los títulos que ha dirigido hasta la fecha -en que suma 54 años- y que van desde el drama social hasta el relato de aventuras juvenil. Sin embargo, hay imágenes que se incrustan en la memoria, y la del final de *Tsotsi* -cuando un joven pandillero rompe a llorar al devolver el bebé que había sustraído a una familia acomodada- es una de ellas. Además, ya en aquella cinta, ganadora del Oscar a la mejor película extranjera, asomaba un trasfondo de denuncia social y moral, a veces alineada con la corrección política (la publicidad sobre prevención del SIDA en las estaciones de tren), a veces en clave humanista (la idea de que ni siquiera las condiciones de vida de un *ghetto* miserable a las afueras de Johannesburgo impiden el cambio personal) que no ha abandonado a su director desde entonces.

Tal como confesaba durante una de las presentaciones del filme que aquí comentamos, lo que más le atrae de rodar ficción es algo que está en el origen del Derecho y que tiene que ver con la noción de conflicto entre las partes:

Una acción militar pendiente de muchas opiniones.

> En cierto sentido, toda buena historia trata de gente en situaciones de conflicto, y el Derecho normalmente tiene que ver con gente en conflicto. Creo que las historias que me gusta contar y que encuentro más interesantes de ver son aquellas que nos instan a pensar sin machacarnos la cabeza (O'SULLIVAN, 2016)

El paso de Hood por el mundo de los tribunales fue efímero (no llegó a los cinco meses), pero está claro que marcó su trayectoria. Ya sea que analice la figura de la "entrega extraordinaria" -la práctica por la cual la CIA o el MI6 detienen y trasladan a sospechosos de terrorismo a terceros países para interrogarles con menos restricciones legales- en *Expediente Anwar*. O que aborde las relaciones entre la propaganda, la guerra preventiva y el entrenamiento virtual -junto con el conflicto interior que todo ello genera en un preadolescente al borde de convertirse en dictador- en *El juego de Ender*. Lo cierto es que el motivo legal-conflictual recorre la filmografía de Hood, incluso en la fallida *Lobezno*, película en la que el realizador quiso dirigir un mensaje filosófico y político acerca de las líneas difusas que separan el bien del mal, sobre todo en el interior de cada persona.

Pues bien, si vamos a *Espías desde el cielo*, una de las primeras cosas que salta a la vista del milimétrico guión de Guy Hibbert -autor del libreto de la intensa *Cinco minutos de gloria* (HIRSCHBIEGEL, 2009)- es, precisamente, que en la historia no hay héroes, sino que todos los personajes tienen sus dilemas y que, en gran medida, estos se hallan fuertemente influidos por su posición. Tal como decía Hood en una entrevista para *Way*

Too Indie, la intención de la película era presentar una situación problemática y mostrar la mayor cantidad posible de puntos de vista para escuchar sin predicar (BOO, 2016). Y a buena fe que así ocurre. En su muy medido metraje, vemos desfilar las diferentes posturas e intereses de todos aquellos políticos, secretarios, ministros, pilotos, soldados y mandos militares implicados en la moderna guerra de drones. Y sin maniqueísmos, a diferencia de la muy inferior *Good Kill* (NICCOL, 2014), cuya historia constantemente sermoneaba al espectador acerca de la frustración profesional y los traumas de los pilotos de drones o del derroche de dinero que supone la empresa bélica contemporánea.

Afortunadamente, Gavin Hood evita la tentación panfletaria para mostrarnos el proceso de toma de decisiones estratégicas en tiempo real, cuando la información nueva modifica las reglas de enfrentamiento de una operación -que pasa de "capturar" a "matar"- y, por tanto, urge a reajustar su marco legal e interpretativo, a lo que hoy se añade con creciente importancia la valoración de las consecuencias en la opinión pública. En ese sentido, *Espías desde el cielo* se aleja del relato bélico centrado en la perspectiva del soldado y del combate para acercarnos -como ya hizo durante la Guerra Fría la muy rescatable *Punto límite* (LUMET, 1964)- a las tensiones propias de los centros de decisión desde los que se dan las órdenes y que, hoy en forma de mandos coordinados, se reparten a lo largo y ancho del globo. Ahí reside su actualidad pero no su interés que, como expondré a continuación, creo que tiene más que ver con un elemento atemporal que permea la trama y que entronca directamente con la tradición política de Occidente y, por ende, con nuestra identidad como civilización.

Un dilema de libro

El filme gira en torno a una operación militar de captura de una ciudadana británica radicalizada que se desarrolla en el día en que ésta y su marido piensan recibir en Nairobi, Kenia, a dos nuevos reclutas (uno británico y otro estadounidense) para las filas de al-Shabaab, la rama de Al Qaeda en la vecina Somalia. Dirige la operación desde el Reino Unido la coronel Katherine Powell -que sigue desde hace tiempo los movimientos de la pareja extremista- conjuntamente con efectivos de las fuerzas especiales keniatas y con la fuerza aérea de Estados Unidos para tareas de apoyo visual.

Sin embargo, al poco de empezar el operativo, las cosas se tuercen. Gracias a las imágenes captadas por un robot diminuto con forma de moscardón, Powell descubre que los terroristas se preparan para una misión suicida, lo que modifica el objetivo de la operación, no sin antes lidiar con varios frentes. ¿Qué estimación de daños haría legalmente aceptable una orden de disparar misiles contra el piso franco de los terroristas, teniendo en cuenta que se trataría de una acción en un país no hostil y contra ciudadanos británicos y estadounidenses? La respuesta a esta cuestión enerva la narración, pues obliga a tener en cuenta (*refer up*, repiten en la película) el criterio de los superiores militares, del Ministro de Defensa británico, de su Secretario de Asuntos Exteriores, de su Fiscal General del Estado y de su Secretaria de Estado para África, así como del Secretario de Estado de EE.UU. Cuando entre los daños colaterales se incluya la vida de una niña que vende pan en uno de los lados exteriores de la casa, será el piloto al frente del dron armado quien enuncie la última objeción a la orden de abrir fuego.

¿Es legítimo matar a una persona para salvar potencialmente la vida de muchas más? Este tipo de cuestiones y situaciones estilo *trolley-problem*, infrecuentes en la práctica cotidiana pero no por ello menos interesantes y socorridas en cursos y manuales de ética, aparecen en el ecuador del relato y Hood no se lleva a engaño proponiendo al espectador que haya una manera limpia de resolverlas:

> Si la película sugiere algo, es que los hechos de las situaciones particulares que analizamos importan. Si cambiamos el hecho de que una niña pequeña pueda morir y dijéramos que qué pasaría si fueran 10 niñas pequeñas y potencialmente pudiéramos salvar 40 vidas, ¿querrías hacer ese trato? ¿Y si fuera 1 niña a cambio de 5.000 vidas? (BARBER, 2016)

Ciertamente, el "corazón moral" de la película se halla en la sala de operadores de dron y en sus dudas. Al fin y al cabo, como recordaba Hood citando a Hannah Arendt, al elegir el menor de dos males uno no deja de elegir un mal. No obstante, el mensaje de la película es más ambivalente y complejo de lo que su imagen final podría sugerir.

La guerra actual

Y es que uno de los factores que dificultan la claridad del juicio moral reside en el tipo de guerra que se pelea en nuestros días, de límites imprecisos. No es que hoy no rija la categoría amigo-enemigo: es su delimitación la que se ha vuelto problemática, pues los enemigos de hoy rara vez adoptan la forma reconocible de un Estado ni actúan con los medios de un ejército regular. De alguna forma, la guerra contemporánea parece haber vuelto a ser lo que, en el fondo, siempre ha sido: un acto político, de voluntad, no una medida técnica activada por determinadas causas, sino una genuina acción humana de ordenación de poderes, actores, territorios físicos, leyes, medios militares y visiones de sentido.

Los traumas de los pilotos de drones: no solo disparar, sino identificar los cuerpos.

Ahora bien, justamente porque hoy es más visible su politicidad, la guerra se ha convertido en algo difícil de desentrañar. No solo porque ya de por sí es un hecho que desborda lo jurídico y lo militar, sino por el escenario donde hoy en día ocurre, en que conflictos que antes eran marginales ahora centran los esfuerzos militares y copan la atención de la sociedad. Y donde entran en juego conceptos nuevos -o seminuevos, pues muchos ya los adelantó el clásico *Nociones del Arte Militar* (VILLAMARTÍN, 1989 [1857])-, como la estrategia de desgaste (introducido por la guerrilla en Argelia), la asimetría (con la que supo jugar el Vietcong) o el conflicto híbrido que mezcla estrategias regulares e irregulares (como se ha visto en Ucrania e Irak).

En un escenario así, los principios morales no dejan de tener su vigencia, pero sí es posible que varíe el ámbito en que deben de aplicarse con la prudencia que todo juicio moral y político requiere. Como escribía Óscar Elía hace algunos años, la política debe incluir cierto pacifismo (limitar el uso de la guerra, levantar barreras jurídicas y morales a su desarrollo), pero no se ha de identificar con él, pues el gobernante que abraza un pacifismo moral absoluto no sólo traiciona su responsabilidad primera (detentar el monopolio de la fuerza, ejercer la defensa, garantizar la supervivencia de la sociedad) sino que puede provocar más guerra (ELÍA, 2009).

De hecho, si determinados usos de la fuerza hoy nos pueden resultar más o menos morales, ello no se debe a su correspondencia con ciertos principios sino a razones contextuales, que tienen que ver con el fin del paradigma de la "guerra absoluta" (Clausewitz) o "guerra total" (Ludendorff) que obligaba a movilizar a todos los recursos de la nación. Como señala Baqués,

> volvemos a los ejércitos de tamaño reducido [...], con un personal mejor formado en el manejo de las nuevas tecnologías [...] pero al mismo tiempo difícilmente sustituible a corto plazo en caso de tener que soportar muchas bajas en combate. Del lado de la sociedad civil, se aprecia una mayor sensibilidad por las bajas, tanto propias como ajenas, así como una mejor capacidad de crítica fundamentada sobre las decisiones tomadas por sus gobernantes en cualquier tema y, por ende, también en la decisión de ir a la guerra (BAQUÉS, 2014: 20-21)

Es este contexto el que explica el uso creciente de robots en el ámbito militar, y también el que permite divisar sus ventajas y consecuencias. Pues, en efecto, los aviones pilotados remotamente permiten un mayor radio de acción y una mayor temeridad en sus operaciones, con un menor coste político y un apoyo de la ciudadanía más amplio, pero también con los dilemas éticos propios que todo proceso de automatización conlleva y la reconfiguración de la sociología militar -del soldado heroico al profesional técnico- que dicha tecnología muy probablemente acarreará (BAQUÉS, 2014).

Muchas de estas consideraciones se pueden desprender de un visionado atento de *Espías desde el cielo*. Pero a ello añade el director una más cuya actualidad, en realidad, nos acompaña desde el fin de la II Guerra Mundial, en que la guerra ideológica se hizo más importante que la guerra física:

> vivimos en un mundo donde la batalla de las ideas es tan importante, si no más, que las batallas que implican armas como los drones. Las reglas de la guerra tal como las conocíamos se están viniendo abajo. La guerra solía ser un conflicto entre poderes militares lidiando por un territorio. Ahora tiene que ver con personas lidiando por la dominación ideológica [...]. El campo de batalla es ahora el globo, y parte de esa batalla es el reclutamiento. ¿Cómo atraemos más gente hacia nuestro punto de vista que ellos hacia el suyo? (NUSSBAUM, 2016)

La disciplina legal y la mirada a largo plazo

Una cosa es que la guerra desborde el ámbito jurídico o incluso el moral. Otra cosa es que la ley no tenga su papel e importancia en la política y, más generalmente, en las acciones humanas. Lo tiene, de hecho, pues no hay -como decía Javier Conde siguiendo la tesis *schmittiana*- organización del obrar común de los hombres sin una idea determinada del Derecho, conforme a un plan y dentro de un espacio concreto (CONDE,

2006 [1944]: 30). O, si se prefiere y de un modo más sencillo, no hay comunidad humana sin una referencia a lo justo.

Esta idea, cuya evidencia nos hace conectarla con la misma naturaleza humana, ha tenido no obstante una concreción y un desarrollo histórico único en Occidente, empezando por la *polis* griega -comunidad ordenada en referencia a una norma superior y propia que refleja su armonía a partir de las tradiciones, el espíritu fundacional, los usos inveterados (CONDE, 2006 [1944]: 50-51; PRIETO, 1996:19-21)- y siguiendo por la forma imperial romana, articulada siguiendo la norma de la naturaleza. De Roma heredamos la experiencia de que el derecho tiende a convertirse en principio universal de configuración de las realidades humanas (CONDE, 2006 [1944]: 54), pues es el derecho lo que les da una consistencia y firmeza análoga a las realidades naturales y, por tanto, lo que nos permite gobernarlas con justicia.

En *Espías desde el cielo* hay innumerables demoras en la toma de decisiones que vienen presididas por la necesidad que los distintos actores expresan de tener seguridad legal. En ocasiones, de hecho, este constante derivar la decisión a otro puede ocasionar en el espectador una hilaridad que, además, es buscada por el filme. Con todo, hay en este patrón de conducta algo que, para quien firma, resulta admirable e instructivo de la identidad occidental. Pues incluso aunque estas acciones parezcan realizarse para eludir la responsabilidad, cubrirse las espaldas o lavarse las manos, el caso es que... ¡nadie cuestiona la necesidad de que cualquier ataque haya de ajustarse a Derecho! Y no creo que aquí la película intente idealizar a nadie, y menos al sector castrense, pues si en algo gastan tiempo las academias militares es justamente en enseñar normas y procedimientos, la arquitectura jurídica del país, los modos de razonamiento legal, la toma de decisiones bajo incertidumbre moral, etc.

La ley, decían los clásicos, *siempre* tiene una función pedagógica. No solo enseña la corrección o incorrección de aquello que ordena o prohíbe, sino que, a la larga, también educa en el respeto a la norma, pues toda norma protege un valor que es previo a ella. Incluso aunque, a veces, pueda ser injusta o equivocada. La respetamos por coacción, es cierto, pero quizá también por aquella intuición *burkeana* de que cierto nivel de injusticia es tolerable a cambio de vivir en una sociedad ordenada y porque, conscientes del carácter imperfecto de la legalidad, ello no proscribe sino que alienta los esfuerzos reformistas por lograr leyes justas y razonables.

En todo caso, la disciplina que la ley impone (la necesidad de ajustarse a algún criterio, la búsqueda de orden y sentido para las acciones humanas) también enseña las limitaciones de la misma cuando solo se tiene en cuenta su forma jurídica y no su función política, que no es otra que servir al interés público y al bien común. Y es ahí donde adquiere todo su sentido la imagen final del filme, cuando, tras ser trasladada en vano a un hospital, la niña inocente que paraliza todo el operativo militar aparece jugando al *hula hoop*. Con esta última explicación cierro la crítica.

En un sentido estratégico, hay pocos motivos para no sentenciar que, por ejemplo, la reciente campaña contra Al Qaeda en Pakistán no haya sido un éxito a la hora de relegar a un segundo plano su amenaza para Europa y EE.UU. Al menos, si se miden los ataques con drones en términos de su capacidad de golpear la estructura de mando y control del grupo terrorista, las bajas en recursos humanos cualificados y los efectos sobre recursos materiales en forma de dinero, refugio, campos de entrenamiento y armas (JORDÁN, 2013). Pero, globalmente, ¿cómo se pueden valorar los éxitos de una determinada estrategia?, se preguntaba Hood en una entrevista. Y contestaba: por los efectos a largo plazo, más que por la efectividad de un golpe o de una campaña. Encabezando una reflexión parecida a aquella que subyacía a *Expediente Anwar* -si torturas a una persona, creas diez, cien, mil enemigos nuevos (ADAMS, 2016: 138)-, Hood insistía en que:

> No tengo ninguna simpatía por al-Shabaab, pero aún así debemos preguntarnos si, estratégicamente, redujimos la amenaza de al-Shabaab o si, en caso de herir a la población civil o errar el objetivo, logramos que la población local fuera más favorable a al-Shabaab. Ésta es la cuestión que siempre debemos abordar si realmente queremos ganar la partida entera, si realmente queremos derrotar la ideología (BARBER, 2016)

Por esta razón, aunque la imagen de la niña es acusatoria (una suerte de *mirad las realidades bellas y convenientes que destruye la guerra moderna*), en realidad, y teniendo en cuenta que la chica pertenecía en la película a una familia pro-occidental, la acusación adquiere un tono de advertencia (¿terminará su padre buscando venganza enrolándose en las filas terroristas?). Cómo evitar que esto ocurra sin descuidar la vanguardia no es asunto claro. ¿Está la cultura política de Occidente preparada para afrontar semejante reto? La verdad, esa víctima primera de cualquier guerra según reza la cita de Esquilo que abre la película, puede que no sea nada halagüeña.

La niña y el *hula hoop*: ¿acusación o advertencia?

EYE IN THE SKY (2015)
País: Reino Unido
Dirección: Gavin Hood
Guion: Guy Hibbert
Fotografía: Haris Zambarloukos
Montaje: Megan Gill
Música: Paul Hepker, Mark Kilian
Diseño de producción: Johnny Breedt
Vestuario: Ruy Filipe
Intérpretes: Helen Mirren, Aaron Paul, Alan Rickman, Barkhad Abdi, Phoebe Fox, Iain Glen, Carl Beukes, Richard McCabe, Tyrone Keogh
102 minutos
Distribuidora DVD: eOne
Estreno en España: 13.5.2016

Filmografía de Gavin Hood como director

- *Espías desde el cielo* (*Eye in the Sky*, 2015).
- *El juego de Ender* (*Ender's Game*, 2013).
- *X-Men Orígenes: Lobezno* (*X-Men Origins: Wolverine*, 2009).
- *Expediente Anwar* (*Rendition*, 2007).
- *Tsotsi* (2005).
- *In Desert and Wilderness* (*W pustyni i w puszczy*, 2001).
- *Luchar por sobrevivir* (*A Reasonable Man*, 1999).

FUENTES

- ADAMS, Alex (2016). *Political Torture in Popular Culture: The Role of Representations in the post-9/11 torture debate*. Londres: Routledge.

- BAQUÉS, Josep (2014). *Análisis de las causas y de las consecuencias sociales y políticas del empleo de drones. En El arma de moda: impacto del uso de los drones en las relaciones internacionales y el derecho internacional contemporáneo*. ICIP Research, 4. Barcelona: Institut Català Internacional per la Pau, 11-33.

- BARBER, James (2016). *'Eye in the Sky' Director Gavin Hood Talks Drone Warfare*. 1 abril. Under the Radar: Military.com's Entertainment Blog. Recuperada de <https://underthera-dar.military.com/2016/04/eye-in-the-sky-director-gavin-hood-talks-drone-warfare/>

- BOO, Bernard (2016). *'Eye In The Sky' With Director Gavin Hood*. Way Too Indiecast, nº 57, 11 marzo. Way too Indie: Independent Film & Music Reviews. Recuperado de <http://waytooindie.com/podcasts/way-too-indiecast-57-eye-in-the-sky-with-director-gavin-hood/>

- CONDE, Francisco Javier (2006 [1944]). *Teoría y sistema de las formas políticas*. Granada: Comares.

- ELÍA, Óscar (2009). *¿Es el pacifismo inmoral?* La Ilustración Liberal, nº 38, 77-89.

- HIRSCHBIEGEL, Oliver (director) (2009). *Cinco minutos de gloria* [película]. Reino Unido: Big Fish Films / Element Pictures / Ruby Films.

- JORDÁN, Javier (2013). *Innovaciones en el empleo del poder aéreo: los ataques con drones contra Al Qaeda en Pakistán*. Revista de Aeronáutica y Astronátutica, 828, 856-861.

- LUMET, Sidney (director) (1964). *Punto límite* [película]. EEUU: Columbia Pictures.

- NICCOL, Andrew (director) (2014). *Good Kill* [película]. EEUU: Voltage Pictures, Sobini Films.

- NUSSBAUM, Daniel (2016). *Eye in the Sky' Director Gavin Hood Talks Morality of Drone Warfare, 'Huge Shock' of Alan Rickman's Death*. 10 marzo. Breitbart. Recuperada de <http://www.breitbart.com/big-hollywood/2016/03/10/interview-eye-in-the-sky-director-gavin-hood/>

- O'SULLIVAN, Michael (2016). *Director Gavin Hood on the nature of (and the need for) modern warfare*. 20 marzo. The Washington Post. Recuperada de <https://www.washingtonpost.com/lifestyle/style/director-gavin-hood-on-the-nature-of-and-the-need-for-modern-warfare/2016/03/20/196990e0-e8a0-11e5-bc08-3e03a5b41910_story.html?utm_term=.7db762b687bc>

- PRIETO, Fernando (1996). *Manual de historia de las teorías políticas*. Madrid: Unión editorial.

- VILLAMARTÍN, Francisco (1989 [1857]). *Nociones del Arte Militar*. Madrid: Ministerio de Defensa.

Francofonia (Aleksandr Sokurov)

PABLO ALZOLA

Francofonia es el último largometraje dirigido hasta la fecha por el cineasta ruso Aleksandr Sokurov. Su estreno en Francia -país productor y homenajeado por el filme- tuvo lugar apenas dos días antes de los atentados terroristas ocurridos en París durante la noche del 13 de noviembre de 2015. Tal vez por ello, la película pasó desapercibida para gran parte del público, reacio a volver a las salas de cine, y la prensa escrita la despachó con algunos estereotipos, hablando de su ideología *putinista* o de su posible antisemitismo. No obstante, intentar comprender una película como *Francofonia* a partir de categorías prefabricadas impide hacer justicia a una obra que rompe las expectativas del espectador, incluso las de aquel familiarizado con la filmografía de Sokurov. Dragan Kujundžić, experto en la obra del director ruso, dice de ella que "es al mismo tiempo una película de ficción, una historia del Louvre, un documental sobre la ocupación nazi de París, una elegía sobre las vidas de sus protagonistas y una historia del arte" (KUJUNDŽIĆ, 2015a: 8).

Ciertamente, la historia relatada por *Francofonia* es de una singularidad que atrae. Durante la ocupación de París por el Tercer Reich, dos hombres pertenecientes a bandos opuestos descubren su preocupación común por salvar las obras de arte del Louvre de manos de las altas autoridades nazis: se trata de Jacques Jaujard (Louis-Do de Lencquesaing), director del museo, y del Conde Franz Wolff-Metternich (Benjamin Utzerath), coronel alemán encargado de la protección de las obras de arte (Kunstschutz) en la Francia ocupada. La creciente resistencia de Wolff-Metternich a que las autoridades de Berlín saquearan los tesoros del Louvre derivó en un reconocimiento mutuo entre él y Jaujard, semilla de una amistosa complicidad. Sin embargo, la película no se limita a contar esta historia: va más allá. El hilo narrativo del filme, articulado por la relación entre los dos personajes cómplices, es solo una de las fibras de una compleja trama en la que se entretejen la ficción, el documental y el metraje original de la época. Por ello, dice Sokurov, "*Francofonia* es más un *collage* que un recorrido cronológico, ya que sigue los meandros de los cambiantes procesos de la mente" (SOKUROV, 2016).

Una elegía para Europa

Entre los diferentes *taglines* empleados para promocionar la película, quizá el que mejor refleja su esencia sea este: "Una elegía para Europa". La palabra "elegía" -obra poética que lamenta la muerte de alguien- define bien la filmografía de Sokurov; de hecho, en ella encontramos algunos títulos que aluden a este subgénero lírico, como *Elegiya* (1986); *Moskovskaya elegiya* (1987), homenaje a Andréi Tarkovski, recién fallecido por entonces; *Sovetskaya elegiya* (1989); *Elegiya iz Rossii* (1993) o *Elegiya dorogi* (2001), entre otros. En cualquier caso, toda la obra de Sokurov parece llevar a las espaldas el peso de una pérdida: una misteriosa ausencia que adquiere, en cada película, formas y tonalidades diferentes. "Las elegías de Sokurov, dedicadas a los singulares destinos históricos de Rusia, inseparables de su melancolía y su esteticismo, marcan un enclave común y atemporal dentro del calentamiento global de una esfera pública internacional posmoderna" (JAMESON, 2006: 11). En este sentido, Jameson asemeja la obra del cineasta ruso a la de directores como Víctor Erice, Abbas Kiarostami o Theo Angelopoulos, cuyas películas también acusan la presencia de una herida, muchas veces relacionada con la propia historia de su país.

No obstante, el filme de Sokurov al que *Francofonia* remite de modo casi directo, tanto por su temática como por su tono elegíaco, es *El arca rusa* (2002), obra con la que este director adquirió fama internacional. Filmada en un solo plano secuencia con una cámara digital de alta definición, la película presentaba un recorrido espacial por el Museo del Hermitage de San Petersburgo y, a su vez, un recorrido histórico por la Rusia de los zares. Aquí la elegía surgía de la tensión entre la celebración de la vida aristocrática y el deleite estético en las obras del Hermitage, por un lado, y el lamento por un mundo sepultado para siempre tras la época soviética, por otro. Su espectacular escena final, representación del último gran baile del zar Nicolás II en 1913, encarnaba esta tensión: el esplendor de la nobleza rusa, casi fantasmal, era el presagio de su trágico final. Aunque el cierre de la película dejaba una puerta abierta a la esperanza: al tiempo que revelaba la cualidad espectral de las damas y nobles retratados, *El arca rusa* descubría las obras del Hermitage como presencias reales, supervivientes del naufragio soviético y, por ello, portadoras de una cierta esperanza para nuestro tiempo. A este respecto, Barlett señala que el Hermitage aparece ahí como "el medio por el que Rusia puede recuperar su alma y su equilibrio tras tantas décadas de terror" (BARLETT, 2002, p. 9). "El mar nos rodea. Estamos destinados a navegar eternamente, a vivir eternamente", concluía el narrador invisible de *El arca rusa*, el propio Sokurov, mostrando así al Hermitage como un arca de salvación en tiempos convulsos.

El final de *El arca rusa* es, en cierto modo, el comienzo de *Francofonia*. Este filme arranca con el sonido de una conversación telefónica en la que se habla de un barco cargado de obras de arte que atraviesa el océano Atlántico, pero del que no se tienen noticias desde hace tiempo. Minutos más tarde, vemos cómo el capitán del barco habla por videoconferencia con Sokurov y se lamenta del grave peligro que corren las obras de arte que transporta, ahora a merced del oleaje. "La amenaza que acecha al arte en la historia [...] es subrayada explícitamente aquí y anticipada por las imágenes del barco hundiéndose" (KUJUNDŽIĆ, 2015a: 14). La película combina estas primera imágenes con breves planos de *La balsa de la Medusa*, de Géricault, una de las pinturas más célebres del Louvre: son las primeras piezas que componen un sugerente discurso visual sobre la fragilidad del arte, siempre al borde del naufragio, y su papel privilegiado como salvaguarda de toda una civilización. "¿Quiénes seríamos sin museos?", se pregunta la voz en *off* de Sokurov.

La película como lienzo

Parte del carácter elegíaco de *Francofonia* proviene de la pérdida de un modo de mirar que solo puede ser despertado por el encuentro con una obra de arte. Sokurov cuenta en una entrevista cómo fue su primer encuentro con la pintura de Rembrandt, *El retorno del hijo pródigo*, expuesta en el Hermitage:

> Causó en mí una impresión indeleble. No comprendí por qué. Pero, después de unos pocos minutos, empecé a sentirme muy pesado y cansado, no me encontraba bien. Literalmente, no podía dar ni un paso, tan cansado estaba, simplemente exhausto.

Jaujard y Wolff-Metternich en *Francofonia*: una amistad cómplice para salvar el arte.

> Y más tarde, cuando visitaba de nuevo el Hermitage, comprendía cada vez que hay un extraño proceso físico y psicológico provocado por el encuentro con una obra de arte original (KUJUNDŽIĆ, 2015b: 32)

Podría decirse que, esta vez, la elegía lamenta la pérdida de la mirada que posiblemente tuvieron dos grandes enamorados del Louvre: Jaujard y Wolff-Metternich, quienes llegaron a arriesgar sus vidas por salvar el arte. En este sentido, la película de Sokurov intenta recrear esa mirada, casi pictóricamente, presentándose a sí misma como una mera aproximación a lo que ocurrió. "Y si nos imaginásemos como ocurrió, ¿hubiese sido así?", dice la voz en *off*. El recurso al formato de pantalla cuadrado (4:3), así como a una imagen sobreexpuesta, imita las cualidades de una película de 8 milímetros de los años cuarenta; pero, sobre todo, evoca la idea de la película como un lienzo sobre el que el director pinta y modifica la imagen capturada; una idea, esta última, a la que el director ya había recurrido en su anterior largometraje de ficción, *Fausto* (2011). En sus memorias -*En el corazón del océano*, traducidas al italiano y al francés- Sokurov reconoce esta cualidad pictórica de su cine: "Estoy obligado a trabajar seriamente, de manera muy crítica, con la cultura de la imágenes, que procuro hacer germinar. En primer lugar, a partir de la pintura" (SOKUROV, 2015: 181).

Este estrecho vínculo entre cine y pintura responde al modo en que el cineasta ruso entiende la naturaleza del cine. A los ojos de Sokurov, "el lugar del cine en el panteón de las artes está por debajo de la pintura. También cree que el cine, asemejado en exceso a la literatura por medio del montaje, todavía carece de su propio lenguaje" (OSTROWS-KA, 2003). Son varias las escenas de *Francofonia* en las que la cámara se acerca a los cuadros del Louvre hasta casi tocarlos, con una admiración silenciosa que parece abrir al espectador la posibilidad de un encuentro tan extraordinario como el que vivió el cineasta frente al cuadro de Rembrandt. Aunque, al mismo tiempo, en la proximidad de la cámara queda implícita una distancia insalvable: el cine no puede sustituir a la obra de arte que filma, por lo que dicho encuentro nunca llegará a darse en la película; es, en todo caso, una invitación a que se produzca en la realidad. A este respecto, Sokurov se muestra consciente de cómo el poder del cine para crear ilusiones puede llegar a ser agresivo, acabando con la mirada de asombro que reclama toda obra de arte:

> Entiendo muy bien que las heridas que son infligidas con armas visuales son mucho más peligrosas que todas las otras heridas. Estas son heridas que no sanan, que cambian a los seres humanos y conducen a su deformación. La persona que ha estado expuesta a la agresividad visual es un ser deforme: esta no es la persona que ha hecho lo que está en Louvre, o en el Hermitage. Esta agresividad desmantela la naturaleza evolutiva que solía conectarnos con el arte clásico y la literatura (KUJUNDŽIĆ, 2015b: 38)

Funcionarios de la humanidad

"Nada tiene más sentido para la vida humana [...] que la presencia de otro ser humano", sostiene Sokurov en sus memorias (2015: 176). En efecto, la presencia del "otro" es una constante que recorre la obra del director ruso. Esta relación con el otro discurre casi siempre en forma de diálogo que guía la narración, como es evidente en el caso de *El arca rusa* -donde el narrador dialoga ininterrumpidamente con su guía, el marqués Astolphe de Custine (Sergey Dreyden)- o de *Fausto*, donde el protagonista (Johannes Zeiler) parece condenado a una conversación sin término con el diabólico Mauricius (Anton Adasinsky). En *Francofonia* el motivo del diálogo no resulta tan explícito, pero sí es de gran relevancia el encuentro con el otro, en el sentido radical del término: el encuentro de un francés "muy francés" -como se define Jaujard- con un noble alemán que viste el uniforme del ejército enemigo. No es la primera vez que el cine toma la Segunda Guerra Mundial como telón de fondo para un encuentro de este tipo: sirva mencionar como ejemplos la relación que se da entre los protagonistas de *La lista de Schindler* (Spielberg, 1993) o de *Diplomacia* (Schlöndorff, 2014). Esta última comparte con *Francofonia* rasgos significativos, que cabría estudiar con más detalle: el encuentro entre iguales, pero de bandos opuestos; el amor compartido por la ciudad de París o la resistencia moral a las imposiciones del poder son algunos de ellos.

Lo que realmente une a Jaujard y Wolff-Metternich es este último rasgo: un compromiso moral a favor de "lo sagrado del secreto oculto tras la imagen" (KUJUNDŽIĆ, 2015a: 8), tras el cuadro, que responde -en última instancia- a la dignidad del hombre ahí reflejada. Decía el filósofo Edmund Husserl que cada filósofo tiene la vocación de ser "funcionario de la humanidad", es decir, "servidor de la humanidad" (HUSSERL, 1991); salvando las distancias, algo parecido se desprende de las palabras de Sokurov sobre estos dos personajes históricos: "La vocación de estas dos extraordinarias figuras, que tenían una edad muy parecida, era proteger y conservar obras de arte. ¿Quiénes eran estos hombres y qué representaban en su calidad de funcionarios humanistas?" (SOKUROV, 2016). *Francofonia* trata de dar respuesta a esta pregunta ensayando diferentes aproximaciones que establecen una sugerente negociación con el pasado histórico, a través de metraje de archivo, la recreación histórica, cuadros, fotografías, documentos de la época o personajes cuasi simbólicos, como lo son las fantasmales presencias de Napoleón y Marianne deambulando por el museo. Así, este pasado histórico queda plasmado no tanto como un hecho desnudo, sino como "construcción poética" (RAVETTO-BIAGIOLI, 2005: 18) o como "entonación" -de ahí el título del filme-, tal y como lo explica el cineasta ruso:

> *Francofonia* no es una película histórica en el sentido clásico. No quería darle un enfoque científico, a pesar de que doy gran importancia a los datos reales. No perseguía un objetivo político, sino un objetivo que podría calificarse de artístico o más exactamente de "plenamente consciente", para transmitir a través de las vidas de nuestros personajes el sentimiento de una época, su entonación (SOKUROV, 2016)

FRANCOFONIA, LE LOUVRE SOUS L'OCCUPATION (2015)
País: **Francia, Alemania**
Dirección y Guion: **Aleksandr Sokurov**
Fotografía: **Bruno Delbonell**
Montaje: **Hansjörg Weißbrich**
Música: **Murat Kabardokov**
Diseño de producción: **Els Vandevorst**
Vestuario: **Colombe Lauriot**
Intérpretes: **Louis-Do de Lencquesaing, Benjamin Utzerath, Vincent Nemeth, Johanna Korthals Altes, Jean-Claude Caër**
88 minutos
Distribuidora DVD: **Wanda**
Estreno en España: **3.6.2016**

Filmografía de Aleksandr Sokurov como director (seleccionada)

- *Francofonia* (*Francofonia, le Louvre sous l'Occupation*, 2015)
- *Fausto* (*Faust*, 2011)
- *Leyendo el libro del bloqueo* (*Chitaem 'Blokadnuyu knigu'*, 2009)
- *Aleksandra* (2007)
- *Elegía de una vida: Rostropovich, Vishnevskaya* (*Elegiya zhizni. Rostropovich. Vishnevskaya*, 2006)
- *Sol* (*Solntse*, 2005)
- *Padre e hijo* (*Otets y syn*, 2003)
- *El arca rusa* (*Russkiy kovcheg*, 2002)
- *Taurus* (2001)
- *Moloch* (1999)
- *Diálogos con Solzhenitsyn* (*Uzel*, 1999)
- *Confesión* (*Povinnost*, 1998)
- *Madre e hijo* (*Mat i Syn*, 1997)
- *Voces espirituales* (*Dukhovnye golosa*, 1995)
- *Páginas ocultas* (*Tikhiye stranitsy*, 1994)
- *Elegía desde Rusia* (*Elegiya iz Rossii*, 1993)
- *El segundo círculo* (*Krug vtoroy*, 1990)
- *Días de eclipse* (*Dni zatmeniya*, 1988)
- *Elegía de Moscú* (*Moskovskaya elegiya*, 1987)
- *Dolorosa indiferencia* (*Skorbnoye beschuvstviye*, 1987)

FUENTES

- BARLETT, Kenneth (2002). *The Historical Perspective on Russian Ark*. Presbook de *El arca rusa*. Seville Pictures. 21 Jun. 2017. Recuperada de <https://people.ucalgary.ca/~tstronds/nostalghia.com/TheNews/RussianArk_SevillePressNotes.pdf>

- HUSSERL, Edmund (1991). *Crisis de las ciencias europeas y la fenomenología trascendental*. Barcelona: Crítica.

- JAMESON, Fredric (2006). *History and elegy in Sokurov. Critical Inquiry*, 33(1), 1-12.

- KUJUNDŽIĆ, Dragan (2015a). Louvre: L'Oeuvre of Alexander Sokurov. *Diacritics*, 43(3), 6-21.

- KUJUNDŽIĆ, Dragan (2015b). The Museum Fever of the Old World: A Conversation with Alexander Sokurov. *Diacritics*, 43(3), 24-38.

- OSTROWSKA, Dorota (2003). Sokurov's Russian Ark. *Film-Philosophy*, 7(5).

- RAVETTO-BIAGIOLI, Kriss (2005). Floating on the Borders of Europe Sokurov's Russian Ark. *Film Quarterly*, 59(1), 18-26.

- SCHLÖNDORFF, Volker (Director). (2014). *Diplomatie*. [Película]. Alemania, Francia: Film Oblige, Blueprint Film, Gaumont.

- SOKUROV, Aleksandr (2016). Comentarios de Alexander Sokurov. *Presbook de Francofonia*. Wanda Films. 21 Jun. 2017. Recuperada de <http://www.wandafilms.com/site/sinopsis/francofonia>

- SOKUROV, Aleksandr (2015). *Au coeur de l'océan* (Trad. J. Szaniawski). Lausanne: L'Âge d'Homme.

- SPIELBERG, Steven (Director). (1993). *Schlinder's List*. [Película]. Estados Unidos: Universal Pictures.

Frantz (François Ozon)

JOSÉ M. GARCÍA PELEGRÍN

Cuando se trata, como es el caso de *Frantz*, de un filme "de época" resulta conveniente situarlo en su contexto histórico. Este puede resumirse con un solo concepto, que en la historiografía alemana se emplea como término técnico: "Erbfeindschaft", que bien podría traducirse como "enemistad hereditaria" o "multisecular". En un amplio sentido, este concepto se aplica para caracterizar las relaciones entre Francia y Alemania desde la era de Luis XIV (rey entre 1643 y 1715) hasta la Segunda Guerra Mundial o incluso hasta el "Tratado del Elíseo" de enero de 1963, celebrado entre Konrad Adenauer y Charles de Gaulle.

La enemistad entre alemanes y franceses se agudiza a partir de las guerras napoleónicas y del fin del Sacro Imperio Romano Germánico en 1806; todo el siglo XIX está marcado por las revoluciones e intentos de unificación en Alemania, fraccionados los antiguos territorios del Imperio en cientos de circunscripciones, así como por algún que otro intento de Francia de ocupar los territorios alemanes al oeste del Rin. La creación del "Segundo Reich" bajo la égida de Prusia se lleva a cabo precisamente a través de tres guerras entre Prusia y Dinamarca (1864), Austria (1866) y Francia (1870/71). La guerra franco-prusiana reaviva la multisecular enemistad, que llegará a un nuevo culmen con la Primera Guerra Mundial. El término de esta, con el Tratado de Paz de

Versalles, fue considerado una humillación para Alemania; el cargado clima político y social se enrareció aún más por la leyenda de la "puñalada por la espalda" (Dolchstosslegende, en alemán). Según este mito, el Reich alemán no habría perdido la guerra en el frente, sino en Alemania misma, porque los políticos alemanes habrían asestado "una puñalada por la espalda" a los soldados. A esta leyenda recurrirán algunos partidos, y principalmente el NSDAP de Hitler, en el periodo entreguerras. Aunque los ministros de Asuntos Exteriores de Alemania y Francia, Gustav Stresemann y Aristide Briand, recibieron en 1926 el Premio Nobel de la Paz por sus esfuerzos para poner fin a la enemistad entre los dos países, este momento de distensión tendría poca duración.

Este es el trasfondo, el escenario histórico en que se desarrolla la película *Frantz*, de François Ozon, ambientada en el año 1919, cuando la enemistad entre Francia y Alemania -en la que acababa de instaurarse, en febrero de 1919, por primera vez una república que se conoce como "República de Weimar", así llamada por celebrarse las reuniones de la Asamblea Constituyente que daría como resultado la "Constitución de Weimar" en esta ciudad de Turingia, donde vivieron Goethe y Schiller- había alcanzado un momento especialmente crítico. De ahí, la extrañeza y el recelo que despierta la presencia de un francés joven, Adrien (Pierre Niney) en una pequeña ciudad alemana. En cuanto al escenario geográfico, el guionista y director François Ozon escogió la ciudad de Quedlinburg, si bien el rodaje se llevó a cabo en esta ciudad y en la prácticamente vecina de Wernigerode. Se trata de dos ciudades pequeñas -actualmente, Quedlinburg cuenta con 24.000 habitantes y Wernigerode, con 33.000-, situadas en el centro geográfico de Alemania, en la antigua República Democrática Alemana, a unos 200 kilómetros de Berlín; ambas ciudades apenas quedaron destruidas durante la Segunda Guerra Mundial, con lo que han conservado su carácter original y, sobre todo, reflejan tanto el carácter de pequeña ciudad burguesa en que se desarrolla la película como el hecho de que -a diferencia del norte de Francia y de Bélgica, donde largos años de batallas en las trincheras habían dejado esas regiones convertidas en escombros- en Alemania la Gran Guerra no provocó destrucciones.

El espectador tendrá ocasión de comprobar este contraste en el filme: después de haber transcurrido los dos primeros tercios de *Frantz* en la ciudad alemana, el tercer acto comienza con un viaje en ferrocarril, que lleva a la protagonista a la capital de Francia, pasando por los paisajes en ruinas que ha dejado la Gran Guerra en Bélgica y el norte de Francia. Además, las escenas del cementerio se rodaron en Görlitz, ciudad fronteriza con Polonia.

Un francés provoca rechazo en una pequeña ciudad alemana

El soldado alemán Frantz (Anton von Lucke), que presta su nombre al filme, cayó en la Primera Guerra Mundial en Francia. Cuando comienza *Frantz*, su prometida Anna (Paula Beer) está viviendo en casa de los que iban a ser sus suegros. Tanto el Dr. Hoffmeister (Ernst Stötzner), padre de Frantz que ejerce en la pequeña ciudad como médico, como su esposa Magda (Marie Gruber) son favorables a que Anna acepte la propuesta de matrimonio que repetidamente le ha hecho el Sr. Kreutz (Johann von Bülow). Así, Anna podría comenzar una nueva vida. Sin embargo, la joven no acaba de decidirse a hacerlo, pues no ha conseguido superar la muerte de Frantz, a cuya tumba sigue acudiendo a diario.

El suceso que, desde el punto de vista de la dramaturgia, impulsa la trama de *Frantz* es la inesperada aparición de un joven desconocido en el cementerio, donde deposita flores ante la tumba del soldado. El desconocido, de nombre Adrien (Pierre Niney), se presenta en un alemán llamativamente notable como un antiguo amigo de Frantz, a quien dice haber conocido en París antes de la guerra. La aversión con que se recibe a un francés en la Alemania de 1919 la experimentará Adrien en su propia piel: cuando aparece en la consulta del Dr. Hoffmeister, el padre de Frantz le expulsa de malos modos. En la taberna donde se reúne el médico con sus amigos -muchos de ellos han perdido a sus hijos en la guerra- puede palparse el ambiente antifrancés; los tertulianos se sentirán más tarde ofendidos, cuando sepan que el Dr. Hoffmeister ha acogido al "enemigo" en su casa. Y es que Adrien ha comenzado a hablar a los padres y a la prometida de Frantz de la amistad que les unía, e incluso toca el violín para ellos. Aunque el matrimonio Hoffmeister llegue a considerar a Adrien como a un miembro de la familia, llega un momento en que este considera haber llegado a un límite; abruptamente regresa a Francia. El espectador, que durante todo el metraje tiene una difusa idea de que algo no acaba de cuadrar en la relación entre el joven francés y Frantz, llegará por fin a conocer el secreto de Adrien.

Al margen de que el título *Frantz* pueda ser casi un juego de palabras -"Franzmann" es, en alemán, sinónimo (si bien ciertamente un tanto anticuado) de "francés" y sobre todo de "soldado francés"- o que suponga un eco de Francia, por tener el mismo sonido que "France", como dice el mismo director, quien atribuye la "t" en el nombre (en alemán, el nombre corriente es sencillamente "Franz") a un típico error francés (OZON 2016, 8), con esta película el cineasta parisino da un giro radical en su cinematografía, poblada de argumentos frívolos (*8 mujeres*, 2001), de una visión muy superficial del

Adrien es acogido por los padres y la prometida de Frantz como un miembro de la familia, pues sus relatos sobre su amistad con el caído en la guerra les hacen revivir al hijo y prometido.

matrimonio (*5 x 2 (Cinco veces dos)*, 2004), de ataques al "discreto encanto de la burguesía" (*Potiche: Mujeres al poder*, 2010), de tramas con una alta carga sexual (*Joven y bonita*, 2013) o sencillamente sórdidos (*Una nueva amiga*, 2014), si bien es cierto que en su película *En la casa* (2012) -además de algunos aspectos de los aquí esbozados- aparece una cierta nostalgia de la búsqueda de protección dentro de la familia. En *Frantz*, François Ozon cambia radicalmente de registro, para ofrecer por fin un drama de carácter universal.

Quizá se deba esto a que Ozon rueda por primera vez una película de época (aunque *Potiche: Mujeres al poder* está ambientada en la década de 1970, difícilmente podrá considerarse como "filme de época"). O quizá se deba a la película que le sirvió de inspiración, un filme bastante olvidado de Ernst Lubitsch, *Broken Lullaby* (1931), si bien su título en español, *Remordimiento*, marca ya la diferencia entre ambas cintas. Al respecto, decía el director Ozon:

> «Desde hace tiempo quería rodar una película sobre la mentira. Como discípulo y admirador de Éric Rohmer, me parece muy interesante trasladar mentiras al campo narrativo y fílmico. Cuando estaba pensando sobre esta temática, un amigo me habló de la obra de teatro escrita por Maurice Rostand poco después de la Primera Guerra Mundial. Al investigar sobre esta obra, supe que Ernst Lubitsch la había adaptado al cine en 1931, con el título *Broken Lullaby*. Mi primera reacción fue olvidarme de ello: ¿Qué podría añadir después de Lubitsch? Sin embargo, cuando vi la película, cambié

de parecer: sigue el punto de vista del joven francés, y yo quería narrar desde la perspectiva de la joven. Al igual que el espectador, ella no sabe por qué este francés acude a la tumba de su prometido. Tanto en la obra de teatro como en el filme de Lubitsch conocemos su secreto al principio, en una larga escena de confesión con un sacerdote. Pero a mí me interesaba más la mentira que el sentimiento de culpa» (OZON 2016, 5)

Ozon mantiene la escena del confesionario; pero no es Adrien, sino Anna la que acude a la confesión, si bien esta escena resulta un tanto artificial, teniendo en cuenta que en Quedlinburg (hoy en día) solo el cuatro por ciento de la población es católica, y por lo demás tampoco hay nada que haga referencia a que los padres de Frantz pertenezcan a esta confesión. El hecho de que *Frantz*, a diferencia de *Broken Lullaby*, se centra en la figura de Anna, queda reforzado en la segunda parte del filme de Ozon: tras el regreso de Adrien a Francia, la joven cae en una depresión, que en definitiva le lleva a viajar al país vecino en busca de Adrien. Sin embargo, aquí se topará con una nueva decepción. El realizador francés cierra su película con una escena en que Anna contempla en el Louvre el lienzo *El suicidio*, de Édouard Manet. Sobre esta obra, dice Ozon:

«El arte también es una mentira, un medio para aguantar el sufrimiento; pero es una mentira virtual, más noble, que nos puede ayudar a vivir. (...) Nos recuerda el drama al que hemos asistido, a Frantz y Adrien. Y la malsana postguerra con dos millones de muertos en Francia y tres millones en Alemania; los supervivientes, que volvieron mutilados, conmocionados y con ideas de suicidio. (...) Anna ve por fin las cosas claras, pero con una cierta distancia. Me gusta la ironía: delante del cuadro de un suicida ha traspasado por fin el espejo, a pesar de la guerra, de los dramas, de los muertos y de todas las mentiras. Ha superado el amor perdido y el amor ensoñado» (OZON 2016, 9)

El blanco y negro produce autenticidad y distanciamiento a la vez

Desde el punto de vista estético, *Frantz* supone asimismo un cambio de registro en la filmografía de François Ozon, que rueda en un blanco y negro brillante (director de fotografía: Pascal Marti), solo interrumpido por acentos de color en algunos *flashbacks*, que resultan no ser nada arbitrarios. Sigue el mismo enfoque, pues, que Michael Haneke en su filme *La cinta blanca*, quien en una entrevista comentaba el uso de la fotografía en blanco y negro: «Obedece a dos motivos: en primer lugar, se trata de una época histórica que en la memoria colectiva ve unida al blanco y negro. Por otro lado, el uso del blanco y negro produce un distanciamiento, un efecto de enajenación» (HANEKE, 10-10-2009). Y el mismo Ozon dice algo similar: «Paradójicamente, el blanco y negro amplifica el realismo y la autenticidad, pues esa época solo la conocemos en blanco y negro» (OZON 2016, 7). Resulta interesante que Haneke, respecto de *La cinta blanca*, haga referencia a que el blanco y negro asume la misma función que el narrador («No sé si todo lo que les voy a contar corresponde a la verdad»), pues Ozon, con ciertos detalles, también en cuanto al uso del color, consigue volver una y otra vez al tema central de su película: la verdad y la mentira: «Empleé el color como recurso estilístico: en los *flashbacks*, en las escenas en que impera la mentira y la felicidad, como si en esa fase de duelo volviera la vida. Al igual que las venas en el cuerpo humano, las imágenes en blanco y negro se ven "irrigadas" por el color» (OZON 2016, 7).

Además de la cuidada puesta en escena y de la medida dramaturgia, *Frantz* destaca principalmente por la interpretación, en particular, de la joven Paula Beer (21 años en el momento del rodaje), que en el Festival Internacional de Cine de Venecia fue galardonada con el premio a la "intérprete revelación" por este papel. Más con miradas y gestos que con palabras, Paula Beer expresa la inseguridad, los sentimientos encontrados que producen en ella el relato de Adrien y la decepción final.

A su vez, Pierre Niney consigue dotar a Adrien de un cierto halo de misterio, que hace de él un personaje no solo trastornado por la guerra, sino bastante ambiguo. Precisamente esa ambigüedad, excelentemente conseguida por el actor francés, forma parte fundamental de la "pista falsa" por la que Ozon y su coguionista Philippe Piazzo conducen al espectador durante un tramo bastante considerable del metraje de *Frantz*. Pero también los personajes secundarios -secundarios "de lujo" como son los veteranos Ernst Stötzner y Marie Gruber- desempeñan un papel fundamental en cuanto expresan los sentimientos de los padres que han perdido a un hijo en la guerra y que, al oír a Adrien hablar de su supuesta amistad con Frantz, sienten como si volviera su hijo a la vida.

Recreación de una época para adentrarse en un tema universal

Al margen de las "pistas falsas" por las que François Ozon lleva al espectador, el director francés consigue no solo recrear toda una época, tan alejada de nuestros días, sino que lo hace con una técnica narrativa muy inteligente. Decía al respecto Andreas Kilb, crítico del *Frankfurter Allgemeine Zeitung*: «El mayor milagro de esta película es que, con actores y escenarios alemanes, con Marie Gruber y Ernst Stötzner, con Quedlinburg y Görlitz, consigue una intensidad de la narración histórica que no se espera

Con el paso del tiempo, Anna se siente atraída por Adrien, aunque algo le haga sospechar que este esconde un secreto.

en nuestro país. Aquí nada parece sacado de un libro de fotos, nada recuerda un escenario. Ningún diálogo huele a papel. Es como si una varita mágica hubiera tocado las fachadas, meticulosamente restauradas, y desempolvado los interiores. El mundo que conocemos se ha transformado en algo que solo existe a través de la cámara. Llamémoslo cine» (KILB, 2016).

Sin embargo, ese jugar con la imaginación y con las expectativas del espectador, en la que Ozon demuestra gran maestría, tiene como objetivo -como se desprende de sus propias declaraciones, anteriormente citadas- acercarse a la naturaleza de la mentira. En *Frantz* hay varios momentos en que deliberadamente no se dice la verdad, ya sea por cobardía, ya sea por no querer herir a los demás. Aunque Anna se indigne en ocasiones sobre las historias que cuenta Adrien, eso no es óbice para que se sienta atraída hacia él. En algún momento, también ella comienza a mentir. Y eso mismo es lo que hace el realizador con los *flashbacks*: ocultar algunas cosas al público y, sobre todo, presentar otras de modo equívoco... que para un espectador del siglo XXI resultan más bien inequívocas, aunque en definitiva se releven como falsas. Mediante esa estrategia narrativa, François Ozon presenta en *Frantz* una historia no solo sobre el momento concreto de la Historia -los años inmediatamente posteriores a la Primera Guerra Mundial- con los resentimientos de una animadversión multisecular que acaba de verterse una vez más en los campos de batalla y que aún persiste, sino también sobre el arrepentimiento y la superación de las enemistades mediante el perdón.

FRANTZ (2016)
País: **Francia, Alemania**
Dirección: **François Ozon**
Guion: **F. Ozon y Philippe Piazzo**
Fotografía: **Pascal Marti**
Montaje: **Laure Gardette**
Música: **Philippe Rombi**
Diseño de producción: **Michel Barthélémy**
Vestuario: **Pascaline Chavanne**
Intérpretes: **Paula Beer, Pierre Niney, Ernst Stötzner, Marie Gruber, Johann von Bülow, Anton von Lucke, Cyrielle Clair, Alice de Lencquesaing**
113 minutos
Distribuidora DVD: **Golem**
Estreno en España: **30.12.2016**

Filmografía de François Ozon como director

- *Frantz* (2016).
- *Una nueva amiga* (*Une nouvelle amie*, 2014).
- *Joven y bonita* (*Jeune et jolie*, 2013).
- *En la casa* (*Dans la maison*, 2012).
- *Potiche: Mujeres al poder* (*Potiche*, 2010).
- *5 x 2 (Cinco veces dos)* (*5 x 2*, 2004).
- *Swimming Pool* (2003).
- *8 mujeres* (*8 Femmes*, 2001).
- *Bajo la arena* (*Sous le sable*, 2000).

FUENTES

- HANEKE, Michael (Director) (2009). *Das weiße Band - Eine deutsche Kindergeschichte* [Película]. Alemania, Austria, Francia Italia: X-Filme Creative Pool, Wega Film, Les Films du Losange, Lucky Red.

- HANEKE, Michael. Entrevista en el diario *Taz* del 10-10-2009. Recuperada de <http://www.taz.de/!5154684/>

- KILB, Andreas. Diese Liebe beginnt mit einer Schusswunde, en: *Frankfurter Allgemeine Zeitung* del 29-09-2016. Crítica de la película *Frantz*, recuperada de <http://www.faz.net/aktuell/feuilleton/kino/grosses-franzoesisches-kino-francois-ozons-frantz-14457832.html?printPagedArticle=true#pageIndex_2>

- LUBITSCH, Ernst (Director) (1931). *Broken Lullaby* [Película]. Estados Unidos: Paramount Pictures.

- OZON, François (2016). Entrevista recogida en el *presskit* de la productora y distribuidora alemana X-Filme Creative Pool (X-Verleih) con ocasión del estreno de *Frantz* en Alemania, el 29 de septiembre de 2016, pág. 5–9.

Fuego en el mar (Gianfranco Rosi)

JORGE MILÁN

Che fuoco a mare che c'è stasera!¹. Era la frase que repetían frecuentemente, durante las noches de la Segunda Guerra Mundial, los habitantes de Lampedusa, una pequeña isla italiana que por entonces carecía de luz eléctrica. "Yo tenía tu edad", dice la abuela a Samuele, el chaval de 12 años, simpático protagonista de este curioso documental, que se mueve entre la vida cotidiana de los lampedusianos y las dramáticas oleadas de inmigrantes africanos. Ambos están sentados, junto a la ventana, mientras se oye fuera una furiosa tormenta de rayos y truenos. Ella cose distraídamente. "Le llevaba la comida a tu abuelo, que se pasaba todo el día en la barca, pescando". En cambio, por la noche todos volvían al puerto, por miedo a los buques de guerra. "Lanzaban rayos luminosos. El cielo se teñía de rojo. Parecía que hubiera fuego en el mar".

Fuoco ammare. Una expresión repetida tantas veces, que al final se convirtió en tonadilla popular, aunque hoy día solo se conservan esas pocas palabras, pronunciadas más bien en dialecto pelagio (una variación del siciliano): "Chi focu ammari ca c'è stasira". La música ha sobrevivido toda entera por tradición oral, al ser muy pegadiza, con una combinación de trompeta y acordeón que otorga al conjunto un cierto estilo popu-

---

[1] "¡Vaya fuego en el mar que hay esta noche!". Parece que esta frase se hizo célebre sobre todo desde que, en 1943, la nave italiana Maddalena fuese bombardeada e incendiada en el puerto principal de la isla (BRIGIDA, 2016).

lar-surrealista, que cautivó al director italiano Gianfranco Rosi. La pudo escuchar varias veces, en distintos bares y locales, durante el año largo que vivió en la isla para realizar su trabajo. Decidió convertirla en la banda sonora principal de la película, e incluso utilizarla como título general. Para ello convenció a varios músicos de que la grabaran, ya que nadie conservaba el disco o casete original.

Posteriormente, logró componer una escena en la que el ama de casa de otra de las familias a las que estuvo siguiendo más de cerca con su cámara -a parte de la de Samuele-, llama por teléfono a la radio local, para dedicar una canción a su hijo pescador, en ese día de tormenta. En la siguiente toma vemos al presentador del programa "Canzonissima", Giuseppe Fragapane, que lanza a las ondas, con gran convicción, precisamente la nueva grabación de *Fuocoammare*[2]. El espectador, aunque desconoce todo el proceso creativo de la canción, empieza en ese momento -ya ha visto algunas escenas de militares de la Armada que escuchan por radio llamadas de socorro- a dar un sentido al paralelismo que ha maquinado Rosi para contar la situación actual de Lampedusa. Dos mundos se mueven a cierta distancia en la isla, casi sin tocarse. Los lugareños vuelven a tener la sensación de que algo grave está explotando en sus costas; perciben una abundante presencia militar, en ese lugar estratégico del Mediterráneo, y son conscientes del drama de los desembarcos, pero estos apenas afectan a su vida cotidiana; suponen poco más que un resplandor allá lejos. Con algunas excepciones, que se irán desvelando paulatinamente.

Verdad, realidad y tiempo

Estamos ante un tipo de película muy interesante, mezcla de documental -basado totalmente en la realidad, con una cierta tendencia hacia el *direct cinema*[3]- y, a la vez, combinación de metáforas y composiciones simbólicas de algún modo provocadas espontáneamente, para obtener una mayor fuerza comunicativa. Como señala TARDITI (2017):

> El trabajo de Gianfranco Rosi, a pesar de su forma documental y no de cine en cuanto producto de ficción, se mueve en una dirección que casi todos sus mucho más loados colegas parecen haber extraviado: la búsqueda de la verdad. Asomarse a una obra de Rosi significa aceptar el hecho de ser arrollados por los ecos y las tradiciones olvida-

---

[2] En una entrevista posterior con otra periodista (cfr. Ibídem), Fragapane explica que su abuelo es uno de los que conocía bien la canción y se ofreció a grabarla. "Es una pieza que los músicos lampedusianos tocan desde siempre. ¡Incluso se baila! (...) Pero nadie se acuerda de la letra".

[3] El documentalista del cine directo lleva su cámara ante una situación de tensión y aguarda a que se produzca una crisis; aspira a ser invisible; no interviene en la acción; encuentra su verdad en sucesos accesibles a la cámara (BARNOUW, 1996).

das por la cinematografía italiana de los últimos decenios, (...) formar parte de la misma humanidad sin tiempo, ya presente en algunos de los mejores filmes del neorrealismo, con Roberto Rossellini o Vittorio De Sica.

Si bien Rosi destaca por su originalidad y destreza, lo cierto es que no está solo en este nuevo estilo, que se podría calificar también de documental de creación, o documental de poesía, o de abstracción en lo concreto. Es frecuente compararlo con otros directores italianos contemporáneos, como Roberto Minervini, Pietro Marcello y Michelangelo Frammartino, que han empezado, con decisión y habilidad, a contaminar sus documentales con ideas tomadas del cine de ficción (BOILLE, 2016 y NIOLA, 2016).

Algunos de estos elementos artificiales son, por lo que se refiere a Rosi, fruto total de la casualidad, o en todo caso derivados de un trabajo paciente y discreto en el momento de la grabación. En efecto, Rosi trabaja mucho y casi siempre solo, con una cámara de alta definición, bastante ligera, que no requiere luz adicional ni siquiera por las noches, y posee toma de audio propia (micrófono direccional)[4]. Así consigue moverse con más facilidad, siguiendo la acción de los protagonistas, pasando relativamente inadvertido y grabando durante mucho tiempo, hasta que se produce algo interesante; quizá -es cierto- a veces precisamente a causa de la presencia misma de la cámara, pero en cualquier caso con bastante naturalidad.

Otros artificios han sido logrados más artísticamente, sobre todo en fase de montaje, con la ayuda de Jacopo Quadri, que se trasladó también a la isla para poder ir trabajando con Rosi en la medida en que se obtenían buenas imágenes. Aparte de haber colaborado juntos en otros dos precedentes documentales -*Sacro GRA* (ROSI, 2013), León de Oro a la mejor película en Venecia, y *El Sicario - Room 164* (ROSI, 2010)-, Quadri ha firmado también, entre otros muchos, el montaje de dos famosas películas de Bernardo Bertolucci: *Los soñadores* (2003) y *Asediada* (1998).

El resultado es un producto de fotografía muy cuidada, impregnado de fuerza poética, con encuadres lejanos, movimientos y ritmos muy lentos (quizá demasiado aburridos, para algunos), de modo que el espectador tome contacto físico con la realidad, también a través del sonido de la naturaleza. "Creo que me acerco más a la poesía en mi cine porque busco la construcción de espacios de silencio entre notas", asegura Rosi convencido (BELINCHÓN, 2016). El secreto probablemente también está en la paciencia, incluso previa al rodaje, en ganarse poco a poco la confianza de sus personajes, para que expresen su verdadera identidad con libertad. En cualquier caso, explica Rosi, "el tiempo es siempre fundamental en el desarrollo de mis películas". Y, refiriéndose concretamente

---

[4] *Se trata de la Amira, un modelo de la casa Arriflex. Hay quien subraya mucho la importancia de la transformación tecnológica en este nuevo auge que está atravesando el documental italiano. Cfr NIOLA (2016).*

a Fuego en el mar, continúa:

> La película se escribe grabando: no hay nunca nada sobre el papel. *Fuocoammare* es como una partenogénesis, un filme que se ha autoinducido, autofecundado. Ninguna escena ha sido escrita o preconcebida, antes de que se manifestase naturalmente ante la cámara. Y aquí está la maravilla: cuando digo que mi película es un documental es porque todo nace siempre de la realidad. Yo las llamo las deidades de los documentalistas: algunas veces te regalan cosas totalmente estupendas (...), se producen verdaderos milagros delante del objetivo. Y es lo que más me estimula en mi trabajo. La realidad se impone con una fuerza que va más allá del pensamiento.

Decisiones creativas muy acertadas

Es verdad que la suerte hay que buscarla, y Rosi suele plantear sus trabajos con las ideas muy claras. Por ejemplo, en lo que se refiere a la elección de los dos principales protagonistas, así se expresaba en una entrevista tras el estreno (BOILLE, 2016):

> [Son] situaciones y personajes que nacen por casualidad y luego, durante el arco de tiempo que duran las grabaciones, se convierten en una necesidad. Son como pequeños enamoramientos: cuando estuve por primera vez con Samuele, tras cinco minutos ya sabía que iba a entrar en la película. No sabía con qué extensión, con qué fuerza, pero sabía que iba a entrar.

> Luego tuve un encuentro con Pietro Bartolo, el médico: Bartolo es de algún modo la clave, el único que entra en contacto cotidianamente con el mundo exterior de Lampedusa (...). Pero los encuentros son siempre casuales, a pesar de que después se conviertan en parte de la narración de la película.

Lo que no dice el director italiano -ni sabe tampoco el espectador, porque no es un personaje de este documental- es que el hermano mayor de Samuele, Filippo Pucillo, es un actor bastante consagrado, de 25 años, que actúa, por ejemplo, en la película *Terraferma* (Crialese, 2011), que se desenvuelve en una isla del Mediterráneo (Linosa, 43 km al Norte de Lampedusa), donde Filippo -que es el protagonista- y otros pescadores se enfrentan con el drama de los inmigrantes y no aceptan la ley que prohíbe rescatar náufragos y llevarlos a tierra, ni siquiera en el caso de que se estén ahogando.

Probablemente no fue una coincidencia que Rosi eligiera al hermano de un actor como protagonista de su documental, sino un simple truco (consciente) de experiencia profesional. En cambio, lo que sí que parece pura casualidad -o, más bien, suerte- es que el pequeño Samuele haya asistido, durante el año del rodaje, a dos consultas médi-

El director Gianfranco Rosi con su cámara Amira, de la casa Arriflex; ligera, discreta y muy luminosa, incluso en ambientes oscuros.

cas: una con el oculista, que le diagnostica un "ojo perezoso" y sugiere estimularlo con un parche provisional; otra con el único médico de la isla -el famoso doctor Pietro Bartolo, a quien ya hemos visto en varias escenas afanarse generosamente con los numerosos inmigrantes- para manifestarle que sufre una especie de ansia, de zozobra.

La ambliopía que padece Samuele permite una lectura metafórica clara, que Rosi explica durante la rueda de prensa del festival de Berlín[5], donde obtuvo el Oso de Oro a la mejor película: hay muchos (en la isla y en el mundo) que no quieren o no pueden ver ese drama, a pesar de que lo tengamos tan cerca de los ojos[6]. Así, no es casualidad que la escena que sigue a la consulta del oftalmólogo sea el primer plato fuerte de la película: se trata de un plano secuencia de 3 minutos -con un pequeño salto en mitad, quizá para quitar alguna parte intermedia y no hacerlo demasiado largo- del canto/oración desesperado y agradecido de un grupo de nigerianos supervivientes, en su dormitorio del campo de prófugos.

---

[5] Rueda de prensa recogida integralmente en los contenidos "extras" de la versión italiana del DVD.

[6] Por cierto que en esa rueda de prensa le preguntaron a Rosi qué pintaba en su documental el buceador. La respuesta, sin ser del todo explícita e incluso con poca convicción, deja entrever acertadamente ese contraste entre los dos mundos de la isla. Quizá hubiera podido subrayar más precisamente que ese personaje es muy potente dentro de la película, porque vive su vida de pescador, en el mar, y a pesar de participar del mismo entorno físico que hace morir a tantos inmigrantes, no parece afectarle mínimamente el drama. Sí que hace alusión Rosi al mar como tumba, que el buceador no percibe. Pero además se podría añadir el contraste de sus movimientos, de una lentitud exasperante -aún mayor de los demás personajes del mundo paralelo de Lampedusa, que ya es llamativa: los ancianos que toman café, la familia de Samuele-, con los que a menudo vemos en los militares que intentan trabajar, veloz e incansablemente, en su tarea de socorro.

Es de noche. Uno de ellos, en primer plano, con los ojos cerrados y levantando a menudo los brazos, canta en inglés su dramático testimonio, en una especie de rap. Los demás van haciéndole coro, mediante un estribillo en dialecto, probablemente una corta oración de alabanza o agradecimiento a Dios, que interrumpe de vez en cuando la narración principal, proclamada -improvisada- con gran energía, casi a voz en grito, como en éxtasis, pero con gran sentido del ritmo y musicalidad:

> Este es mi testimonio. No podíamos quedarnos en Nigeria. La gente moría con los bombardeos. Decidimos escapar por el desierto. En el Sahara murieron muchos. Fueron asesinados, violados. No podíamos quedarnos. Huimos a Libia. Allí estaba el ISIS. Tampoco era un lugar para quedarse. Nos echamos a llorar de rodillas. "¿Y ahora qué hacemos?" Las montañas no podían escondernos. La gente no podía escondernos. Decidimos escapar por el mar. En la travesía murieron muchísimos pasajeros. Se perdieron en el mar. El barco llevaba 90 pasajeros. Solo 30 se salvaron. Los otros murieron.
>
> Hoy estamos vivos. El mar no es un lugar para cruzar. El mar no es una carretera. Pero hoy estamos vivos. En la vida es arriesgado no arriesgar. Porque la vida misma es un riesgo. Permanecimos muchas semanas en el desierto del Sahara. Muchos murieron de hambre. Muchos bebían su propia orina. Todos, para sobrevivir, hemos bebido nuestra propia orina, a causa del viaje por la vida. Estábamos en el desierto. El agua se había acabado. Y bebimos nuestra orina. Decíamos: "Dios, no nos dejes morir en el desierto". Fuimos a Libia y allí no tuvieron compasión de nosotros. No querían salvarnos, porque somos africanos. Nos encerraron en la cárcel. Muchos estuvieron prisioneros durante un año. Muchos incluso estuvieron seis años. Muchos otros murieron en la cárcel. La prisión en Libia era terrible. No nos daban de comer. No había agua. Nos pegaban todos los días.
>
> Algunos lograron escapar. Hoy estamos aquí. Dios nos ha salvado. Sin pensar en los peligros nos dirigimos al mar. Si no morimos en Libia, no podíamos morir en el mar. Fuimos por el mar y logramos sobrevivir.

Un rescate angustioso vivido en directo

Pero la secuencia sin duda más fuerte de la película está colocada bastante al final. Justo detrás -adrede, así lo reconoció el director en una entrevista (BOILLE, 2016)- de la consulta médica entre Samuele y el doctor Bartolo, de modo que resalte el sentido metafórico de la angustia respiratoria del chaval. Es un diálogo tierno y gracioso a la vez (tanto, que produjo una interrupción con aplausos durante su estreno en el festival de Berlín). No sabe explicar bien Samuele lo que le pasa. Ni siquiera dice que a veces se marea -le hemos visto vomitar en la película, minutos antes- cuando va en barco con su padre. El médico le ausculta y le dice que no es nada preocupante, solo un poco de ansiedad. A continuación, al espectador se le hiela la sonrisa en la boca, pues empieza una operación de rescate que va a vivir prácticamente en directo, junto con los militares y guardacostas.

Se ve cómo varios inmigrantes, algunos moribundos, tiritando y quejándose lastimosamente, son subidos desde un barco decadente hasta el buque militar, pasando por una pequeña lancha fuera borda que los acomoda como puede en su interior. Hay luego escenas de otros supervivientes ya a salvo en la nave, más o menos sanos; algunos deliran, otros lloran; una señora sufre un ataque de pánico y se vuelca una botella de agua en la cabeza para calmarse; otra la abraza para intentar consolarla. Probablemente ha perdido a un ser querido. Se muestran cadáveres envueltos en bolsas asépticas sobre la cubierta del barco. Los militares están delante de ellas, mirando al infinito, inmóviles, durante largos y pesadísimos momentos de silencio.

A continuación, la cámara de Rosi entra dentro de la estiva del barco, donde yacen en absoluto caos los cadáveres de las numerosas personas (se intuyen al menos unas quince o veinte) que han fallecido en el intento, probablemente asfixiadas. Así nos lo acaba de explicar, en inglés, uno de los supervivientes ante la cámara, y minutos antes lo ha hecho también el doctor Bartolo, en una secuencia impresionante, donde se lamenta con pena -mostrando en su ordenador las fotos que ha ido coleccionando a lo largo de los años- de las condiciones en que viajan esos pobres desechos humanos, y las consecuencias que produce en su cuerpo no solo el calor y el mar, sino sobre todo los líquidos y gases tóxicos del combustible, especialmente para los que viajan abajo.

El espectador difícilmente puede aguantar estas escenas sin una sensación de ansia, de compasión o incluso de rabia[7]. El arte de Rosi hace que las emociones se transmitan con mucha más fuerza de lo que logran transmitir las noticias elaboradas por periodistas competentes en los distintos espacios informativos. Por ejemplo, TVE realizó en junio de 2015 un reportaje en profundidad (40'), dentro del programa En Portada, titulado Lampedusianos; los contenidos eran muy parecidos, incluso se recogía una entrevista magnífica con el doctor Bartolo, otra con la alcaldesa de la isla, con el párroco -muy

---

[7] *Aquí adquiere su mayor sentido también el título de la película y de la canción: "Fuego en el mar". Además, quizá cabría encontrar también un sentido figurado a la segunda parte de la expresión italiana: toda esta tragedia, vista de cerca, provoca un ardor de estómago, un sentimiento "amargo", que en italiano se dice "amaro", casi como "Fuoco-amaro".*

[8] *Este es un aspecto que quizá cabría reprochar a Rosi: ha recogido algunos aspectos folclóricos de la religiosidad popular, pero ha dejado demasiado en segundo plano todo lo que hace la Iglesia católica, también en Lampedusa, por los refugiados, sobre todo bajo el impulso del papa Francisco, que realizó un histórico viaje a la isla en 2013.*

activo en situaciones de emergencia social[8]-, varios inmigrantes y voluntarios, etc. Pero el impacto que produce en el espectador es claramente menor, seguramente por el ritmo menos pausado, el sonido menos intimista, el modo de ofrecer las imágenes, los aspectos políticos implícitos, etc.

Algo parecido sucede con programas de ficción. Por ejemplo, sin ir más lejos, con la mini serie italiana *Lampedusa* (Pontecorvo, 2016), transmitida por la RAI (2x100'), con el famoso actor protagonista Claudio Amendola. Las imágenes de rescates y los distintos dramas presentados en la pantalla difícilmente igualan la potencia de la épica alcanzada por Rosi. Entre otros motivos porque sabemos que se trata de un rescate con personas moribundas o muertas de verdad, tanto que probablemente algunos hubieran dudado si incluirlas o no, debatiéndose en problemas éticos.

> Filmar la muerte real es algo terrible, muy arriesgado. Pero cuando la he incluido en la película me he sentido con la conciencia muy limpia. Incluirla era fundamental, aunque suponía que iba a crear muchas polémicas. Sin embargo, no ha pasado nada, quizá porque en la película no hay elementos gratuitos; es como una conquista: poco a poco llegas acompañado al momento de la tragedia (BOILE, 2016).

Efectivamente, Rosi evita el sensacionalismo, aunque no esconde -lo dicen los rótulos al principio- que se trata de un problema de dimensiones gigantescas: en los últimos 20 años, han desembarcado en sus costas, de un modo u otro, más de 400.000 inmigrantes. Se calcula que otros 15.000 han muerto en el intento.

No está claro si esta temática incómoda, tratada con ese equilibrio narrativo (y con esa lentitud, al menos aparente), le ha perjudicado en la lucha por el Oscar al mejor documental. Contaba incluso con el apoyo de Meryl Streep, presidenta del festival de Berlín, que se entusiasmó tanto con Rosi al entregarle el Oso de Oro, que se ofreció a apoyarle en Hollywood. Pero al final se lo dieron a *OJ: Made in America* (Edelman, 2016), que trata sobre la vida del famoso jugador de fútbol americano O.J. Simpson, acusado de robo y asesinato.

A lo mejor *OJ* triunfó porque era una historia más concreta, más cercana a los norteamericanos, un caso difícil ya cerrado. En cambio, el drama de los inmigrantes pesa como una losa que sigue alzándose amenazadora sobre nuestras cabezas, especialmente las europeas. De hecho, como señala con acierto GAROFALO (2016), a más de un espectador puede haber sorprendido o defraudado la parte final del documental, y sobre todo el hecho de que no acabe con el típico "The End" ("Fine", en italiano). "¿Cómo se puede buscar un final a esta película, si la tragedia está todavía en acto?".

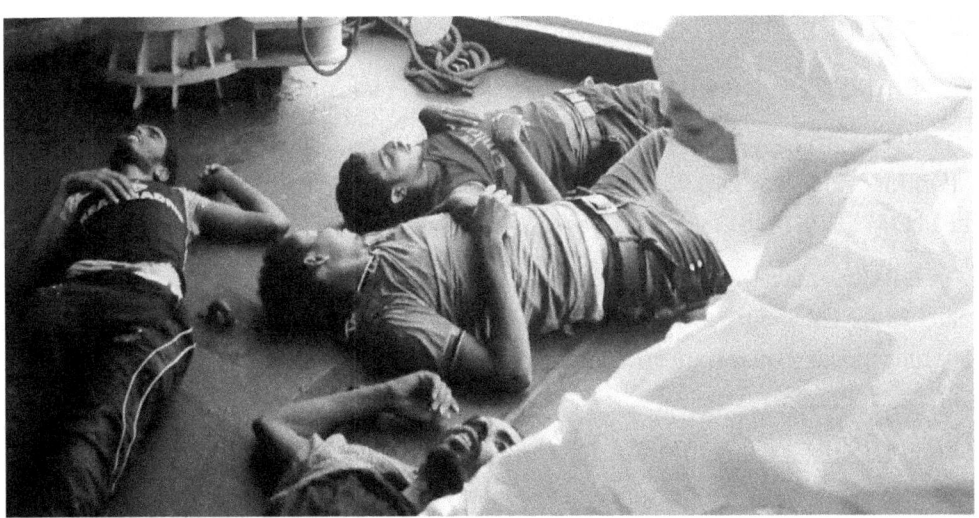

Las imágenes de inmigrantes moribundos suponen un puñetazo en el estómago para el espectador.

FUOCOAMMARE (2016)
País: Italia, Francia
Dirección y Fotografía: Gianfranco Rosi
Guion: G. Rosi, Carla Cattani
Montaje: Jacopo Quadri
Sonido: Stefano Grosso
Intérpretes: Samuele Pucillo, Giuseppe Fragapane, Pietro Bartolo, Mattias Cucina, Samuele Caruana, Maria Signorello, Francesco Paterna, Francesco Mannino, Maria Costa
109 minutos
Distribuidora DVD: Caramel
Estreno en España: 14.10.2016

Filmografía de Gianfranco Rosi como director

- *Fuego en el mar* (*Fuocoammare*, 2016).
- *Sacro GRA* (2013).
- *El sicario: Room 164* (2010).
- *Below Sea Level* (2008).

FUENTES

- BARNOUW, Erik (1996). *El documental. Historia y estilos*. Barcelona: Gedisa.

- BELINCHÓN, Gregorio (2016). *Gianfranco Rosi rueda la muerte que reina en el Mediterráneo*. El País. 13.10.2016 <http://cultura.elpais.com/cultura/2016/10/13/actualidad/1476367774_613823.html?rel=mas>

- BOILLE, Francesco (2016). *Fuocoammare raccontato da Gianfranco Rosi*. Internazionale. 23.02.2016 <https://www.internazionale.it/opinione/francesco-boille/2016/02/23/fuocoammare-gianfranco-rosi-intervista>

- BRIGIDA, Valeria (2016). *Fuocoammare, anche la canzone è un gioiello prezioso*. Il Fatto Quotidiano. 28.2.2016 <http://www.ilfattoquotidiano.it/2016/02/28/fuocoammare-anche-la-canzone-e-un-gioiello-prezioso/2502484>

- GAROFALO, Angela (2016). *Fuocoammare, il dramma dei migranti*. Pragma Magazine. 9.04.2016 <http://magazinepragma.com/cinema/fuocoammare-il-dramma-dei-migranti>

- NIOLA, Gabriele (2016). *La vittoria di Fuocoammare alla Berlinale è tecnologica*. Wired. 22.02.2016 <https://www.wired.it/play/cinema/2016/02/22/fuocoammare-berlinale-tecnologica>

- TARDITI, Simone (2017). *Gianfranco Rosi, regista del Vero*. Vero Cinema. 20.06.2017 <https://verocinema.com/2017/06/20/gianfranco-rosi-regista-del-vero>

Hasta el último hombre (Mel Gibson)

JERÓNIMO JOSÉ MARTÍN

Aunque sorprenda a más de uno, la filmografía de Mel Gibson como director responde con especial fidelidad a aquella máxima de Andrei Tarkovski en su magistral ensayo *Esculpir en el tiempo*. "Las obras de arte -afirmaba el prestigioso cineasta ruso- surgen del esfuerzo por expresar ideales éticos, y suponen la ligazón orgánica de idea y forma". En efecto, *El hombre sin rostro* (1993) plantea una lúcida crítica al desmadre moral de finales de los años 60 del siglo XX, paralela a una encendida defensa de la educación integral, también ética. *Braveheart* (1995) resucita al héroe clásico, dispuesto a dar su vida por la libertad de su pueblo. *La Pasión de Cristo* (2004) profundiza en ese modelo a través de una impresionante semblanza católica de Jesús de Nazaret, Dios hecho hombre y muerto para redimir a la humanidad. *Apocalypto* (2006) exalta la racionalidad y la caridad cristianas frente a la ingenua falsificación del buenismo indigenista y pagano. Y en todas ellas, esos mensajes de fondo se encarnan en un vigoroso estilo entre hiperrealista y trascendente, de arrebatadora fuerza visual e impactante capacidad emotiva.

Esas virtudes se aprecian también en *Hasta el último hombre*, quinto largometraje tras la cámara del actor estadounidense-australiano, realizado diez años después de su anterior filme y tras sufrir una crisis existencial muy dolorosa para su familia y para él mismo. "Rezo cada día -reconocía humildemente durante la promoción de la película-. No lleva mucho tiempo. No tengo más remedio que creer en un poder superior, porque si tengo que confiar en mí mismo para salvarme, estoy perdido". De modo que cabe ver este encendido alegato a favor de la libertad religiosa y la objeción de conciencia como un claro intento de Gibson para rehacer su vida y recuperar sus firmes convicciones católicas. Además, en un momento histórico en el que esos valores eran duramente atacados por la política laicista de Barack Obama -presidente saliente de Estados Unidos- y de Hillary Clinton -candidata demócrata a la presidencia-, empeñados en consolidar legalmente el aborto, la contracepción y la ideología de género como derechos indiscutibles e inalienables, ante los que no caben objeciones de ningún tipo.

Una conmovedora epopeya real

Con esas coordenadas, a Gibson le venía como anillo al dedo la historia real de Desmond Thomas Doss, un hombre corriente y profundamente religioso, que acabó convirtiéndose en un héroe. Doss nació en Lynchburg, Virginia, el 7 de febrero de 1919, en el seno de una modesta familia de cristianos adventistas del séptimo día. Su juventud estuvo dramáticamente marcada por la separación de sus padres, sus fallidos intentos de estudiar Medicina o Enfermería, y las fuertes discusiones con su padre alcohólico y maltratador, profundamente traumatizado desde que participó en la Primera Guerra Mundial. En 1942, tras el ataque japonés a Pearl Harbor, Doss se casa con su novia de siempre, Dorothy Schutte, y se alista en el ejército para combatir en la Segunda Guerra Mundial, pero con la condición de participar solo como sanitario y de no empuñar jamás un arma.

Su actitud pacifista le ganó inicialmente el desprecio de muchos de sus compañeros y superiores -que le consideraban un cobarde o un fanático-, y hasta le llevó ante un consejo de guerra por insubordinación. Pero, finalmente, el ejército aceptó sus objeciones de conciencia, y en 1944 le destinó como soldado paramédico de primera clase a la 77 División de Infantería, con la que entró en combate en Guam, Filipinas y finalmente en la isla de Ryukyu, en Okinawa. En todos esos lugares demostró unas sorprendentes valentía, determinación y capacidad de sacrificio, especialmente durante el asalto al acantilado de Maeda, en Okinawa, denominado por el ejército USA Hacksaw Ridge, título original del filme de Gibson. Solo en esa cruenta batalla, Doss salvó la vida de más de 75 soldados heridos, a los que arrastró o cargó uno a uno hasta el borde de ese precipicio de 120 metros, desde donde los fue bajando con cuerdas. Por esa y otras acciones heroicas, Doss fue condecorado con la Estrella de Bronce, convirtiéndose así en el primer objetor de conciencia en recibir esa medalla de honor del Congreso de Estados Unidos.

Tras ser herido cuatro veces, Desmond Doss fue finalmente evacuado el 21 de mayo de 1945. Y, desde entonces, vivió felizmente con su familia hasta su muerte, acaecida el 23 de marzo de 2006, a los 87 años de edad, en su casa de Piamonte, Alabama. Fue enterrado el 3 de abril de 2006 en el Cementerio Nacional de Tennessee, en Chattanooga. Cubierto por la bandera de Estados Unidos, su ataúd fue llevado hasta allí por un coche fúnebre tirado por un caballo y escoltado por varios helicópteros militares en formación.

Un guion nítido y poliédrico

No era fácil reflejar todos los sutiles matices de esta gesta de coraje -especialmente la honda motivación religiosa del protagonista- sin caer en el arquetipo superficial, la caricatura ofensiva o el patrioterismo estridente. "Hace falta mucho amor para entregarle la vida a los demás -afirma Mel Gibson-. Doss es un hombre que finalmente está listo para el combate, pero que marcha a su propio ritmo, como un salmón que nada contra la corriente. Es un soldado que va contra la ola de guerra y violencia, y a quien no le importa que le persigan por sus creencias. Y todo eso en medio del infierno de la guerra, en donde la mayoría de los seres humanos se convierten en animales. Doss tiene muy claro quién es y qué está destinado a hacer en el mundo. Tener una brújula moral tan precisa es algo digno de admiración y a lo que todos deberíamos aspirar, especialmente en una sociedad y una cultura que nos invitan justo a lo contrario".

En este sentido, aciertan plenamente Robert Schenkkan, Randall Wallace y Andrew Knight, cuyo guion sirve como sólido cimiento de la película de Gibson. Ciertamente, su estructura en tres actos parece convencional, y corría el riesgo de desequilibrar el conjunto, sobre todo en la transición del bucólico y sereno tono melodramático del arranque -a veces digno de ser dibujado por Norman Rockwell- hasta la brutal y trepidante recreación de la batalla de Okinawa, que no ahorra sangre, sudor, barro y vísceras. El caso es que enseguida se nota para bien la experiencia en el cine bélico de Schenkkan -guionista de la serie *The Pacific*-, Wallace -autor de los libretos de *Braveheart*, *Pearl Harbor* y *Cuando éramos soldados*- y Knight -coguionista de *El maestro del agua*-, así como la admiración de los tres por el cineasta inglés David Lean, que sentó cátedra en el género a través de obras maestras como *Lawrence de Arabia*, *El puente sobre el río Kwai* o *Doctor Zhivago*. Y, al igual que hacía él, en el arranque se toman su tiempo des-

Teresa Palmer consigue un gran registro como Dorothy Schutte, la novia y esposa de Desmond Doss.

velando al espectador la rica intimidad del protagonista, la ponen a prueba en los pasajes de transición en la academia militar, y finalmente logran su objetivo de hacer explotar su conmovedora humanidad en el catártico desenlace.

Sangrando con los personajes

A esta brillante progresión narrativa responde Gibson en primer lugar con una esmerada dirección de actores, habitual en todas sus películas y, en general, en los filmes dirigidos por actores. Como es lógico, el do de pecho lo da Andrew Garfield, sensacional en la piel de Desmond Doss, pues derrocha veracidad al mostrar sus aparentes fragilidades y sus ocultas grandezas, y logra hacer muy atractiva su alegre religiosidad, firme y convencida, pero sin atisbo de fanatismo en su radical asunción de la caridad cristiana hasta el heroísmo. No es de extrañar que Garfield haya protagonizado también *Silencio*, de Martin Scorsese, otra gran película religiosa de la temporada, confirmando así las buenas vibraciones que generaron sus interpretaciones en películas como *Leones por corderos* (2007), *La red social* (2010) o las dos partes de *The Amazing Spider-Man* (2012-2014).

Aunque gozan de mucho menos protagonismo, tienen gran importancia dramática las sólidas interpretaciones de la bellísima Teresa Palmer -que encarna a Dorothy Schutte, la novia y esposa de Doss-, del ya veterano Hugo Weaving -magnífico como el atormentado padre de Desmond- y de Sam Worthington, en la piel del duro Capitán Glover. La primera oxigena la epopeya bélica con emocionantes pasajes de gran melodrama romántico, asentados en una hermosa visión cristiana del matrimonio. El segundo ayuda a endurecer los casi beatíficos perfiles iniciales del protagonista. Y el tercero encarna con autenticidad la sincera transformación de tantos camaradas y jefes de Doss -seguramente paralela a la de muchos espectadores-, que pasan de la perplejidad o la burla frente a la rotunda religiosidad de Doss, a una admiración incondicional ante el sencillo heroísmo, sin fanfarrias ni fuegos de artificio, hacia el que le conduce esa misma espiritualidad.

En el fragor de la batalla

En cualquier caso, lo que más impresiona a muchos de *Hasta el último hombre* es su arrolladora potencia visual y sonora, que hace progresar hasta la excelencia las sobresalientes puestas en escena que ya brindó Mel Gibson en sus anteriores filmes como director. En la primera mitad del filme, rinde un sincero homenaje al melodrama clásico, anclando a menudo su cámara en el suelo y desplegando sencillos recursos para sacar el máximo partido a los bellos paisajes donde rueda y a la progresiva humanidad de Doss y su novia, convertida en su esposa justo antes del segundo acto del filme. En éste, Gibson se limita a imitar sin rudezas ni estridencias al Francis Ford Coppola de *Apocalypse Now* y al Stanley Kubrick de *La chaqueta metálica*, con un objetivo bien definido: facilitar la entrada del espectador al infierno de la guerra.

Y es en esa última parte, durante la dantesca recreación de la toma del acantilado de Maeda, en Okinawa, donde Gibson logra numerosos momentos magistrales, de inusitado vigor dramático y emocional, y en los que extrema hasta el paroxismo su natural sentido del ritmo y su dominio de la planificación y el montaje, siempre al servicio del mensaje antibelicista, pacifista y sobre todo humanista del filme. Es imposible no conmoverse hasta la lágrima en esa sucesión -larguísima, inacabable- de carreras desesperadas de Doss transportando a sus destrozados compañeros, con las balas silbando a su alrededor, la explosiones obstruyendo su camino y una obsesión, transformada en oración a gritos, como único motor frente al inimaginable agotamiento: "¡Por favor, Señor, ayúdame a salvar a uno más!". En agilísimos *travellings* cenitales, el divino destinatario de esas oraciones parece acompañar a Doss en sus angustiosas idas y venidas, dándole las fuerzas sobrehumanas que necesita para llevar a cabo su misión.

En fin, son secuencias verdaderamente antológicas, de planificación y montaje subli-

Gibson en pleno rodaje de *Hasta el último hombre*.

mes, en las que también alcanzan su cénit la sensacional fotografía de Simon Duggan y la preciosa partitura musical de Rupert Gregson-Williams, en la mejor tradición sinfónica y descarada en sus homenajes trascendentes a la minimalista banda sonora de John Debney para *La Pasión de Cristo*.

Más allá de la violencia y la sangre

Algunos seguirán reprochando a Gibson su supuesta fascinación enfermiza por la violencia y, en concreto, la sangrienta crudeza de su recreación de la batalla de Okinawa. Pero, en realidad, el discutido actor y cineasta nunca se regodea en los cuerpos destrozados de los combatientes, y los muestra sobre todo para reflejar la realidad de lo que pasó -sin edulcoraciones ni mitificaciones- y para subrayar el alto respeto que tiene el protagonista por cada ser humano, aunque su cuerpo mutilado ya parezca incapaz de sostener a su alma.

"Para Desmond -afirma Gibson-, la idea de la guerra, la de un hombre matando a su hermano, más allá de su raza o sus creencias, era algo trágico para él y debería serlo para todo el mundo. Todos deberíamos odiar la guerra. Pero es parte de la vida, siempre ha habido guerra y siempre la habrá. Cada 30 ó 40 años nos enfrentamos a una guerra inmensa. El mensaje de la película no es solo que hay que odiar la guerra, sino que hay que amar al hombre o mujer que tiene que ir a luchar y resolver la situación, porque a alguien le tiene que tocar".

Precisamente, ese enfoque espiritual y solidario de la existencia, descubierto traumáticamente por los compañeros y superiores de Doss, da entidad a algunos de esos largos y clamorosos silencios dramáticos, que contienen siempre las grandes películas épicas, hasta las más aparatosas. Hacía décadas que nadie se atrevía a escenas tan arriesgadas como la que recrea los tensos instantes previos al segundo asalto a Hacksaw Ridge, cuando toda su compañía espera formada y en respetuoso silencio a que Doss finalice sus oraciones.

Las tres 'e'

En fin, el tiempo pondrá en su sitio *El hombre sin rostro*, *Braveheart*, *La Pasión de Cristo*, *Apocalypto*, *Hasta el último hombre* y el resto de películas que dirija en el futuro Mel Gibson. Por lo pronto, esta "historia de amor al ser humano y a Dios" -como él mismo la define- le ha reconciliado con el público y la crítica, y le ha ganado numerosos premios, incluidos los Oscar 2016 a mejor montaje y montaje de sonido, y las candidaturas a mejor película, director, actor principal (Andrew Garfield) y edición de sonido.

Este rotundo éxito da la razón a Gibson en su esfuerzo por hacer películas que, como él defiende, cumplan con "las tres 'e': entretener, educar y elevar el espíritu". Una combinación que, hoy por hoy, no abunda entre las producciones de Hollywood. "Desmond Doss -se queja Gibson- es también un superhéroe. Su superpoder es la fe. Pero no lleva capa y leotardos, como los superhéroes de los cómics. La industria del cine te da todo lo que necesitas si haces una historia sobre un héroe con superpoderes y un disfraz. Pero nadie te da tiempo ni dinero si se trata de la verdadera historia de un héroe". Sea como fuere, con un ajustadísimo presupuesto de 40 millones de dólares y sólo 59 días de rodaje, *Hasta el último hombre* confirma sin paliativos que Mel Gibson es uno de los mejores cineastas contemporáneos, capaz, película a película, de hacer gran cine, por fuera y por dentro.

HACKSAW RIDGE (2016)
País: **EE.UU.**
Dirección: **Mel Gibson**
Guion: **Robert Schenkkan, Randall Wallace, Andrew Knight**
Fotografía: **Simon Duggan**
Montaje: **John Gilbert**
Música: **Rupert Gregson-Williams**
Diseño de producción: **Barry Robison**
Vestuario: **Lizzy Gardiner**
Intérpretes: **Andrew Garfield, Teresa Palmer, Sam Worthington, Luke Bracey, Vince Vaughn, Hugo Weaving, Rachel Griffiths, Richard Roxburgh, Matt Nable, Nathaniel Buzolic, Ryan Corr, Goran D. Kleut, Firass Dirani**
131 minutos
Distribuidora DVD: **DeAPlaneta**
Estreno en España: **7.12.2016**

Filmografía de Mel Gibson como director

- *Berserker* -anunciada- (2017).
- *Hasta el último hombre* (Hacksaw Ridge, 2016).
- *Apocalypto* (2006).
- *La familia salvaje* -serie de TV, 3 episodios- (2004).
    > *The Man Without a Ball* (2004).
    > *Tutoring* (2004).
    > *Pilot* (2004).
- *La Pasión de Cristo* (*The Passion of the Christ*, 2004).
- *Braveheart* (1995).
- *El hombre sin rostro* (*The Man Without a Face*, 1993).
- *Mel Gibson Goes Back to School* -Documental de TV- (1991).

FUENTES

- ARESTÉ, José María (2016). Crítica de *Hasta el último hombre*. Decine21.com <http://decine21.com/peliculas/hasta-el-ultimo-hombre-hacksaw-ridge-31589>

- KOCH, Tomasso (2016). "Rezo para que mis personajes me afecten". Entrevista a Andrew Garfield. El País. 08/12/2016 <https://cultura.elpais.com/cultura/2016/12/06/actualidad/1481052718_742866.html>

- LERMAN, Gabriel (2017). "Todos deberíamos odiar la guerra, pero forma parte de la vida". Entrevista a Mel Gibson. Los Ángeles. La Vanguardia. 26/02/2017 <http://www.lavanguardia.com/cine/20170225/42284570720/entrevista-mel-gibson-oscar-2017-hasta-el-ultimo-hombre.html>

- ORELLANA, Juan (2016). Crítica de *Hasta el último hombre*. Fila Siete. Crítica de cine & TV. 07/12/2016 <http://filasiete.com/peliculas/hasta-el-ultimo-hombre/>

- ORELLANA, Juan (2016). *Hasta el último hombre. La necesaria libertad de conciencia*. Revista Alfa y Omega. Sección "La ventana indiscreta". 17/12/2016 <http://blogs.alfayomega.es/laventanaindiscreta/hasta-el-ultimo-hombre-la-necesaria-libertad-de-conciencia/>

- SALVÀ, Nando (2016). "Hago el tipo de cine que nadie quiere hacer". Entrevista a Mel Gibson. El Periódico. 06/12/2016 <http://www.elperiodico.com/es/noticias/ocio-y-cultura/mel-gibson-entrevista-hasta-ultimo-hombre-5674279>

- TARKOVSKI, Andrei (1996). *Esculpir en el tiempo*. Editorial Rialp. Madrid. 1996. 274 págs.

Julieta (Pedro Almodóvar)

JUAN ORELLANA

Julieta es la vigésima película del director manchego Pedro Almodóvar. Aunque, como analizaremos en este capítulo, este largometraje mantiene una gran coherencia con muchos de los estilos de su filmografía, también es verdad que este filme expresa el momento vital de un Almodóvar casi septuagenario que nada tiene que ver con la festividad más folklórica de sus inicios, en los ochenta de la Movida madrileña. Su argumento se inspira en tres relatos de la premio Nobel canadiense Alice Ann Munro (*Destino*, *Pronto* y *Silencio*), que se encuentran en su obra de cuentos *Runaway* (2004), publicada en castellano como *Escapada* por RBA Editores. Sintéticamente, la película se centra en Julieta (Emma Suárez y Adriana Ugarte), entre los años 1985 y 2015. La historia arranca en el presente, cuando nuestra protagonista vive en Madrid, viuda de Xoan (Daniel Grao) y abandonada por su hija, Antía, que huyó sin dar explicaciones hace más de diez años, cuando cumplió los dieciocho. A través de una estructura de *flashbacks* vamos conociendo la historia de esa familia, y las claves de las incógnitas del presente.

Pedro Almodóvar es uno de los pocos directores españoles en activo a los que se les puede aplicar el calificativo de "autor", en el sentido *cahierista* de haber creado un mundo estilístico y temático propio, tan personal como reconocible. En su caso, ese estilo tiene que ver más con elementos de puesta en escena que con una caligrafía de cámara. Dentro de esa personalidad estética, en Almodóvar tienen especial importancia la paleta de colores y los elementos simbólicos. A esos dos factores hay que añadir sus obsesiones temáticas, su particular concepción de la banda sonora y su ya famosa habilidad para la dirección de actrices. Tres aspectos, que sumados a sus citadas características estéticas, hacen de Almodóvar un autor indiscutible. A pesar de todo ello, su carrera es enormemente irregular. Por un lado, este cineasta cambia de género con mucha frecuencia, y va con facilidad del melodrama más extremado a la comedia incluso zafia. Pero, sobre todo, es irregular en cuanto a calidad cinematográfica se refiere. Tan pronto ofrece una obra redonda, rica y brillante, como estrena una película fallida, propia de un amateur sin ambiciones. Afortunadamente, son mucho más frecuentes sus trabajos valiosos que los desdeñables.

Con *Julieta*, estamos ante una película dramática al cien por cien. Apenas existen esos elementos de humor tan típicos del universo *almodovariano*. *Todo sobre mi madre* también era un drama, más bien melodrama, pero tenía ingredientes -como el personaje de la Agrado, por poner un ejemplo- muy característicos del director, y que introducían un factor humorístico o esperpéntico que aliviaba la carga dramática de la trama. En *Julieta* no hay espitas de alivio. Según declaró el cineasta en una entrevista de Luis Martínez: "En los ensayos siempre surgió un modo humorístico de desarrollar muchas de las escenas. Pero hay un momento de depuración en el que todo eso se borra". Aunque ofrece un final abierto a la esperanza, el filme no abandona nunca el espesor de un drama con tintes de tragedia. No es casual -y menos en Almodóvar- que la protagonista aparezca leyendo *La tragedia griega*, de Albin Lesky. Ciertamente la presencia de Rossy de Palma es un guiño a la galaxia esperpéntica *almodovariana*, pero de forma muy contenida, y con evocaciones luctuosas al ama de llaves de *Rebeca*, de Hitchcock, con la que tiene semejanzas como personaje, más allá de la coincidencia fonética de título (*Julieta/Rebeca*). También la indumentaria con la que aparece la madre de *Julieta* el día que la sacan al jardín es una rememoración estética de la época más extravagante del cineasta.

Aunque el argumento se inspire en tres relatos de Alice Munro, la temática -meticulosamente unitaria- es absolutamente coherente con las corrientes internas recurrentes de la filmografía del director manchego. "Munro es una escritora que me apasiona, pero yo necesito sentir como mío un relato para poder dirigirlo. Tengo que llevarlo a mi propio terreno. Los relatos madre-hija en la cultura sajona y en la española son muy distintos, por lo que estaba obligado a hacer cambios", afirma Almodóvar en una entrevista de Vanity Fair realizada por Daniel Martínez. El tema se puede definir de muchos modos, pero uno es sin duda "la maternidad herida". Una maternidad siempre vivida en solitario, y que tiene que ver con la imposibilidad de relación con un hijo. Recordemos *Todo sobre mi madre* o *Volver*. Una maternidad sufriente que siempre acaba teniendo algo de enfermizo. Y vivida en la ausencia del padre. Pero al director le subyuga más la pérdida de la hija. En la parte de *flashback* de la película, la protagonizada por la joven Julieta, también encontramos una relación maternofilial dolorosa, la de ella con su madre, que padece una especie de Alzheimer. La maternidad "es un tema inagotable. Es algo tan misterioso, y más para un hombre, que es imposible renunciar a entenderla. La maternidad es el gran tema para un hombre", declara el director en la citada entrevista.

Curiosamente, si en las películas citadas los varones siempre tienen algo de patético, en esta no. Lorenzo Gentile (Darío Grandinetti) es un hombre maduro y consecuente. Y el marido de Julieta, Xoan, a pesar de sus adulterios, no es un personaje superficial. Es un viudo marcado por la dura enfermedad de su primera esposa, un hombre atractivo que muere trágicamente en el mar, en un accidente del que Julieta se va a sentir culpable.

Almodóvar, alejado del catolicismo, pero que lleva sin embargo la sombra del ADN de la tradición católica castellana, ha dibujado en Julieta el retrato de una Dolorosa laica. Una mujer que pierde a su hija, la cual tiene que seguir su propio camino, un camino que Julieta no entiende y le hace sufrir. El filme en ese sentido recuerda a *Una pena observada*, de C. S. Lewis, ya que lo que hace es analizar la dinámica de ese sufrimiento, el palpitar de esa herida abierta.

Sin duda, en este filme Pedro Almodóvar, a pesar de partir de textos ajenos, vuelve a aparecer como "autor", en el sentido de que los reconduce hacia sus propios temas, hacia sus recurrentes obsesiones, atravesándolos de su propia subjetividad y de su forma personal de ver el mundo.

La paleta de colores

El tratamiento cromático es uno de los rasgos distintivos de este director-autor. En algunas películas es más enfático que en otras, y en *Julieta* es muy evidente. Lo que en los primeros años tenía un componente *kitsch*, de buscar su lugar al sol en la cultura popular, con el paso del tiempo ha ido adquiriendo mayores valores dramáticos, y más carga simbólica. Analicemos al menos un ejemplo. Almodóvar, a lo largo de toda su filmografía, le da un gran valor al color rojo saturado, el rojo de la pasión, de la sangre. Y a menudo procura combinarlo con un azul eléctrico, que crea unos contrastes cromáticos nada naturalistas. Y es que precisamente, el tratamiento cromático de sus filmes es uno de los factores que más le separa del realismo. Al igual que la iluminación imposible de los encuadres de Dreyer les dotaba a estos de un carácter metafísico, los colores de Almodóvar llevan sus filmes al plano de las alegorías, fábulas contadas en un álbum de cromos, retratos de sentimientos que explotan en colores, como en los cuadros de Edward Hopper, o en sentido más cercano al mundo de Almodóvar, de Andy Warhol.

Esta paleta de colores se aplica también, cómo no, al vestuario. Julieta pasa del rojo al azul en función del color de su alma, aunque evidentemente usa otros muchos colores, incluso aquellos oscuros que expresan su muerte espiritual. El contraste colores fríos-cálidos le sirve también para expresar la relación con su hija, como se plasma en el arbolito de papel que aparece dos veces en la película, símbolo de Antía y alegoría de su dicotomía amor/odio.

Es especialmente notable el arranque del filme, un plano analítico en el que vemos un tejido rojo intenso que palpita como un corazón que late con fuerza. Cuando el plano se abre, vemos que se trata del vestido de Julieta. Almodóvar nos presenta a su personaje protagonista como un corazón ardiente que late de pasión. Esta concepción cromática no se aplica igual a la Julieta joven, interpretada por otra actriz, y que representa otro conflicto, secundario para el cineasta, y que es la pérdida del marido. En toda la secuencia del tren, muy importante en el desarrollo de la trama, la decoración de los vagones es inverosímilmente cálida, mientras que Julieta va de azul eléctrico de arriba abajo, estableciendo un contraste permanente entre ella y su entorno, incluido su futuro marido, viajero del tren, que lleva una cazadora roja.

La comentada paleta de colores no conseguiría sus fines sin la dirección de fotografía de Jean-Claude Larrieu, que hizo un brillante trabajo con Isabel Coixet para *La vida secreta de las palabras* y *Mi vida sin mí*, películas que tienen muchos lazos emocionales con *Julieta* y otros filmes dramáticos de Almodóvar.

La simbología

Almodóvar siempre busca expresar icónicamente varios de los temas fundamentales de sus películas a través de signos u objetos que incluso llegan a veces a convertirse en fetiches dramáticos. Algunos son muy evidentes, como la foto rota en pedacitos de

La presencia de Rossy de Palma es un guiño a la galaxia esperpéntica *almodovariana*.

Julieta y su hija Antía. Un rompecabezas que Julieta desea recomponer. Pero hay demasiadas roturas, demasiados desgarros.

Una metáfora menos obvia es la recurrente escultura de Ava, que representa a un varón, con miembros amputados, o sea, incompleto, pero con un falo desproporcionado. ¿Es una referencia al varón procreador pero siempre ausente, al macho sin rostro cuya única función es reproductiva? En cualquier caso, la película presenta a todos los personajes como seres amputados afectivamente, con algún vínculo cercenado. El gran falo, algo nada ajeno a la filmografía de este director, nos lleva a pensar en el tratamiento del sexo en este filme, muy distinto del que hemos visto en otras muchas de sus películas. Hay que partir de la escena del ciervo fantasmagórico, que corre imponente junto al tren a la búsqueda de una hembra a la que cubrir. Esos planos azules del ciervo, a través del cristal de la ventana, se conectan con el momento en el que Julieta y Xoan hacen el amor en el vagón. El espectador ve su acto sexual reflejado en ese mismo cristal, y comprende que el macho ha encontrado su hembra, y presagia un destino fatal.

Tampoco es inmediato el papel que juega el pasajero anónimo que se tira a las vías del tren. En el tren del amor viaja la muerte. Es como si esa relación apasionada que se inicia en el vagón entre Julieta y Xoan, estuviera marcada desde el inicio por un destino mortal. Eros y Tánatos se presentan como las dos caras de una misma moneda. Es abrumadora la presencia de la muerte, no sólo en este filme, sino en otros muchos de Almodóvar. A Julieta se le muere la madre, el marido, la amiga, el nieto... y siempre

La recurrente escultura de Ava representa a un varón, con miembros amputados.

de forma agónica o violenta. Esa pena negra tan hispana atraviesa la filmografía del director manchego como otra seña de identidad. Pero no lo hace con la dimensión intelectual que lo hace, por ejemplo, en Bergman. Aquí entronca más con una especie de fatalismo vitalista *lorquiano*, con ecos flamencos, populares, mucho más afines a la tradición española. La muerte se presenta más como frustración de la pasión e interrupción del amor, que como drama existencialista. "Las dos veces que hay una relación sexual en la película son consecuencia de una muerte en la historia. Ya que la muerte me da tanto miedo quería que la relación con la vida fuera inmediata. La muerte está presente y es una cara de la vida, pero la otra es el placer y el nacimiento de algo", afirma Almodóvar en la entrevista de Vanity Fair.

Las elipsis

En esta película las elipsis, siempre significativas, tienen un valor específico y deliberado muy singular: eludir el dolor. No vemos la muerte de Xoan, no nos muestra la huida de Antía, no aparece la muerte de la madre de Julieta, ni del hijo de Antía. Pero lo más eludido es el llanto. Como declaró Almodóvar al diario El Mundo: "Esta historia trata del dolor y en seguida vi claro que para acercarse a éste la única manera es la discreción. El dolor exige discreción. A las actrices les tenía prohibido llorar. Ellas tenían que llorar y muchísimo, pero en las elipsis. Y las elipsis aquí son mucho más grandes que la propia narración". Las elipsis de esta película pueden dar la impresión al espectador de que se le escamotea demasiada información, que se le niega el contexto necesario para seguir con precisión el desarrollo de la trama. Pero es que a Almodóvar lo que le interesa no es el suspense argumental, sino la indagación en las consecuencias emocionales de los hechos en los personajes.

La música

Para concluir es imprescindible aludir a un aspecto del filme muy importante en cuanto a la concepción que Almodóvar tiene de su cine. Especialmente nos referimos al uso de la música. La canción de créditos, de Chavela Vargas, *Si no te vas*, concluye así: "Si tú te vas, se va a acabar mi mundo; el mundo donde solo existes tú; no te vayas, no quiero que te vayas porque si tú te vas en ese mismo instante muero yo". Un resumen del tema del filme, en la voz cascada y melancólica de Chavela, que expresa muy bien el mundo anímico de Almodóvar (recordemos al Gaetano Veloso en *Volver*). La música incidental es de Alberto Iglesias, compositor internacional que conoce bien el cine de Almodóvar para el que ha trabajado en muchas ocasiones. Una música de corte dramático, oscuro, que traduce en notas el llanto elidido de los personajes.

En definitiva, estamos ante una película de madurez del cineasta manchego; una cinta algo crepuscular, reflexiva y muy introspectiva, que nos habla de un Almodóvar más oscuro, menos popular, más intimista. Pero no nos sorprendería que su siguiente producción girara ciento ochenta grados. No olvidemos que la película precedente -*Los amantes pasajeros*- fue, probablemente, la peor comedia de toda su carrera.

JULIETA (2016)
País: **España**
Dirección y Guion: **Pedro Almodóvar**
Fotografía: **Jean-Claude Larrieu**
Montaje: **José Salcedo**
Música: **Alberto Iglesias**
Diseño de producción: **Antxón Gómez**
Vestuario: **Sonia Grande**
Intérpretes: **Emma Suárez, Adriana Ugarte, Daniel Grao, Inma Cuesta, Darío Grandinetti, Michelle Jenner, Rossy de Palma, Pilar Castro, Susi Sánchez, Joaquín Notario, Ramón Agirre, Nathalie Poza**
96 minutos
Distribuidora DVD: **Cameo**
Estreno en España: **8.4.2016**

Filmografía de Pedro Almodóvar como director (seleccionada)

- *Los amantes pasajeros* (2013).
- *La piel que habito* (2011).
- *Los abrazos rotos* (2009).
- *Volver* (2006).
- *La mala educación* (2004).
- *Hable con ella* (2002).
- *Todo sobre mi madre* (1999).
- *Carne trémula* (1997).
- *La flor de mi secreto* (1995).
- *Tacones lejanos* (1991).
- *Mujeres al borde de un ataque de nervios* (1988).
- *La ley del deseo* (1987).
- *Matador* (1986).
- *¿Qué he hecho yo para merecer esto?* (1984).
- *Pepi, Luci, Bom y otras chicas del montón* (1980).

La clase de esgrima (Klaus Härö)

ENRIQUE FUSTER

Durante la Segunda Guerra Mundial, Estonia fue invadida por el ejército alemán y muchos estonios se vieron obligados a combatir en las filas nazis. Al terminar la guerra, el país quedó englobado en la Unión Soviética y se desencadenó una persecución contra los "traidores" que habían luchado a favor de Alemania. La circunstancia histórica ayuda a entender el contexto de esta película, parcialmente basada en la vida del estonio Endel Nelis (1925-1993), cuyo título original significa literalmente *El tirador* o *El espadachín* (en inglés *The Fencer*, título elegido para el mundo anglosajón).

Un tipo enigmático llega a Haapsalu, pequeño pueblo de Estonia, y empieza a enseñar educación física en la escuela, donde promueve también un club de esgrima. Pero la esgrima no se considera un deporte del proletariado, y su práctica puede levantar sospechas y acarrear problemas, especialmente en los tiempos que corren, 1952-53, último año de la vida de Stalin...

La historia se desarrolla a buen ritmo, pero sin grandes sobresaltos: tempo tranquilo, aire melancólico, puesta en escena sobria. La expresividad es la propia de los habitantes bálticos y la luz, aun cuando brilla el sol, posee prevalentemente una tonalidad grisazulada. Quizá esto desanime a quien esté acostumbrado a la efervescencia mediterránea y sería una pena, porque la película goza, en cualquier caso, de una sensibilidad exquisita y una emotividad contenida pero profunda.

Ford, Hitchcock, Yimou

Dirige el finlandés Klaus Härö, 47 años, de quien ya se estrenó en España *Cartas al Padre Jacob* (2009). Es el quinto largometraje de Härö y la cuarta vez que representa a su país en la carrera hacia las nominaciones del Oscar a la mejor película extranjera. En esta ocasión llegó más lejos que nunca, pues entró en la restringida selección de nueve títulos, aunque no entre las cinco nominadas (conquistó, eso sí, la nominación al Globo de Oro como mejor película extranjera).

Härö hace un cine de corte clásico. Sencillo, directo, sutil. Sin efectismos. Sus referentes son Ford y Hitchcock, por el modo de narrar visual y elíptico, y recientemente Zhang Yimou, por su capacidad para focalizarse en la experiencia humana incluso cuando aborda narraciones histórico-épicas (SOLÍS, 2016). Härö no se da ínfulas de "autor". No habla de "mi" película sino de "nuestra" película (SOLÍS, 2016). Le interesan más los personajes que las tramas. A veces colabora estrechamente en el guion, pero no se considera guionista (SIPPL, 2015). En este caso pone en escena el primer relato que la novelista finlandesa Anna Heinämaa, 55 años, escribió mientras cursaba un máster de guion en Manchester (NIAZ, 2016).

La película se filmó enteramente en Estonia, y constituye un buen ejemplo de que se puede hacer cine de época muy digno con un presupuesto más que limitado (1,6 millones de euros). El estonio Märt Avandi, que interpreta a Endel, es un actor célebre en el teatro y la televisión de su país. Dice Härö que le recuerda a Henry Fonda, su actor favorito: «un caballero de buena presencia que esconde un triste secreto» (SOLÍS, 2016). En España, el más conocido del reparto es Lembit Ulfsak, que personifica al abuelo de Jaan y protagonizó *Mandarinas* (URUSHADZE, 2013). Como suele suceder, los niños actúan con una naturalidad desarmante, destacando Liisa Koppel y Joonas Koff, que interpretan respectivamente a Marta y Jaan.

La posguerra y el comunismo se notan en el abandono de los edificios y en la escasez: las paredes están llenas de desconchones, en el bar ni se sueñan lo que es un chocolate, la maestra no se decide a comprar unas simples manoplas, la hermana pequeña de Marta lleva las gafas rotas y sujetas con papel celo. No disponen de material deportivo y mu-

La simpatía de los niños contribuye al tono amable de la película.

cho menos de equipamiento para la práctica de la esgrima. También pertenecen al comunismo el miedo y el clima persecutorio, que acaba convirtiendo un simple consejo escolar en un tribunal. Los padres están en la cárcel o han muerto en la guerra. Las madres crecen a los pequeños con la ayuda de los hermanos mayores, cuando no son los abuelos quienes crían directamente a los nietos. La máquina estalinista, silenciosa y eficaz, llega a todos los rincones... si bien la presión policial y la injusticia no se subrayan tanto como en otras películas sobre el comunismo, como *La vida de los otros* (VON DONNERSMARCK, 2006), por citar un ejemplo eminente del nuevo milenio, diverso por el contexto histórico pero también por el tono.

Susurrado y leve, pero no banal

Las tres tramas sobre las que se basa la historia (la de intriga, la romántica y la centrada en la relación del profesor con su clase) están hábilmente entrelazadas. El rompecabezas se va construyendo aparentemente sin esfuerzo, la información llega al espectador de modo natural, en diálogos lacónicos o visualmente (por ejemplo, en el modo de indicarnos el año en que comienza la historia, 1952, con un cartel que vemos de pasada mientras el tren llega a la estación). Abundan los detalles, los silencios, las miradas, los gestos. Hay un uso inteligente de los objetos: una insignia, un florete heredado, unas manoplas... Todo esto conforma un filme susurrado y leve. Ligero, pero no banal.

En la fotografía de Tuomo Hutri -que ya había trabajado con Härö en *Cartas al Padre Jacob*- resulta interesante la toma semisubjetiva que acompaña al protagonista al principio, cuando llega a la estación, y en otros momentos, como al entrar en la escuela o en sus paseos por el campo. Una elección que acentúa el suspense. Situando la cámara detrás de Endel, siguiéndole mientras camina y observa, explica Härö, se nos recuerda que se está escondiendo y que alguien puede estar espiándole (SOLÍS, 2016).

La preferencia por las lentes largas (en formato panorámico 2.35:1) concuerda con la propensión al detalle y el acercamiento a los personajes. Aunque dominan las tonalidades apagadas, que uno identifica fácilmente con la luz estonia y el comunismo, el cromatismo es rico y varía según el cambio de estación. La veladura de la fotografía y la ocasional difuminación de los fondos forman parte de la cuidada estrategia visual, como también la composición (las líneas de las espalderas, los floretes rompiendo el encuadre...) o la elección de los bellos parajes naturales y del ambiente ensuciado por el humo de la estación y de las chimeneas, la niebla o el vaho del respiro causado por el frío. Como ha dicho Michael Brooke, «Härö posee un don especial para conseguir actuaciones convincentes, sobre todo de los niños, y tiene un buen ojo para el paisaje» (BROOKE, 2016).

El montaje, al igual que la fotografía, es bastante clásico; obra de Ueli Christen y Tambet Tasuja, el primero de los cuales editó *La ola* (GANSEL, 2008) y *El milagro de Berna* (WORTMANN, 2003), con puntos en común con esta película, en género, tono y estilo. Entre las originalidades, el modo de mostrar la llegada de Endel al pueblo y a la escuela, punteando la escena con los breves fundidos a negro, mientras aparecen los créditos iniciales.

La película está cortada con tino y el uso de la elipsis es ejemplar, siempre en beneficio de la fluidez narrativa, a la cual contribuye -con un rol fundamental- la hermosa partitura del alemán Gert Wilden Jr. Piénsese, por ejemplo, en la secuencia del lanzamiento del club de esgrima: Endel que sentado escribe el anuncio (mientras arranca la música); los niños arremolinados junto al tablón; el ayudante -en semisubjetiva- que se aproxima por el pasillo, dispersa a los muchachos y ve el papel: "Club deportivo. Esgrima los sábados"; Endel que llega al gimnasio y se sorprende ante la multitud aguardando en silencio; la primera clase, con una sabia planificación que alterna pies, rostros y miradas; la búsqueda de ramas y largos tallos verdes para fabricar los floretes (con ese movimiento de grúa que parte de Endel y se eleva sobre el campo para mostrar a todos los alumnos implicados en la búsqueda); los tallos a remojo; el director disturbado por los ruidos sobre el pavimento de madera que, con su ayudante, va a indagar qué pasa, y se encuentran primero el agua y luego ven, a través del cristal, el grupo en plena acción; el director que envía un informe a Leningrado... Todo un ejemplo de concisión y elegancia expositiva, en apenas ocho minutos.

Las secuencias musicales se hallan tan sutilmente engarzadas que el espectador casi ni se da cuenta; al igual que los diversos montajes en paralelo (paradigmático el que alterna la investigación con los entrenamientos, en los minutos 48-50). Acertados, en el último acto, el más cercano al género deportivo, los breves momentos a cámara lenta. Para concluir con el apartado técnico, vale la pena destacar el óptimo uso del sonido, para lo cual remito a los cinco minutos de apertura, hasta la aparición del título, prestando atención a la diversidad y riqueza del audio.

Mas lírico que dramático

Guionista y director han optado por limar las aristas y dotar a la historia de un tono amable, acrecentado por la espontánea simpatía de los niños. Hay quien ha justificado esa amabilidad señalando que «la ingenuidad es la rebelión definitiva frente a la perversión» (FIJO, 2016). Sin embargo, yo creo que la película habría ganado reforzando un poco más el conflicto externo e interno.

Al protagonista le sale todo demasiado fácil: conquista rápidamente el afecto de la maestra Kadri y el respeto de la clase, el club de esgrima es un éxito desde el primer día, su amigo le regala el equipamiento... A veces los obstáculos casi se desvanecen solos, como en la prueba deportiva: la falta de floretes eléctricos se resuelve gracias a la generosidad de una desconocida, y la lesión de Jaan se remedia con la sustitución de Marta, dando lugar a un desenlace no del todo convincente.

Y si nos fijamos no en la trama sino en los personajes, sucede algo parecido. Los chicos, el abuelo de Jaan o la maestra son en sustancia buena gente. Y el propio Endel es un personaje sin tacha, más allá de mostrarse, al principio, un tanto hosco e impaciente. Posee un secreto, pero no un defecto (el famoso *flaw* de los manuales de guion americanos). Su único pecado parece ser haber incorporado a su vida los principios del arte de la esgrima: "dominar las distancias; saber dónde está tu oponente y moverte rápido". En cuanto al principal antagonista, el director de la escuela, el guardián del sistema que ve con malos ojos la práctica de un deporte "elitista", no es en el fondo un malvado, sino alguien que se ha limitado a hacer lo que siempre se esperaba de él... y que en el momento crítico no tendrá reparo en ofrecer a Endel una oportunidad.

Esta suavidad conflictual hace que la película destaque más por sus aspectos líricos que dramáticos, no obstante el dramatismo del trasfondo histórico; y quizá sea la razón de su discreto recorrido comercial (al margen de la aludida sobriedad expresiva, o de las dificultades de distribución que previsiblemente pueda encontrar una película estonia en el mercado internacional).

La guionista Anna Heinämaa cuenta que se sintió identificada con la peripecia vital de Nelis: un hombre que debe renunciar a una prometedora carrera en el deporte que ama y a una gran ciudad como Leningrado, para terminar en una aldea perdida de Estonia. Algo parecido le ocurrió a ella: tras publicar sus primeras novelas bastante joven, a los 35 años tuvo que desistir de su pasión por la escritura, pues no le permitía mantenerse. Durante una década se sintió miserable, hasta que tuvo la oportunidad de cursar un máster de guion y su vocación encontró ahí un nuevo cauce. Tenía ya 47 años. El guion de *La clase de esgrima* lo escribió -recordamos- durante ese máster. La pasión, sentencia la guionista, siempre encuentra una vía de escape. Así fue con Nelis, que vivió lo suficiente para ver la independencia de su país y de cuyo club de esgrima, aún activo en Haapsalu, han salido varios campeones mundiales; y así ha sido también con la propia Heinämaa, cuyo amor por la literatura ha desembocado en el guion cinematográfico, un tipo de escritura en el que actualmente se encuentra más a gusto que con la novela (NIAZ, 2016).

Yo veo en la película otra pasión que se despierta en el interior de Nelis y que acaba llenándole aún más que la esgrima: la pasión por enseñar. Endel experimenta el imán que poseen los niños y la impagable satisfacción de contribuir a su educación, hasta el punto de sentirse en deuda con ellos. Alberto Fijo lo ha expresado poéticamente: «Marta que sopla en el rescoldo del corazón de Nelis» (FIJO, 2016). Creo que de esto habla en el fondo la película: de un hombre que se descubre maestro y "padre", y al cual ese descubrimiento le lleva a exponerse y a dejar de lado el principio de la esgrima que hasta este momento regía su conducta, "dominar las distancias", para arriesgarse, salir al descubierto y apechar con las consecuencias de su rebeldía, por lealtad a sus muchachos y a sí mismo.

CINE PENSADO / La clase de esgrima   131

Esgrima: dominar las distancias. Pero en la vida hay que exponerse.

MIEKKAILIJA (2015)
País: Finlandia, Estonia, Alemania
Dirección: Klaus Härö
Guion: Anna Heinämaa
Fotografía: Tuomo Hutri
Montaje: Ueli Christen, Tambet Tasuja
Música: Gert Wilden Jr.
Diseño de producción: Jaagup Roomet
Vestuario: Tiina Kaukanen
Intérpretes: Märt Avandi, Ursula Ratasepp, Lembit Ulfsak, Liisa Koppel, Joonas Koff, Hendrik Toompere
93 minutos
Distribuidora DVD: Karma
Estreno en España: 15.7.2016

Filmografía de Klaus Härö como director

- *La clase de esgrima* (Miekkailija, 2015).
- *Cartas al padre Jacob* (Postia pappi Jaakobille, 2009).
- *The New Man* (Den nya människan (Uusi ihminen), 2007).
- *Adiós, mamá* (Äideistä parhain (Den bästa av mödrar), 2005).
- *Elina: As If I Wasn't There* (Elina - Som om jag inte fanns, 2002).

FUENTES

- BROOKE, Michael (2016). *The Fencer, Sight & Sound*, Octubre 2016, p. 74.

- BOX OFFICE MOJO, The Fencer <http://www.boxofficemojo.com/movies/?page=intl&id=thefencer.htm>

- FIJO, Alberto (2016). La clase de esgrima, Fila Siete, 5 Junio <http://filasiete.com/peliculas/la-clase-de-esgrima/>

- IMDB. The Fencer <http://www.imdb.com/title/tt2534634/?ref_=fn_al_tt_1>

- NIAZ, Jamal (2016). *Interview: Golden Globes nominee Anna Heinämaa, Queys News*, 5 Junio <http://quaysnews.net/index.php/2016/01/12/interview-golden-globes-nominee-anna-heinamaa/>

- SIPPL, Diane (2015). *Klaus Härö's The Fencer: Getting to the Point*, Kinocaviar.com, 30 Mayo <http://www.kinocaviar.com/the-fencer.php>

- SOLÍS, Jose (2016). *Interview: Klaus Härö on Globe Nominee & Oscar Finalist 'The Fencer'*, The Film Experience, 1 Junio <http://thefilmexperience.net/blog/2016/1/2/interview-klaus-haro-on-globe-nominee-oscar-finalist-the-fen.html>

La gran apuesta (Adam McKay)
PAOLO BRAGA & ARMANDO FUMAGALLI[1]

El excéntrico Michael Burry (Christian Bale), el aguerrido Mark Baum (Steve Carell), el cínico Jared Vennet (Ryan Gosling), los jóvenes Jamie Shipley (Finn Wittrock) y Charlie Geller (John Magaro) con el experto Rickert (Brad Pitt). La historia inspirada en hechos reales sobre los inversores que, descubriendo el fraude de los títulos inmobiliarios, con cierto escepticismo general apostaron contra los grandes bancos, se enriquecieron haciendo caer el sistema de la bolsa de valores de EE.UU., y pusieron patas arriba la economía mundial.

Con cinco nominaciones a los Oscar (al final obtuvo uno como mejor guion adaptado), logró un reconocimiento general por parte de la crítica, generando un poderoso debate en la prensa no solo económica. Además triunfó en taquilla, con 133 millones de dólares -70 en Estados Unidos- de recaudación y un coste de 28. *La gran apuesta* entra en la lista de películas de referencia que el cine americano ha dedicado al mundo financiero. Es más técnica que *Wall Street* (Stone, 1987) y que su continuación *Wall Street 2: el dinero nunca duerme* (Stone, 2010), más original en el tono con respecto a *Margin Call* (Chandor, 2011), por el detalle en la disección de los mecanismos de la crisis y del se-

---

[1]*Los dos autores han preparado este artículo juntos. La redacción final es de Armando Fumagalli en los primeros dos párrafos y de Paolo Braga en los siguientes.*

ñalamiento que hace de los responsables; se podría asemejar al espectacular documental ganador del Oscar, *Inside Job* (Ferguson, 2010).

La idea de la película es de Brad Pitt que, obtenidos los derechos del libro de investigación de Michael Lewis (periodista cuyas publicaciones ya han sido usadas eficazmente en Hollywood, como el magnífico filme *Moneyball*), encarga a Charles Randolph una primera versión del guion. Aficionado al libro de Lewis, al tener noticia del proyecto, Adam McKay se une como co-guionista y director. Al talento de este cómico de TV y director de varias comedias, no especialmente memorables, se debe la capacidad de desconcierto de la película, su denuncia sarcástica, su habilidad para hacer reflexionar y tocar las fibras emocionales.

McKay define como "tramedy" esta mezcla especial de comedia satírica, "para-documental" y amargo retrato del sufrimiento que el mundo de la especulación produce, tanto en el interior del negocio (los inversores independientes llamados *traders*) como en el exterior (la sociedad, la economía real). La película maneja con maestría los tiempos (como un drama sosegado salpicado de bromas divertidas) para que los dos tipos de emociones co-existan de modo orgánico. A esto se suma la contundente actuación de Steve Carell, el actor del personaje principal Mark Baum.

Carell (*Virgen a los 40*, *Pequeña Miss Sunshine*, *The Office*) logra arrancarnos risas en los momentos de rabia contra el sistema, y nos emociona en los momentos de tensión interior. Se confirma que, con frecuencia, cuando un buen actor de comedia asume roles más serios, se convierte en un actor dramático de primer nivel.

Un reto creativo difícil

Explicar en detalle los mecanismos financieros que desencadenaron la crisis de 2008; adaptar a la gran pantalla un libro de investigación, divulgativo pero a la vez muy técnico; describir el proceloso mar de personajes y los variados perfiles profesionales que, en el mercado hipotecario estadounidense, han estado detrás de la gran crisis; sensibilizar e impresionar al público; contar una historia que atrapa, con una narrativa compleja, con personajes que actúan en lugares distantes, y que se interrelacionan poco; lograr un enfoque irónico sin una introducción didáctica sobre el argumento, para conseguir que la película atraiga la máxima atención posible... Todos estos son los objetivos que inspiraron a Adam McKay (cfr. McKay, 2016 a y b). Un reto difícil, como ya se ha dicho, pero logrado.

La película pone el foco en algunas cuestiones esenciales, en especial la mezquindad de las agencias de *rating* siempre citadas con gran reverencia por los informes económicos: suprema y abstracta entidad, ascéticamente justa, y en realidad opuesta a lo que el filme expone sobre la pequeñez humana de quienes allí trabajan. Un reto logrado, por la clara exposición que hace sobre la distorsionada psicología de quien ha trabajado por lo peor.

Sin embargo, los autores tienen menos éxito en su esfuerzo por divulgar un tema arduo de ingeniería financiera. A pesar de que presenta algunas soluciones cómicas geniales, en realidad, la dificultad del tema permanece en algunos puntos centrales de la historia, haciendo que el espectador no pueda entender todo sobre la materia. La participación del público termina apoyándose más en la interpretación de un reparto excepcional y en captar la idea general de la historia, que en una comprensión completa sobre las decisiones concretamente tomadas por los personajes. Como dice McKee (2015) "si no entendemos, no importa porque al final de cuentas ellos lo intentaron y nosotros alguna vez nos reímos". De todos modos, la película se escribió con miras más altas, aunque no siempre funciona. Es por eso que analizar el filme significa, sobre todo, explicarlo.

Una excelente película pero con una trama compleja que pide ser explicada

Entramos en la historia a la luz del resultado, la gran crisis, mostrada en el prólogo en plena efervescencia. Estamos, entonces, metidos en la perspectiva de la ironía dramática: vivir la angustia de los personajes sabiendo hasta dónde van a llegar. De esta manera, la atención del espectador se estimula por el deseo de saber cómo sucedieron las cosas. Estamos inducidos a sentir con mayor intensidad, por una parte, la ignorancia inicial de los personajes, y después las sorpresas que llegarán con el descubrimiento de lo podrido que estaba el sistema.

Vennet, el agente de la Deustche Bank que en el filme es el irreverente narrador, explica el origen remoto de la crisis. En los años setenta, a Lewis Ranieri, un inversor, se le ocurre la idea de transformar los créditos inmobiliarios (lo que los bancos deben recibir de quien tiene su casa hipotecada) en Valores Respaldados por Hipotecas, títulos de valor en los que se puede invertir. Títulos o bonos que pueden ser comprados o vendidos. Es un nuevo producto financiero, un paquete compuesto por miles de créditos inmobiliarios. Un producto seguro y deseable, porque todos pagan las hipotecas. Este descubrimiento tiene un éxito enorme, las transacciones se disparan, y las finanzas se convierten en una industria gigantesca.

Entretanto, dejando el prólogo y regresando al presente, en 2005 Michael Burry, un trabajador introvertido con un ojo de vidrio, un genio con la manía del cálculo y del control numérico, se da cuenta de que el número del incumplimiento del pago hipotecario es extrañamente elevado, y nadie del sector financiero lo ha notado. Más aún, estudiando las cláusulas de los contratos de las hipotecas, Burry descubre que para los titulares de esos contratos están previstas tasas favorables solo durante los primeros años, porque después el valor de la hipoteca aumenta.

Tras las huellas de este redescubrimiento, Burry tiene una intuición: prevé que rápidamente el número de impagos aumentará. El dueño del fondo para el que trabaja no le cree y le advierte para que no insista en ese camino, pero Burry está convencido de que una catástrofe está por llegar. Entonces decide apostar a que sucederá. Acuerda con los bancos contratos de seguros (los llamados SWAP, Credit Default Swap) que prevén para indemnizaciones en caso de un colapso de los valores inmobiliarios. En la jerga técnica, Burry "vende abiertamente" (*short-sells*) los valores respaldados por las hipotecas (*mortgage-backed Securities*) o "mantiene una posición corta". Como la probabilidad de que la catástrofe se confirme es, erróneamente, muy baja, los bancos aceptan liquidar en caso de quiebra económica una cifra muy alta. Mientras tanto, Burry deberá continuar con el pago del muy alto coste del seguro (ciertamente lo pagan el fondo y las personas que le han confiado su dinero).

Después de conocer por casualidad la iniciativa de Burry, olfateada la posibilidad de lucro, el poco escrupuloso Vennet decide emprender el mismo camino. Primero intenta convencer al polémico Mark Baum, y a los hombres de su fondo FrontLine, de invertir en SWAP. La explicación del negocio dada por Vennet añade un nuevo elemento a la situación. No solo los bancos han subestimado el riesgo que supone el aumento del número de préstamos hipotecarios insolventes, sino que, inconscientemente, han camuflado el riesgo: lo han escondido y lo han anunciado como una simple oportunidad. Es más, han creado productos estratificados, los CDO (Collateralized Debt Obligation) o Obligación de Deuda Avalada, que abarcan numerosas obligaciones inmobiliarias. En la parte superior de la estructura están aquellos certificados con menor riesgo (los AAA, los AA y los A, que contienen créditos de hipoteca a pagar), y en la parte baja, sosteniendo la pirámide, están las obligaciones menos seguras (las BBB, BB, y B, hechas de hipotecas de riesgo).

Con el aumento de los impagos y, por lo tanto, del riesgo conexo de invertir en ellas, convertidas en invendibles, en títulos o bonos basura (sin valor), los B son dejados ais-

El personaje de Mark Baum se niega a vender sus SWAP: un dilema complejo lleno de implicaciones técnicas y humanas.

lados y mezclados con las obligaciones consideradas más seguras, para constituir nuevos niveles de CDO inexplicablemente certificados como A, es decir que en apariencia están sanos, pero que en realidad están podridos. En otras palabras, la montaña del mercado de bonos inmobiliarios apoya sus fundamentos sobre una base muy inestable, con grietas internas, aunque con una apariencia externa que no deja ver los problemas.

Baum y sus colegas quedan impresionados con Vennet, pero no convencidos del todo. Mientras tanto, en otro frente de la historia, otros dos personajes, los aspirantes a ser grandes inversores, Charlie y Jamie, que también conocieron de manera indirecta la idea de Burry, comienzan a perseguirla en compañía de su asesor Rickert.

El equipo de Baum llega a Florida para verificar la raíz del problema: que existen muchas deudas hipotecarias no pagadas o que están en peligro de no serlo. El viaje permite constatar, y poner de relieve, otro elemento importante de la historia: cómo el mercado inmobiliario ha podido crecer con unas bases tan débiles. En este punto la película, que hasta ahora pedía un esfuerzo especial de comprensión, avanza más rápido sobre los puntos clave. Los personajes descubren lo que se les viene encima: hay un excedente en la oferta inmobiliaria, muchísimas casas a la venta. Los precios de las casas son altos y continúan aumentando sin motivo (la "burbuja" inmobiliaria). Quien ha activado hipotecas sin ofrecer las oportunas garantías se ha basado, hasta ahora, en valoraciones falsas con el fin de poder "refinanciar" la propia hipoteca (terminado el periodo de cuotas favorables, no hay medios para pagar la cuota completa, el banco ofrece una nueva hipoteca por el hecho de que el valor de la casa ha aumentado, las cuotas de la nueva hipoteca son aún más altas para cubrir el déficit de la anterior, pero... también esta vez son inicialmente reducidas).

Si la burbuja estalla, si los precios de las casas dejan de subir, la gente no podrá refinanciar antes de que se acabe el periodo de las tasas favorables, y todos estarán obligados a pagar cuotas completas sin tener dinero suficiente para hacerlo (todo esto lo cuenta la película, con bromas rápidas, dejando que sea el espectador quien deba conectar los hechos).

En este punto, con una apuesta que, según los datos, debería ser la ganadora, los protagonistas son tentados por la duda. Los bonos basura (engañosos), de hecho, continúan siendo altamente cotizados, aunque en realidad la burbuja está por estallar. Entender lo que sucede es, para los personajes del filme, superar la instintiva reticencia a aceptar la idea de que el mercado de los títulos inmobiliarios prospere gracias a un enorme fraude realizado por los bancos.

Entramos en la segunda parte de la historia, con la escena de confrontación entre Baum y una funcionaria de Standard & Poor's. La mujer admite que ha certificado la bondad de los bonos basura para complacer al cliente (el banco que los emitió), y evitar que ese banco se dirigiera a un competidor de la agencia. Los trazos de impunidad que rodean el ambiente se ponen de relieve en una convención de vendedores de títulos en Las Vegas. De una parte, Baum y su equipo llegan para conocer a los competidores de la apuesta, y por otro lado, Jamie y Charlie junto con Rickert, quieren recoger el dinero para apostar. Se encuentran con una serie de conflictos de intereses (quien trabaja en la agencia de regulación, en vez de controlar, se preocupa de ser contratado por un gran banco; quien representa a los inversionistas, en realidad trabaja bajo órdenes de un gran banco que les vende los títulos de valor). Y lo que es peor aún, el sistema está a punto de colapsar. Los bancos finalmente lo han entendido y están vendiendo los CDO antes de que su valor colapse, y de esta forma poder apostar, al igual que los protagonistas de la película, contra los mismos bonos basura que ellos han creado y distribuido (esto último se cuenta en medio de un diálogo rápido y con un toque de humor). Los bancos que logren vender a tiempo, evitarán tener que pagar la apuesta perdida de los CDO contra los SWAP, y de irse a la quiebra.

Esta es la situación en la que se desarrolla el *crescendo* final de la película. Si bien es claro que los personajes están a punto de lucrarse, no lo es tanto en qué términos están arriesgando y por qué la decisión del personaje principal, Baum, consiste en un dilema. Todos los personajes, a partir de Burry, tienen en mano un boleto de una apuesta ganadora, un boleto cuyo valor crece progresivamente, cada vez con un mayor número de inversores que quieren comprarlo.

El problema es que si esperan a ganar la apuesta, los bancos, con la situación cada vez más precipitada, podrían quedarse sin el dinero suficiente para pagarla. Así las cosas, todos se dispondrán a vender el boleto. Sin embargo, Baum se entera de que Morgan Stanley, el poderoso banco con el que su fondo está asociado, está enormemente expuesto a causa de un impensable número de apuestas aceptadas en contra de los propios CDO. Esto lleva a Baum a no hacer lo que sus colegas defienden: vender bien el "billete" de la apuesta ganadora, antes de que Morgan Stanley se eche para atrás por el fracaso, llevándose incluso lo que Baum ganaría por la apuesta realizada. La película deja aquí implícito un mensaje clave: sería el mismísimo Morgan Stanley quien adquiriría la apuesta de Baum (cfr AA.VV., 2016). Con un billete ganador en mano, el banco reduciría el riesgo. No obstante, Baum no quiere ayudar inmediatamente a su banco porque, como los otros bancos, es cómplice del fraude general. Espera. Posterga la venta. Retrasa el momento en que coger los remos de la barca y refugiarse de la crisis que en cualquier momento puede llevarse todo.

Mientras el valor del billete que tiene en mano aumenta, las acciones de Morgan siguen cayendo. Y esto es lo que quiere Baum: que su banco se "desangre" (no que se hunda), antes de ser salvado... por él mismo. Una amarga satisfacción. Porque al final, cuando Baum, por no hundirse a sí mismo, le concede a Morgan el control de la barca de su SWAP, el inversor tiene la impresión de no ser tan diferente de los responsables del crack: porque él, como los demás han hecho durante tantos años, se ha aprovechado de un sistema perverso para lucrarse.

La desmitificación de las finanzas y el riesgo para la humanidad del trabajador

Para hacer comprensible semejante bloque temático de economía y finanzas, el filme opta por el estilo cómico. En la historia aparecen personajes "pop" que explican directamente a la audiencia ciertos temas específicos valiéndose de metáforas bien construidas. Este recurso funciona muy bien cuando el concepto es simple (por ejemplo, la rubia Margot Robbie que compara las hipotecas *subprime*, de alto riesgo, con el concepto del estiércol), en menor medida cuando la explicación es más compleja y las relaciones no son lo suficientemente evidentes en lo que la película ha narrado hasta ese momento (en el caso de la cantante y el profesor de economía que explican las consecuencias de los CDO sintéticos). Además, estas escenas aisladas, producen una distensión entretenida haciendo más digerible la exposición, alejan la atención de los diálogos explicativos y requieren menos esfuerzo para su comprensión. No obstante, más allá de estas escenas-insertos, la gran cantidad de información, los acrónimos técnicos, y las conexiones mencionadas pero no explicadas que recaen en manos de diálogos densos (una solución de escritura que siempre es arriesgada), hacen que la comprensión del espectador con frecuencia sea bastante ardua.

En cambio, cuando aparecen, estas escenas logran plantear una desmitificación satírica del mundo de las finanzas y de su jerga esotérica. Un léxico útil para construir un fraude que al final de cuentas es muy simple: vender estiércol haciéndolo pasar por oro. También funciona muy bien el hecho de que los personajes interpelen al público hablando directamente a la cámara, y el estilo de dirección propio de un *mockumentary*. Las imágenes estilo "fly-on-the-wall" (mosca en la pared) muestran a los personajes como si hubiesen sido filmados en directo, en su cotidianidad más ordinaria -sobre todo a los antagonistas, los malos de las finanzas (el dueño del fondo de Burry que pierde los estribos; los ejecutivos de los grandes bancos que al final de la reunión, dejando las apariencias, festejan tontamente lo que consideran que ha sido un gran negocio).

Pero el núcleo de la película tiene peso dramático y está bien contado. Expresa con eficacia el contraste entre la gente común que sufre las consecuencias de la crisis (como el padre de familia de Florida que al final termina en la calle, sin casa) y la superficialidad avasalladora de los hombres de Wall Street (la película ofrece un continuo debate sobre los difusos límites que separan/unen el fraude y la estupidez).

El drama se condensa especialmente en el sentimiento de desilusión que invade a los protagonistas al final de la historia. El costo de la elección hecha por el personaje de Baum/Carell, que no se siente realmente redimido al estar inmerso en un ambiente donde las relaciones humanas son olvidadas (como el caso del hermano de Baum, a quien nunca escuchó cuando debía). Burry, con su honestidad intelectual maltratada hasta el final, abandona todo, una vez ganada la apuesta, para regresar con su mujer y su hijo. La debacle de la Bolsa que finalmente se presenta desnuda ante los ojos de Jamie y Charlie, quienes habían soñado con realizarse profesionalmente en ese mismo lugar. Esto es lo que la película le lanza al espectador.

Es fundamental la denuncia que aparece al final del filme. La crisis ha pasado en vano. Los responsables no han pagado. El sistema todavía no está curado. Hechos que son, por desgracia, verdaderos.

THE BIG SHORT (2015)
País: EE.UU.
Dirección: Adam McKay
Guion: A. McKay, Charles Randolph
Fotografía: Barry Ackroyd
Montaje: Hamk Corwin
Música: Nicolas Britell
Diseño de producción: Clayton Hartley
Vestuario: Susan Matheson
Intérpretes: Christian Bale, Steve Carell, Ryan Gosling, Brad Pitt, John Magaro, Finn Wittrock
130 minutos
Distribuidora DVD: Paramount
Estreno en España: 22.1.2016

Filmografía de Adam McKay como director

- *La gran apuesta* (*The Big Short*, 2015).
- *Ant-Man: El Hombre Hormiga* (*Ant-Man*, 2015).
- *Los amos de la noticia* (*Anchorman 2: The Legend Continues*, 2013).
- *Los otros dos* (*The Other Guys*, 2010).
- *Hermanos por pelotas* (*Step Brothers*, 2008).
- *Pasado de vueltas* (*Talladega Nights: The Ballad of Ricky Bobby*, 2006).
- *Wake Up, Ron Burgundy: The Lost Movie* (2004).
- *El reportero* (*Anchorman: The Legend of Ron Burgundy*, 2004).

FUENTES

- AA.VV. (2016). *Spiegazione del film "La Grande Scommessa"*. Recuperada de <https://www.fareforex.it/2016/01/11/spiegazione-del-film-la-grande-scommessa/>

- MCKAY, Adam (2016 a). *Interviewed by Elvis Mitchel on The Treatment*. Recuperada de <https://www.kcrw.com/news-culture/shows/the-treatment/adam-mckay-the-big-short>

- MCKAY, Adam (2016 b). *The Big Short DGA Q&A with Adam McKay and Bob Balaban*. Recuperada de <https://www.youtube.com/watch?v=uxChHFZXHME>

- MCKEE, Robert (2015). *Robert McKee's WORKS / DOESN'T WORK Film Review: The Big Short*. Recuperada de <http://mckeestory.com/the-big-short-2015>

La habitación (Lenny Abrahamson)
MARTA GARCÍA SAHAGÚN

El espacio es, sin duda, el elemento vertebrador de *La habitación* (*Room*, Lenny Abrahamson, 2015). Desde el mismo título, tiene una importancia evidente en la película. Los muros que rodean a los protagonistas se convierten en un símbolo de las fronteras del mundo, del límite entre realidad y ficción y, en última instancia, de lo femenino en el cine. Los primeros planos del filme, basado en la novela homónima de Emma Donoghue, nos presentan los detalles de ese espacio: las paredes, las esquinas, los objetos. Nos muestran el universo de nuestros protagonistas y, con ello, el escenario de su historia.

Pero comencemos por el principio. *La habitación* empieza con el cumpleaños de Jack, un niño pálido de larga cabellera que celebra su aniversario entre las cuatro paredes que le han visto crecer. Él no conoce nada del mundo exterior; nunca ha salido de allí. Sin embargo, no se siente confinado. Su madre, Joy, le ha ocultado la verdad -viven encerrados en una celda a manos del hombre que la secuestró, violó, y dejó embarazada-, por lo que para Jack el resto del mundo no tiene lugar. El espacio total de la existencia queda reducido a esa pequeña habitación donde viven. La madre le ha mantenido ajeno a la realidad para evitarle el sufrimiento, tal y como sucedía en otras películas como *La vida es bella* (*La vita è bella*, 1999) entre los personajes de Guido y su hijo

Figura 1. El tragaluz enmarca la realidad y la convierte en un elemento más del espacio.

(BOTHA, 2016; CULLOTY, 2016). *La habitación* ha sido interpretada, como ya fue el filme italiano, como una parábola sobre la vida y la maternidad:

> "(…) an unexpectedly life-affirming parable of parenthood wrapped in the clothing of a modern-day horror story; a heartbreaking tale of the power of motherly love and of a nurtured child's ability to find light in the dark woods of the adult world" (KERMODE: 2016)

Sin embargo, en este texto nos focalizaremos en otra lectura de la película: en la relación de los personajes con ese espacio, tanto físico como mental. En *La habitación* comenzamos observando la historia desde la ficción del engaño; no sabemos qué pasa, carecemos de información, como el joven protagonista. Es, en la celebración del citado cumpleaños, cuando la madre decide contarle la verdad para que escape y los salve. El sitio donde se encuentran pasa a ser un espacio a punto de romperse; sus límites ya nunca podrán ser los mismos. Los parámetros de la existencia de Jack se transforman en algo ficticio: en una mentira.

Las fronteras del mundo: la representación a través del marco y la ventana

Uno de los primeros planos de *La habitación* consiste en la visión del tragaluz que se sitúa encima de los protagonistas y desde el que se puede ver el exterior [figura 1].

A través de esa ventana que enmarca al cielo azul, los protagonistas pueden obtener una pequeña porción de lo que hay afuera. Sin embargo, para Jack este marco tan solo es otro más de los detalles de esa habitación: un elemento más de las partes que conforman su mundo. Esos objetos son unidades fundamentales de ese espacio/mundo, y la importancia que tienen como tal es vital para el joven. De hecho, nada más levantarse, lo primero que hace es darle la bienvenida a la lámpara, la alfombra, el armario, entre otros. Durante la primera parte de la película, el tragaluz se concibe como un marco que bien podría contener un cuadro, no existe el "afuera". Sin embargo, durante la segunda parte, los límites del espacio se rompen para mostrar la realidad.

En *Introducción a la teoría del cine* (2015), Elsaesser y Hagener abordan, entre otras teorías cinematográficas, la concepción del cine como marco o como ventana. Según cómo fuera concebida la película, los márgenes de la pantalla podrían remitirnos a una ventana -donde predominara el realismo- o a un marco donde, como sucede en los cuadros, se nos mostrase una visión ficcionalizada de la realidad por medio de recursos estéticos de naturaleza artística. Esta metáfora sobre el cine es también un tropo sobre la dicotomía entre la realidad y la ficción que sirve para comprender la posición de Jack a lo largo del filme.

Durante la estancia de los personajes en la habitación predomina el enfoque impuesto por la imaginación: todo es visto desde la ingenuidad de Jack, cuya realidad se ha construido sobre la ficción narrada por su madre. La ocultación de la verdad se materializa en ese tragaluz que es despojado de su significado real para ser un elemento más del lugar. Es, tras la revelación de la verdad, la huida del chico y el rescate de la madre -es decir, tras el contacto con el mundo real-, cuando esa confrontación entre los dos espacios se hace patente. Esto lo refleja Abrahamson por medio de varios aspectos, desde los métodos de sonido utilizados en postproducción (JOHNSTON, 2016) a la elección de planos:

> The camera remains within the room throughout but Abrahamson uses a soft background focus and elevated angles to conceal the true scale of the room. He thereby cleverly creates the impression of a confined space made larger with Jack's imagination (CULLOTY, 2016: 296)

El cambio de escenario -para la mente de Jack- se plasma a través de la ruptura del marco: con la visión de la inmensidad del cielo azul [figura 2]. Es, en este momento, donde a través de la destrucción de uno de esos elementos del espacio, de la habitación (el marco), se produce el desengaño y el encuentro con el mundo real.

Figura 2. Jack ve por primera vez el cielo azul, sin marcos que lo encuadren.

La ruptura con la ficción supone un gran impacto para Jack. La realidad, como historia, no satisface al joven desde un principio, cuando su madre le informa sobre la verdad y el mundo que existe más allá de esas paredes:

Jack: I want a diferent story!
Joy: No! This is the story that you get!

El giro narrativo coincide con el cambio de espacio: los personajes se liberan de la habitación y, con ello, nos introducimos en la segunda parte de la película.

Una nueva historia a través de un nuevo escenario

Si Zygmunt Bauman, en *La sociedad sitiada*, consideraba que el mundo se encontraba "agotado" por no existir un "afuera", una vía de escape, sitio donde refugiarse o espacio para aislarse y ocultarse (2008: 22), *La habitación* nos ofrece un enfoque totalmente contrario debido a la situación anómala que nos narra. El lugar donde se encuentran los personajes al principio del filme está en los límites de "dentro", pero es totalmente ajeno al mundo. De hecho, conforma un universo por sí mismo. No es un no-lugar, en términos de Augé (1993), ya que no es un espacio de transitoriedad y anonimato escasamente importante para ser considerado como un "lugar", sino que es, a ojos de Jack, un mundo en toda su complejidad. Pero, sobre todo, consiste en un universo particular

Figura 3. Abrahamson simboliza, a través de Jack mirando a través de los barrotes, la nostalgia del encierro.

porque Abrahamson, a través del guion de Emma Donoghue, de la fotografía de Danny Cohen y el sonido de Niall Brady y Steve Fanagan, nos sitúa dentro del imaginario del joven a la hora de que contemplemos ese sitio. Al conquistar el territorio exterior, comenzamos a tener consciencia, a la vez que Jack, del espacio marginal en el que ha vivido. Ese mundo queda reducido a una celda mientras se descubre la amplitud y las posibilidades del real.

El filme se encuentra repleto de simbolismos que desarticulan, poco a poco, el espacio interior frente al exterior, pero que remiten constantemente al primero. A través de estos simbolismos nos enfrentamos a la nostalgia que siente Jack hacia su anterior hogar y al paralelismo entre los dos mundos:

> The film is replete with heavy-handed symbolism. In one scene, Jack is framed peering through the balustrade of his grandmother's house as though trapped in his new-found freedom (CULLOTY, 2016: 296) [figura 3]

Como apunta Culloty, la libertad comienza siendo más problemática para el joven que el encierro. La conciencia de estar atrapados, desarrollada en la habitación tan solo en los últimos momentos, se expande con más intensidad en la parte en la que es libre, donde el espacio conformado por las cuatro paredes torna en una multiplicidad de estancias desconocidas, símiles a la anterior pero en distintas proporciones: "La segunda parte del filme seguirá transcurriendo en habitaciones: la del hospital y la casa de los padres de Joy. Es un interesante recurso y *Room* bien podría llamarse *Rooms*" (Valle, 2016: 129). Para Jack, las nuevas habitaciones, aunque reales, no parecen sino una versión peor y multiplicada de la que inicia el relato.

El espacio diegético femenino y el hogar

Todas las habitaciones que aparecen en la segunda parte de la película se muestran como el "hogar" que Jack ha perdido tras la huida y que debe volver a configurar en el mundo real. Cuando la madre le explica a Jack que ella ya tuvo un "hogar real", el joven lo confunde -o quiere confundirlo- con las casas que aparecen en la televisión:

> Joy: I lived in a house with my mum and my dad. You will call them Grandma and Grandpa.
> Jack: What house?
> Joy: A house. It was in the world. And there was a backyard, and we had a hammock, and we would swing in the hammock, and we would eat ice cream.
> Jack: A TV house?
> Joy: No, Jack. A real house. Not TV. Are you listening to me?

El trabajo de Joy al ocultar la verdad también ha ido acompañado de otro: la construcción de una nueva realidad para su hijo. El universo del joven ha sido creado por su madre, y es precisamente esto lo que añora en la segunda parte: la zona de confort creada por ella. El propio Abrahamson apunta que, precisamente, esta parte maternal es lo que el hijo echa en falta en la segunda parte de la película y la razón de querer volver a la habitación (THE GUARDIAN, 2016).

De los cinco tipos de mujeres que actúan en el aparato fílmico consideradas por Barbara Zecchi basándose en *Barbara Creed* (1989) -la espectadora (the spectator), el personaje femenino en la diégesis (the diegetic), la mujer construida por el imaginario patriarcal (the imaginary) y la mujer teorizada por el feminismo (the theorized), a las cuales Zecchi añade la mujer que hace cine (the filmmaker), (Zecchi, 2014:24)- Joy sería un personaje femenino en la diégesis que no deja de encontrarse, a lo largo de la narración, encerrada, tanto metafórica como físicamente en un espacio reducido por un enfoque patriarcal. La presión se puede observar tanto en la habitación como al salir, al tener que cumplir las expectativas como "madre ideal" que la empujan a intentar quitarse la vida. Sin embargo, mientras la relación con el espacio de la habitación es incómoda, la de su hijo y la del público -pues compartimos la visión del pequeño- es bastante diferente.

El universo creado por Joy tiene un cariz propiamente materno. El espacio es asociado con esa característica y Jack lamenta su pérdida a pesar de la ganada libertad. Sin embargo, todavía posee elementos culturalmente femeninos que lo relacionan con él, como la larga cabellera que se resiste a cortar. Su pelo largo, completamente normal dentro de los parámetros de la habitación -las dos personas que existían allí, tanto él como su madre, llevaban así su pelo-, le acerca y devuelve al lugar materno que añora.

El adiós a la ficción

Es, finalmente, cuando se corta voluntariamente el pelo y se despide de la habitación, cuando Jack se libera del espacio por segunda vez, pero en esta ocasión no es tan solo físicamente, sino también mentalmente. El joven dice adiós al universo maternal formado entre él, su madre y esas cuatro paredes.

En la última escena de la película, madre e hijo vuelven a la habitación. El chico difícilmente reconoce el espacio que ha conformado toda su existencia. Su madre le indica que es porque se han llevado las cosas como pruebas. Él no opina lo mismo: "It can't be really room if door's open". Tras ver el exterior, el lugar pierde su sentido. Mientras que cuando estaban confinados la realidad se enmarcaba por medio de un tragaluz, ahora es la propia habitación la que se enmarca a través del alféizar de la puerta para representar un elemento más del mundo exterior. Por fin, la habitación se convierte en un lugar y pierde su sentido como un universo particular. Se desprende, gracias a ello, el enfoque inicial que nos mostraba Abrahamson en la primera parte de la película: la ficción, finalmente, ha acabado.

Jack se despide de las cosas que quedan: la planta, las sillas, la mesa. Sale de la habitación, seguido por su madre, y ambos se dirigen a la salida del recinto. La cámara asciende hasta perderlos de vista. Nada encuadra la escena: la realidad se muestra sin ningún marco.

ROOM (2015)
País: **Irlanda, Canadá, Reino Unido, EE.UU.**
Dirección: **Lenny Abrahamson**
Guion: **Emma Donoghue**
Fotografía: **Danny Cohen**
Montaje: **Nathan Nugent**
Música: **Stephen Rennicks**
Diseño de producción: **Ethan Tobman**
Vestuario: **Lea Carlson**
Intérpretes: **Brie Larson, Jacob Treamblay, Sean Bridgers, Wendy Crewson, Joan Allen, William H. Macy, Matt Gordon**
118 minutos
Distribuidora DVD: **Universal**
Estreno en España: **26.2.2016**

Filmografía de Lenny Abrahamson como director

- *La habitación (Room, 2015).*
- *Frank (2014).*
- *What Richard Did (2012).*
- *Dublin 26.06.08: A Movie in 4 Days (codirector, 2008).*
- *Garaje (Garage, 2007).*
- *Adam & Paul (2004).*

FUENTES

- AUGÉ, M. (1993). *Los no lugares: espacios del anonimato*. Barcelona: Gedisa.

- BAUMAN, Z. (2008). *La sociedad sitiada*. Buenos Aires: Fondo de cultura económica.

- BOTHA, R. (2016). *Room, Lenny Abrahamson*. New Voices in Psychology, 12(1), 70-74.

- CREED, B. (1989). *The Monstrous Femenine: Film, Feminism and Psychoanalysis*. Londres y Nueva York: Routledge.

- CULLOTY, E. (2016). *Sentimentality and "Difficult" Art in Room (Lenny Abrahamson 2015)*. Estudios Irlandeses-Journal of Irish Studies, (11), 295.

- ELSAESSER, T. y HAGENER, M. (2015). *Introducción a la teoría del cine*. Madrid: UAM Ediciones.

- JOHNSTON, N. (2016). *The Magic of the Space: An interview with Niall Brady and Steve Fanagan about Room (2015)*. The New Soundtrack, 6(2), 159-169.

- KERMODE, M. (2016). *Room review - to see the world within four walls*. The Guardian. Recuperado de <https://www.theguardian.com/film/2016/jan/17/room-review-lenny-abrahamson-brie-larson-jacob-tremblay>

- THE GUARDIAN (2016). *Room director Lenny Abrahamson: "I find kids' optimism incredibly moving" video interview*. Recuperado de <https://www.theguardian.com/film/video/2016/jan/13/room-director-lenny-abrahamson-video-interview>

- VALLE, Á. D. (2016). *La habitación, un relato de redención a través de la maternidad*. Filmhistoria online, 26(1), 127-131.

- ZECCHI, B. (2014). *La pantalla sexuada*. Cátedra: Madrid.

La juventud (Paolo Sorrentino)

JOSÉ GABRIEL LORENZO

Existe cierta inclinación en el cine del director italiano Paolo Sorrentino a infringir las reglas de los géneros en los que podrían encasillarse sus películas, con el fin de parecer poco convencional. El peligro que se cierne sobre esta deliberada voluntad de estilo que propone, corre el riesgo de diluir la idea de fondo de sus películas al quedar sometidas a los aspectos formales de cada filme que realiza. Si *Las consecuencias del amor* posee el argumento de un *thriller* enmarcado en una puesta en escena más propia del drama existencial e *Il Divo* es un drama político presentado como si se tratara de un *thriller*, no es menos cierto que la barroca *La gran belleza* es una búsqueda caleidoscópica y plagada de digresiones sobre la necesidad de vivir, en la que tras una puesta en escena aparentemente *naif* esconde una profunda reflexión sobre la belleza y el sentido de la existencia, de una manera más interesante de lo que hacía *La dolce vita* (FELLINI, 1960).

El propio Sorrentino ha confesado su predilección por las piruetas narrativas que tiene su origen en "su pasión por la puesta en escena, el montaje y la tecnología", y en este sentido afirma que «me gusta usar todos los recursos estilísticos a mi disposición, pero creo que lo hago siempre poniéndolos al servicio de la película» (Salvá, 2016). Incluso, los aspectos formales de *Un lugar donde quedarse* son más asimilables a partir de las pautas codificadas por las que transcurre la mayor parte del metraje de la película, más propias del drama familiar, que de la historia de búsqueda y redención con toques de *thriller* en el que, finalmente, se convierte la historia.

Como se aprecia, se encuentra en Sorrentino una aspiración permanente, convertida en una característica propia de su estilo, por descolocar al espectador y jugar al despiste a través de las imágenes que plantea en la puesta en escena. Además, sus propuestas narrativas también desbordan ironía, casi en cada escena, porque como él mismo añade "se pueden decir muchas cosas con pocas palabras gracias a la ironía". De este modo, la peculiar visión del cine que posee el director italiano, para quien las imágenes en movimiento le sugieren parecidos con "un gran juego", permite entrever unos riesgos cuyas consecuencias se adivinan en la limitada difusión y alcance de su obra y también en el análisis de la misma. Pero como el propio Sorrentino afirma, «nunca he querido ver películas que me cuenten las cosas como son» (Koch, 2016). Ni más ni menos que el mismo criterio que sigue para hacer cine.

Sin embargo, no sucede así en *La juventud*, donde Sorrentino abandona cierta estridencia formal y la narración lineal se convierte en la protagonista de la historia. No obstante, la inclinación natural que experimenta el director napolitano hacia una estética extravagante y estilista continúa presente en algunos momentos de la película. Por ejemplo, las filas de ancianos que de un modo marcadamente expresionista se dirigen hacia las aguas termales del balneario, con movimientos pautados y coordinados, es decir, automatizados, que recuerdan a los que ejecutaban los obreros en *Metrópolis* (LANG, 1927), y la pesadilla nocturna que sufre uno de sus protagonistas, que contiene también matices de iluminación marcadamente expresionistas.

El hastío vital provocado por la ausencia de imaginación

En consonancia con las particularidades de su estilo formal, no puede ser casualidad que Sorrentino comience *Las consecuencias del amor*, *Il Divo* y *La gran belleza* aludiendo directamente a la capacidad o incapacidad para imaginar de sus protagonistas, como recurso casi exclusivo de la supervivencia del ser humano. En este sentido, es relevante destacar la predilección del director y guionista italiano por convertir en protagonistas de su cine a personas que se encuentran a las puertas de la ancianidad o individuos que ya han traspasado sus umbrales. Es como si la principal lucha que debe librar el ser humano, una vez que empieza a ser abandonado por la energía vital y el vigor del cuerpo, tuviera que reprogramarse para encontrar un nuevo acomodo en la vida a través de las proyecciones de la mente (el uso de la imaginación) y seguir encontrando un sentido a la existencia. En definitiva, una excusa para mantener el brío emocional y no aparecer como muertos vivientes.

Todos estos elementos temáticos se encuentran en *La juventud*, pero supliendo la ausencia de imaginación por la melancolía propia de la vejez. En este sentido, Sorrentino aduce:

> "Me interesa el modo en que la melancolía me acerca a la autocompasión, que es un mecanismo psicológico, anímico, con el que me siento bastante identificado. Hay cierta belleza y romanticismo en este tipo de lamento interior" (YÁÑEZ, 2015)

Sus protagonistas son dos artistas amigos que además son familia. Un compositor de orquesta, llamado Fred Ballinger, al que interpreta Michael Caine, y un director de cine, Mick Boyle, al que confiere su presencia Harvey Keitel. Ambos disfrutan de sus vacaciones de verano en un balneario situado en plenos Alpes suizos. También poseen en común una parálisis emocional que surge de la incapacidad que experimentan para mirar al futuro y al presente. En este sentido, la abrumadora influencia del pasado en sus vidas se debe a dos circunstancias bien distintas: por un lado, la enfermedad degenerativa que sufre la mujer de Ballinger, que éste es incapaz de superar y, por otro lado, la intención de Boyle de aprovechar el retiro para escribir el guion de su última película: un testamento en vida de su persona que contiene una mirada nostálgica al pasado.

El recuerdo y la mirada nostálgica no solo están presentes en los dos protagonistas de la trama, sino también en algunos de los personajes secundarios de la historia, como el exjugador de fútbol sudamericano (trasunto de Maradona) con guiño marxista incluido, para mayor nota referencial e irónica al mismo tiempo, cuyo pensamiento permanece lastrado por un glorioso pasado imposible de emular en el futuro. Así, lo subraya el director italiano a través de una imagen onírica que tiene al exfutbolista como centro de la acción, porque para Sorrentino «el futuro no existe para alguien que está condenado a vivir en la memoria de todos» (Martínez, 2016). Del mismo modo, un joven actor, Jimmy Tree (Paul Dano), pasa unos días en el balneario con el objetivo de preparar el papel de su próxima película interaccionando con el ambiente sereno y reposado del lugar. Sin embargo, su pose erudita y su aire de suficiencia hacia el resto de los habitantes del balneario, salvo hacia las figuras del compositor y el director de cine, reciben un escarmiento cuando entabla una fugaz conversación con la nueva Miss Universo. Su presuntuosa juventud rebosante de un cinismo más propio de una mente anciana amargada, se derrumba cuando la impostada experiencia vital de que hace gala es desmontada por la personalidad apabullante y candorosa, al mismo tiempo, de la nueva belleza mundial.

Solo la hija y a la vez representante de Ballinger, Lena (Rachel Weisz), se desmarca del resto de personajes aplicando el sentido común a sus decisiones y viviendo en el presente afrontando todas las consecuencias. De este modo, a pesar de estar sufriendo un importante revés sentimental como consecuencia de la solicitud de divorcio que al inicio de la historia le ha pedido su marido, se convierte en el único personaje perteneciente al grupo de los protagonistas que no se ancla al pasado y lucha contra la posibilidad de ser arrastrada por el torrente de melancolía y tristeza que imbuye a los otros personajes. Al contrario, se impone en su actitud una mirada al presente y al futuro donde la esperanza le permite abrirse a nuevas aventuras vitales. Incluidas, la inquebrantable capacidad de influencia que posee sobre las decisiones de su padre para modificar su conducta o la apertura a un nuevo e inesperado romance con un montañero, cuya forma de ser se encuentra en las antípodas de la sofisticada educación que ha recibido Lena, pero con él que presenta cierta afinidad por vivir el presente.

No debe ser casual que la película comience con un primer plano fijo de una cantante que entona una melosa canción de amor sobre una plataforma giratoria. El efecto que produce la puesta en escena de Sorrentino en esta secuencia de apertura, en la que es clave observar de fondo los grupos de personajes desenfocados que asisten al concierto del balneario que van apareciendo y desapareciendo de la imagen durante el tiempo que se prolonga la canción -como consecuencia del efecto rotacional del escenario-, podría venir a decir que el amor es el centro de gravedad de todo lo humano y el único sentimiento en torno al cual deben girar las acciones de los demás aspectos de la vida.

Así, la única fuente común capaz de redimir las decisiones que toman los personajes de Sorrentino en sus películas, y que «corren el peligro de perder el contacto con la realidad y volverse inadecuados a su tiempo y refugiarse en lamentos y rencores hacia el presente» (Koch, 2016), porque según el director italiano lo sumen la mayor parte de las veces en la melancolía y la parálisis vital, no es la aptitud que posee en mayor o menor medida la inteligencia de cada uno para proyectar imágenes que permitan la visualización de emociones, como los propios personajes proponen a través del uso de la imaginación, y que el propio Sorrentino se ha encargado de darlo a conocer en el contexto de la historia con bastante cinismo, sino a través de los actos de amor que constituyen las grandes o pequeñas decisiones que marcan las vidas de algunos de ellos. De este modo queda claro, por ejemplo, en la transformación final que experimen-

Sorrentino remarca la separación emocional que existe entre padre e hija a través de la puesta en escena. Sin embargo, ella no se cansa de intentar recuperar el estado anímico de Ballinger.

ta el protagonista de *Las consecuencias del amor*; en la sencillez que emana de la monja, protagonista del último tercio de *La gran belleza*, y que resulta clave para entender el sentido que posee la búsqueda de la verdadera belleza que confiere el sentido a la existencia; y, por supuesto, en la evolución que sufre Ballinger desde el hastío vital inicial hasta cuando, finalmente, decide superar el pasado que lo atenaza y accede a tocar sus sinfonías sencillas para la reina de Inglaterra.

La capacidad de imaginar un futuro feliz

De alguna manera, si la interrupción del tiempo -como consecuencia de un exceso de nostalgia o melancolía- obliga a mirar la vida con pesimismo al provocar un estancamiento en el pasado, mientras la vida continúa alrededor, la mirada al futuro proporciona la esperanza suficiente para prender la energía vital que permite vivir con ilusión y optimismo, mientras se mantienen estos rasgos propios de la juventud incólumes.

En esta línea, Sorrentino disemina a lo largo de *La juventud* más pistas a las que aferrarse. Entre ellas, pueden destacarse cuatro momentos clave que inducen a pensar acerca de las verdaderas intenciones del inclasificable director italiano que afirma, además, haber realizado «una película optimista» (Yánez, 2015). Uno de ellos, tiene que ver con la incredulidad con la que un monje budista es juzgado por Ballinger a lo largo de la historia, sobre el que descarga todo su sarcasmo porque todavía no le ha visto levitar. Su mirada ácida y crítica y la ausencia de esperanza e ilusión en las posibilidades del monje denota, ante la dificultad plausible que representa la situación, otras actitudes que refuerzan la suspensión vital por la que atraviesan los sentimientos del director de orquesta. Un estancamiento que se refuerza, además, por la imagen de un pájaro en una jaula que simboliza el encierro en sí mismo que vive Ballinger.

Sin embargo, su muro va derrumbándose poco a poco y a ello contribuye la ayuda que presta a un joven aprendiz de violín que, no por casualidad, intenta tocar una de las sinfonías sencillas compuestas por él mismo.

Pero el desenlace de la historia interior de Boyle, cuya trama de personaje experimenta un recorrido paralelo a la de Ballinger, ayuda también a entender la idea final que desprende el filme. Así, el encuentro inesperado que mantiene con su musa, la actriz Brenda Morel (Jane Fonda), que ha acudido al balneario para decirle que se desentiende de la película que está preparando porque prefiere reinventarse y trabajar en televisión y así poder atender con más estabilidad económica sus gastos, no deja de ser una referencia actual al creciente avance, presupuestario y artístico, que está experimentando el medio televisivo y el prestigio actual del que goza éste en detrimento del cine. La capacidad de seguir mirando hacia delante y adaptarse a los tiempos para seguir viviendo mientras desprecia el pasado, es lo que mantiene al personaje de la actriz ilusionada y dotada de una gran energía. Además, la elección de Jane Fonda para el papel resalta las características reales que posee, entre las que destaca una incansable actitud vitalista, y encuentran su acomodo en las del propio personaje de ficción que interpreta. De este modo, llegan a confundirse ambos roles y evidencian una vez más las intenciones de fondo de Sorrentino en *La juventud*.

El cuarto momento tiene que ver con la evolución que experimenta el personaje del actor Jimmy Tree. Instalado en el balneario para preparar el papel de Hitler que debe interpretar en una película, ostenta un momento de lucidez y clarividencia cuando descubre, a través del estudio del personaje, que el horror provoca estupefacción y desconcierto en el entorno. A partir de ese momento, el muro de cinismo y suficiencia que ha levantado en el balneario se desploma para dar lugar al nacimiento de un nuevo actor, que prefiere encarnar el deseo antes que el horror, según sus propias palabras. En esta línea, Sorrentino afirma que «como director de cine prefiero ocuparme del deseo y no del horror. No creo que el cine sirva para contar el horror, su vocación es el deseo» (Martínez, 2016), y añade que «en las películas que me interesan siempre están presentes el deseo y la belleza» (YÁÑEZ, 2015).

En definitiva, para el director italiano la juventud no es un dato biológico que acontece en los primeros compases de la vida, sino una predisposición del espíritu ante la existencia, con independencia de la edad. Una actitud ilusionante y optimista con parada en el futuro que mira más allá de la tersura de la piel y elude el apocamiento que, en muchos casos, deriva de la vejez.

YOUTH (2015)
País: **Italia, Francia, Reino Unido, Suiza**
Dirección y Guion: **Paolo Sorrentino**
Fotografía: **Luca Bigazzi**
Montaje: **Cristiano Travaglioli**
Música: **David Lang**
Diseño de producción: **Ludovica Ferrario**
Vestuario: **Carlo Poggioli**
Intérpretes: **Michael Caine, Harvey Keitel, Rachel Weisz, Paul Dano, Jane Fonda, Tom Lipinski, Poppy Corby-Tuech, Madalina Ghenea**
124 minutos
Distribuidora DVD: **Vértigo**
Estreno en España: **22.1.2016**

Filmografía de Paolo Sorrentino como director

- *La juventud* (*Youth*, 2015).
- *La gran belleza* (*La grande bellezza*, 2013).
- *Un lugar donde quedarse* (*This Must Be the Place*, 2011).
- *Il divo* (2008).
- *El amigo de la familia* (*L'amico di famiglia*, 2006).
- *Las consecuencias del amor* (*Le conseguenze dell'amore*, 2004).
- *L'uomo in piú* (2001).

La mirada melancólica de Ballinger se refuerza con imágenes simbólicas como ésta.

FUENTES

- FELLINI, Federico. (1960). *La dolce vita*. Italia: Riama Film.

- KOCH, Tommaso (2016). *Para hacer buen cine hace falta cinismo*. 25 Dic. Recuperada de <http://elpaissemanal.elpais.com/documentos/paolo-sorrentino/>

- LANG, Fritz. (1927). *Metropolis*. Alemania: Universum Film (UFA).

- MARTÍNEZ, Luis (2016). *Maradona es el mundo antes de cualquier cosa*. 21 Ene. Recuperada de <http://www.elmundo.es/papel/pantallas/2016/01/21/569f7ac6e2704ee5448b45d7.html>

- SALVÁ, Nando (2016). *La gente joven me irrita bastante*. 23 Ene. Recuperada de <http://www.elperiodico.com/es/noticias/ocio-y-cultura/entrevista-paolo-sorrentino-juventud-4839787>

- YÁÑEZ, Manu (2015). *La misión del cine es la exploración y renovación del concepto de deseo*. 17 Dic. Recuperada de <http://www.fotogramas.es/Peliculas/La-juventud/Paolo-Sorrentino-La-mision-del-cine-es-la-exploracion-y-renovacion-del-concepto-del-deseo>

La llegada (Dennis Villeneuve)
CLAUDIO SÁNCHEZ DE LA NIETA

Hay directores de cine que parecen abonados a acrecentar su prestigio mientras ven como cineastas más mediocres acumulan los premios importantes. A sus 49 años, el canadiense Denis Villeneuve ha sido nominado a los Oscar dos veces (por *Incendies* y *La llegada*), a los BAFTA, seleccionado oficialmente en los festivales de Cannes, Venecia, San Sebastián… Siempre ha sido el mejor de los perdedores. La gran ventaja de los verdaderos autores es que el tiempo siempre juega a su favor.

Desde que se estrenó en el Festival de Venecia de 2016, *La llegada* no ha dejado de acumular afirmaciones grandilocuentes de críticos de cine de todo el mundo. Y junto a esa admiración, hay una cierta confianza en que este director sea capaz de hacer algo grande con uno de los proyectos más temidos de Hollywood: *Blade Runner 2049*, la secuela del clásico de Ridley Scott, con Ryan Gosling y Harrison Ford como protagonistas.

El temible siglo XXI

El cine siempre ha sido un medio excepcional para las historias sobre el futuro. Ningún medio de expresión tiene tantos instrumentos para hacer creíble cualquiera de los mundos posibles. Pero con el siglo XXI llegó un gran problema: el futuro ya había llegado. Ya existía internet, la llegada a la Luna, a Marte, la realidad virtual... El pilar de la ciencia-ficción moderna (*2001: Una odisea del espacio*; Stanley Kubrick, 1968) se refería a un año ya superado y las dudas sobre hacia dónde tenía que dirigirse este género hicieron mucho daño a la industria. La degeneración de las sagas más brillantes del último tercio del siglo XX (*Alien, Matrix, Terminator, Star Wars*) era incuestionable. En esta primera década del segundo milenio es difícil destacar películas de ciencia-ficción con una cierta proyección más allá de cuatro títulos esenciales: *Inteligencia Artificial* (2001) y *Minority Report* (2002), ambas de Steven Spielberg, *Hijos de los hombres*, de Alfonso Cuarón (2006), y *Wall·E*, la obra maestra de Pixar, dirigida por Andrew Stanton en 2008.

2010, una nueva era

Cuando Kike Maíllo salió a recibir el Goya a la mejor película revelación por *Eva*, en el año 2012, hizo un *speech* de lo más significativo. Parafraseando a Alfonso Guerra, afirmó que "ganamos mundiales de fútbol, hacemos películas de ciencia-ficción... Este país no lo conoce ni la madre que lo parió". España estaba perdiendo el miedo al género con películas tan creativas como la citada *Eva*, *Extraterrestre*, de Vigalondo, o *Verbo*, de Chapero-Jackson, todas ellas rodadas en 2011. También en televisión, la serie *El Ministerio del Tiempo* (Pablo y Javier Olivares, 2015-2017) suponía una novedad oxigenante para la ficción en España y Europa.

No es un dato puntual. La segunda década del siglo XXI ha sido más sugerente que su precedente gracias a películas como *Origen* (Christopher Nolan, 2010), *Monsters* (Gareth Edwards, 2011), *Star Wars: El despertar de la Fuerza* (J.J. Abrams, 2015), *Mad Max: Furia en la carretera* (George Miller, 2015), *Marte (The Martian)* (Ridley Scott, 2015) o *Ex Machina* (Alex Garland, 2015), y series como *Black Mirror* (Charlie Brooker, 2011-2017), *Person of interest* (Jonathan Nolan, 2011-2016), *The leftovers* (Tom Perrotta, 2014-2017) o *Stranger Things* (Matt y Ross Duffer, 2016).

Gravity y *Arrival*, a otra altura

Por encima de todo este brillante elenco están dos películas imponentes: *Gravity* (Alfonso Cuarón, 2013) y *La llegada*. Ambas comparten la centralidad de una historia dramática tan intensa como universal relacionada con la maternidad y la pérdida. Es ciencia-ficción metafísica, pero no hermética, sino dirigida también al gran público tal y como indicaba Villeneuve en una entrevista en 2016:

> "Mi primera versión de la película era más abstracta y decidí hacer cambios. Sentí que tenía que ponérselo algo más fácil al espectador o nadie iba a entender nada. Comprendí que me estaba pasando de listillo. No quiero insultar al público, pero tampoco olvidarme de él".

El tiempo ha dado la razón a Villeneuve y también a Cuarón. Siendo películas de ritmo pausado y acción reducida, han logrado muy buena taquilla. *Gravity* costó 100 millones de dólares y obtuvo 720 en todo el mundo, mientras que *La llegada* tenía un presupuesto mucho más reducido (47 millones) y ha recaudado 200.

Dejo fuera de este nivel superior a *Interstellar* (Christopher Nolan, 2014) porque considero que la película es tan ambiciosa y arriesgada como fallida. Mientras que *Gravity* y *La llegada* aciertan con un discurso visual y narrativo en el que las metáforas quedan perfectamente insertadas, en *Interstellar* las dobles lecturas son demasiado forzadas. Es como si Nolan hubiese querido acercarse al humanismo trascendental de Alfonso Cuarón, pero sin atreverse a soltar del todo la mano del cientificismo de *2001: Una odisea del espacio*, de Kubrick.

El relato de Ted Chiang

La llegada está basada en un relato corto de Ted Chiang (Nueva York, 1967), un informático y escritor de ascendencia china. Aunque su obra literaria es breve, ha alcanzado un gran prestigio al ganar, entre otros, cuatro premios Nébula y cuatro premios Hugo por sus aportaciones a la ciencia-ficción. La película de Villeneuve está basada en el relato *La historia de tu vida*, recogido en el libro homónimo que incluye sus ocho primeros relatos.

Esta colección comienza con una historia titulada *La torre de Babilonia*. Los párrafos finales de esta historia basada en el relato del capítulo 11 del Génesis definen con claridad el deísmo optimista del autor que no reniega de la ciencia humana:

> "Ahora estaba claro por qué Yahvé no había derribado la torre, no había castigado a los hombres por desear llegar más allá de los límites que tenían impuestos: pues el viaje más largo solo les volvería a llevar al lugar del que habían partido. Siglos de su trabajo no les mostrarían más extensión de la Creación que la que ya conocían. Pero a través de su empresa, los hombres tendrían un atisbo de la inimaginable artesanía

de la obra de Yahvé, verían cuán ingeniosamente había sido construido el mundo. Mediante esta construcción, la obra de Yahvé estaba firmada, y la obra de Yahvé quedaba oculta.

De esta forma, los hombres sabrían cuál es su lugar".

En el relato corto de *La historia de tu vida*, Ted Chiang centra el argumento en el lenguaje y los viajes en el tiempo en su vertiente más filosófica. En la entrevista que concedió a Avi Solomon, explicaba el interés que tenía en dar un giro diferente a una temática muy recurrente en la Ciencia-Ficción de la segunda mitad del siglo XX:

"Creo que el libre albedrío es lo que subyace de forma más interesante sobre los viajes en el tiempo. Y cuando digo viajes en el tiempo, incluyo recibir información del futuro. La idea de que puedas crear una paradoja asume que tienes libre albedrío; incluso la idea de múltiples líneas de tiempo lo asume, por que asume que puedes tomar opciones. Siempre ha habido argumentos filosóficos sobre si tenemos libre albedrío o no, pero suelen ser abstractos. El viaje en el tiempo, o conocer el futuro, hace que la cuestión sea muy concreta. Si sabes lo que va a pasar, ¿puedes evitarlo? Incluso cuando una historia dice que no puedes, el impacto emocional surge del sentimiento de que deberías poder".

Eric Heisserer: el guionista imprevisto

La riqueza conceptual del argumento de Ted Chiang se ha mantenido en la película de Villeneuve. Lo curioso es que el origen de esta compleja adaptación cinematográfica esté en el libreto de un guionista poco prometedor. Ya en su película anterior, el director canadiense sorprendió contratando para escribir el guion a un actor secundario (Taylor Sheridan), que nunca había escrito un libreto. Finalmente, el guion de *Sicario* fue de lo mejor de una película brillante, y este año Sheridan ha vuelto a destacar por el libreto de *Comanchería*, con el que ha sido nominado al Oscar al mejor guion original.

Eric Heisserer nació en 1970 y empezó a trabajar en televisión como guionista en 2006, en un episodio de la serie *Stranger Adventures*. Después empezaría a trabajar para el cine en películas como *Pesadilla en Elm Street* (2010), *Destino final 5* (2011), *Horas desesperadas* (2013) y *Nunca apagues la luz* (2016). Ninguno de estos títulos hace fácil entender la confianza de Villeneuve en este guionista, pero la relación entre las dos ha sido muy cercana y enriquecedora para ambas partes. Lo cuenta Eric Heisserer en una entrevista reciente a la web Collider:

"Honestamente, muchas veces en esas reuniones iniciales entre el director y guionis-

La complicidad entre guionista y director se refleja en la película, muy escueta en diálogos.

ta me siento como si se tratase de un intercambio de rehenes en un puente a medianoche. Aparece el director, se lleva el guion como si fuese el niño secuestrado y te advierte de que no vas a volver a verlo. Y que tal vez recuerde tu nombre en el estreno. La reunión apenas dura media hora, recibes el dinero y te olvidas de tu 'hijo'. Pero aquí me senté a tomar un café con Denis y hablamos durante unos 90 minutos de ciencia y filosofía, política e historia, sobre Louise como personaje... Al final dijo: 'Esto fue encantador. Vamos a repetirlo la próxima semana'. Me quedé impresionado. Hicimos esto durante unos dos meses".

La complicidad entre guionista y director se refleja en la película; muy escueta en diálogos, con varias utilizaciones de la voz en *off* de los dos protagonistas muy logradas y significativas, y con una factura visual que impresiona por la imaginación y el detallismo. Solo con las primeras frases de guion, su plasmación visual y la música seleccionada ya queda claro que estamos ante una obra maestra.

Denis Villeneuve: Herencia y novedad

"Solía pensar que este era el principio de tu historia. La memoria es extraña. No funciona como yo pensaba. Estamos tan limitados por el tiempo". El plano secuencia recorre lentamente la habitación de la doctora Louise Banks, experta filóloga norteamericana que recibe la llamada del Pentágono para traducir los mensajes encriptados de los alienígenas que acaban de llegar a la Tierra. Las vistas al mar, la niebla, el amanecer... Todos estos elementos tienen un significado muy concreto: definen a un personaje que pasa muchas noches en vela intentando reconstruir el pasado, dando un significado al paso del tiempo.

Las primeras frases de la película recuerdan al estilo narrativo de una de las novelas más reconocidas del escritor norteamericano Cormac McCarthy: *La carretera*. Afirmaciones que podían terminar en puntos suspensivos y que tocan las teclas principales de la literatura del Premio Pulitzer: tiempo, dolor, memoria y muerte.

En los siguientes planos, Villeneuve no tiene ningún problema en ser claramente referencial. En este caso la influencia de *El árbol de la vida*, de Terrence Malick (2011), es evidente. Una madre acariciando a su recién nacido. Vemos su mirada, su ternura y el anillo de compromiso. Ella se apoya en su pecho, le coge de la mano, casi parece que está rezando mientras le contempla al dormir. Alguien coge al bebé (un personaje al que vemos borroso, es un anónimo, al fin y al cabo no es su madre). En seguida el niño empieza a llorar. La madre comprensiva vuelve a solicitarle serenamente: "No. Vuelve conmigo. Vuelve conmigo".

El bebé crece y la niña va vestida de vaquera y juega inocentemente con su madre. Ahora hay más luz, pero el mar sigue estando al fondo, como recordando la universalidad del argumento. El plano de la madre mirando a su hija, de espaldas a cámara, mostrando en primer plano el cuello de la actriz, parece el de Jessica Chastain en *El árbol de la vida*. Ese cuello tan importante en el lenguaje visual de Malick porque se refiere al asidero principal de un hijo en su etapa de crecimiento más vulnerable.

Toda esta riqueza visual y dramática sería imposible si la protagonista no tuviese la variedad de registros y la capacidad interpretativa de Amy Adams (Venecia, 1974). No hay duda que se trata de una de las mejores actrices de su generación, seleccionada cinco veces en la carrera final de los Oscar y sorprendentemente olvidada en las nominaciones de 2016 después de realizar dos trabajos soberbios en *La llegada* y *Animales nocturnos*. En *La llegada* su personaje equilibra fortaleza, carácter, ternura, sabiduría y liderazgo en un mundo dominado por hombres (algo que ya le sucedía a Emily Blunt en *Sicario*).

Signos en la niebla

Denis Villeneuve siempre ha utilizado la imaginación del espectador como principal propulsor de sus películas. Si en *Prisoners* y *Sicario* recurrió al fuera de campo para generar tensión en el espectador, en *La llegada* el instrumento más utilizado es la niebla y los perfiles borrosos para transmitir ese estado de incertidumbre ante lo que supera el conocimiento humano. Así lo vemos en las nubes que envuelven las originales naves espaciales, el interior de las cámaras de aislamiento de los alienígenas, la base de intercomunicación con los humanos (un prodigio de diseño de producción), la indefinición significativa en los perfiles de los personajes que hemos comentado al analizar la primera escena.

Villeneuve reconoce abiertamente la influencia de *Encuentros en la tercera fase* (Steven Spielberg, 1977) en *La llegada*. Si en el final de esa película la niebla, las luces de colores de la nave y las notas musicales eran los elementos fundamentales, en esta ocasión el protagonismo lo tienen los heptapodos que apenas vislumbramos y su peculiar grafismo. La originalidad del diseño de los alienígenas y su lenguaje no se muestra hasta el último tercio de la cinta. Otro logro más en el estilo gótico que alcanza la película gracias al acierto del inseparable diseñador de producción de Villeneuve: Patrice Vermette (nominado a dos Oscar por *La reina Victoria* y *La llegada*).

Jóhannsson y Richter en primer plano

Prueba de la enorme responsabilidad que tiene la música en *La llegada* es que se convierte en varios momentos en protagonista absoluta de la narración. Destaca la irrupción del tema coral *Heptapod B*, del compositor islandés Jóhann Jóhannsson, otro socio innegociable de Villeneuve. La variedad de voces que se solapan de manera aparentemente caótica acaban armonizándose en una única melodía. De esta manera, el compositor explica una de las claves de la película: la necesidad de un lenguaje común para poder comunicarse con los invasores.

El músico alemán Max Richter (Hamelin, 1966), destacado en los últimos años por su trabajo en series como *The leftovers* o *Black Mirror*, incluye un tema que abre y cierra la película de manera magistral. *On the nature of Daylight* es de esas melodías de violín que logra transmitir el espíritu de la película, melancólico y esperanzado, trascendente y cercano.

ARRIVAL (2016)
País: **EE.UU.**
Dirección: **Dennis Villeneuve**
Guion: **Eric Heisserer**
Fotografía: **Bradford Young**
Montaje: **Joe Walker**
Música: **Jóhann Jóhannsson, Max Richter**
Diseño de producción: **Patrice Vermette**
Vestuario: **Renée April**
Intérpretes: **Amy Adams, Jeremy Renner, Forest Whitaker, Michael Stuhlbarg, Mark O'Brien, Tzi Ma**
116 minutos
Distribuidora DVD: **Sony**
Estreno en España: **18.11.2016**

Filmografía de Dennis Villeneuve como director

- *Blade Runner 2049* (2017).
- *La llegada* (*Arrival*, 2016).
- *Sicario* (2015).
- *Enemy* (2013).
- *Prisioneros* (*Prisoners*, 2013).
- *Incendies* (2010).
- *Polytechnique* (2009).
- *Maelström* (2000).
- *Un 32 août sur terre* (1998).

En la parte final de la película, el protagonismo es de los heptapodos y su peculiar grafismo.

FUENTES

• CHIANG, Ted (2015). *La torre de Babilonia*, relato incluido en la colección *La historia de tu vida*. Editorial Alamut.

• Entrevista a Eric Heiserer de Adam Chitwood para la web de cine norteamericana Collider.com el 13 de febrero de 2017.

• Entrevista a Ted Chiang de Avi Solomon en la web de ciencia-ficción norteamericana Boingboing.net el 22 de julio de 2010.

• Entrevista a Denis Villeneuve de Nando Salvá en El periódico.com el 17 de noviembre de 2016.

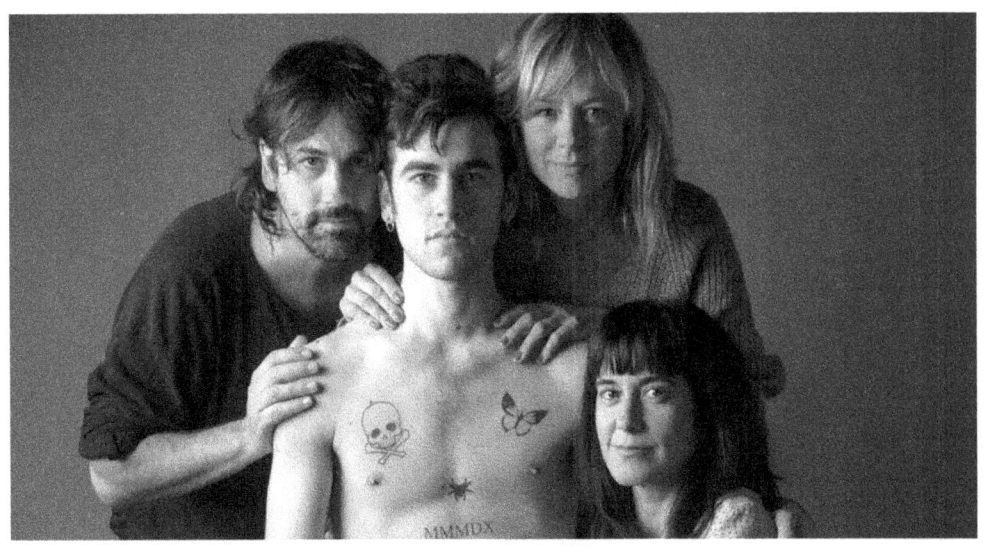

La próxima piel (Isa Campo, Isaki Lacuesta)
LAURA POUSA

Cuando el presente usurpa el pasado, las historias se acomodan formando una arqueología textual y narrativa que las convierte en un palimpsesto de características dramáticas plagadas de significados ocultos. Este es el caso de *La propera pell*[1], el largometraje de ficción dirigido por Isa Campo e Isaki Lacuesta en el que Léo, un joven que vive en un centro de menores es identificado como Gabriel -un niño que había desaparecido ocho años antes en las montañas catalanas- y vuelve a casa para ser (re)conocido y recuperado por su familia.

Desde una perspectiva naturalista, la película ofrece una reflexión sobre el pasado, sobre la memoria y sobre cómo la modulación de los recuerdos logra asentar nuevas realidades vitales, y cinematográficas, premeditadamente. Un planteamiento autoral que bien podría enlazar con otros trabajos de los directores en los que, desde propuestas documentales, han abordado cuestiones donde el propio proceso de comprensión de sus personajes forma parte esencial del relato de sus películas. Las indagaciones, derivas y ensoñaciones que realizaron alrededor de la figura del poeta y boxeador Arthur Cravan en el largometraje *Cravan vs. Cravan* (2002), la aproximación cinéfila a la figura de Ava

---

[1] *Reconocida como mejor película en los Premi Gaudí 2016, con el premio especial del jurado en el Festival de Málaga, además del Goya como mejor actriz para Emma Suárez, entre otros.*

Gardner en *La noche que no acaba* (2010)[2], de François Augièras en *Los pasos dobles* (2011), así como el acercamiento espectacular al universo de Miquel Barceló en *El cuaderno de barro* (2011) -desde una perspectiva melodramática, que diría Catalá (2014:6)- son un ejemplo de esta forma de lidiar con un pasado mostrado y artificialmente reconstruido que esconde, a su vez, un presente capaz de ser replanteado. En estos largometrajes -Lacuesta como director y Campo como coguionista de los dos últimos- imaginan y ensayan historias elaboradas a partir de la fascinación por estas personalidades diferenciadas, por el interés por lo que no conocen de ellas (ni conocerán) y por lo incomprensible y misterioso de sus mundos. Sus narraciones se convierten así en una nueva forma de apelar a la memoria desde la imaginación y la intuición, sin que la idolatría ni su propia cinefilia les desvíe de la voluntad del hecho artístico.

Espectros narrativos

Como complemento teórico a una de las propuestas conceptuales de *La propera pell*, que consiste en crear recuerdos para enterrar fantasmas, resulta interesante recordar los apuntes que Isaki Lacuesta hacía en uno de los capítulos del libro *Doc 21. Panorama del reciente cine documental en España*, sobre el cine contemporáneo realizado en nuestro país.

> "Las cuentas pendientes, las heridas abiertas o el propio talante de los sujetos filmados han hecho que los momentos más memorables del cine español contemporáneo se hallen precisamente en aquellas escenas en las que el pasado emerge con fuerza de entre los cuerpos del presente" (LACUESTA, 2009:36)

Aludiendo de nuevo al palimpsesto y a la poética de las figuras fantasmagóricas que nos rondan en eterno tránsito entre dos mundos y dos tiempos, el texto de Lacuesta invita a asumir nuestro pasado, a lidiar con él y a definir una identidad que nos permita avanzar en el tipo de cine que queremos ser y hacer. Este acto intelectual y militante, planteado de nuevo desde una propuesta documental -"el documental español es una casa con fantasma" (LACUESTA, 2009:36)-, supone la reivindicación de la obra cinematográfica no solo desde una perspectiva de creación, sino también desde otra historiográfica y desde una noción del yo, que también implica un nosotros.

Podemos decir por tanto que, igual que ocurre en el largometraje de ficción *Los condenados* (2009), dirigido por Lacuesta y con Campo como coguionista, el propio argumento de *La propera pell* esconde un compromiso con la memoria que deviene en

---

[2] *A propósito de la cinefilia, señalamos el análisis que realiza Belén Vidal sobre la obra de Isaki Lacuesta y José Luis Guerín titulado "The cinephilic citation in the essay films by José Luis Guerin and Isaki Lacuesta".*

posicionamiento ideológico en torno a los propios significados de la representación audiovisual. Tanto en *Los condenados* como en *La propera pell*, el recuerdo y el olvido pivotan una ficción donde los muertos están presentes guiando y dando sentido a una narración que quiere ir más allá de lo contado.

Por eso, en la explicación que los guionistas[3] ofrecen sobre cómo construyeron la historia de Léo, encontramos la siguiente afirmación: "Quisimos explorar lo que le podía pasar a alguien que tiene la oportunidad de iniciar una nueva vida sin el lastre del pasado, de construirse de nuevo. Y ver si esto realmente es posible o no"[4]. En una de las primeras secuencias de la película, antes de que Léo decida ir (volver) a casa de Ana (su madre), se plantea este conflicto de la siguiente manera:

3. TEJADO CENTRO DE MENORES (FRANCIA). EXT/D.

MICHEL y LEO/GABRIEL están sentados sobre el tejado del edificio, abajo, los chicos les miran expectantes.

Pasan unos segundos. LEO/GABRIEL tiene el cuerpo en tensión mientras mira hacia abajo. Junto a él, MICHEL resopla casi sin aliento, como si hubiera subido a toda velocidad.

MICHEL
(En francés toda la secuencia) ¿Qué? ¿Saltas o hablamos?

LEO/GABRIEL se muestra muy descolocado y perdido.

LEO/GABRIEL
Ya no quiero hacerme las pruebas...

MICHEL
Llevamos dos años buscando, ¿y ahora que encuentro a tu madre te asustas? Genial.

GABRIEL mira abajo. Como tanteando el vacío. Michel trata de adivinar.

LEO/GABRIEL
No soy él.

"No soy él". Esta aseveración es la premisa, el motor dramático que sustentará la trama y que condicionará las relaciones entre los personajes y, por tanto, la historia de la película: Léo se convierte en Gabriel, el hijo de Ana. Aunque, en realidad, también podríamos decir que Léo decide jugar a ser Gabriel. Por eso, en esta misma secuencia,

---

[3] Fran Araújo se sumó al proceso de escritura después de que Isabel Campo e Isaki Lacuesta llevaran ocho años trabajando la historia sin lograr el equilibrio entre el drama realista y el thriller de suspense que querían. Lo consiguieron en la décima versión.

[4] Texto firmado por Fran Araújo, Isa Campo e Isaki Lacuesta titulado "Origen de La propera pell", como introducción al guion publicado con colaboración de Ocho y medio (p. 6).

después de que el personaje asuma su miedo, acepte el reto que le propone Michel y decida tener una familia, termina preguntando: "¿Cómo se supone que me llamo?".

Al igual que en *Cravan vs. Cravan*, la idea del doble o del personaje-fantasma se convierte en una presencia que acecha. Sin cuerpo no se puede demostrar su muerte y, en el fondo, tampoco su vida (IGLESIAS, 2012: 43). Nos encontramos por tanto ante un engaño (o autoengaño), ante una simulación, un juego, un camuflaje[5] y, en términos narrativos, ante un nuevo tipo de representación. Léo construye una ficción sobre su vida apropiándose de la identidad del niño que pudo haber sido. Esto le lleva a redefinir un pasado prestado mediante los recuerdos fragmentados de otros y mediante verdades y medias verdades. La amnesia disociativa, que al principio de la película nos dicen que sufre Léo, se convierte en la excusa dramática del personaje para crear su gran mentira. Una mentira que esconde traumas, los que imaginamos que tiene Léo, y los que descubrimos que tendría Gabriel al confirmar que su padre era un maltratador.

Emociones y cuerpos congelados

La fotografía de un paisaje nevado es lo que los guionistas de *La propera pell* consideran una imagen matriz que ayuda a determinar el tono, el ritmo, la poética y los espacios emocionales de la historia. El lugar donde vive Ana -un pequeño pueblo de cazadores ubicado en Sallent de Gállegos- es una localización natural en la que todo parece haberse mantenido gracias al frío y a un espíritu conservador donde la resignación, la desesperanza y la muerte habitan. "Un lugar al que puede llegar nuestro personaje y donde todo le sea hostil, donde todo el pasado allí congelado no le deje vivir libremente, porque en los pueblos pequeños el pasado (como el famoso infierno) son los otros. Aquellos que te conocen mejor que tú mismo"[6].

Frente a esta realidad en la que el frío intenso obliga a los cuerpos a ser cubiertos escondiendo sus cicatrices, la proyección de las grabaciones en vídeo de las vacaciones familiares de Ana, Léo y su padre, hacen que un verano en la playa se convierta en una realidad consumible y enlatada, es decir, en la mayor de las ficciones. "Antes te parecías más a mí", le dice Ana a Gabriel, entre la ingenuidad y la provocación. Curiosamente, esta afirmación encuentra respuesta en una escena posterior del tercer acto de la película. Como si se tratara de un contraplano dramatúrgico, en plena fiesta, bailando

---

[5] *En el diálogo fílmico que Isaki Lacuesta mantuvo con Naomi Kawase recogido en "Todas las cartas. Correspondencias fílmicas", el director hace mención a "El arte de camuflarse" como parte de una expresión artística que establece la relación entre lo real y la fábula.*

[6] *Párrafo que pertenece al texto escrito por los guionistas que encontramos en la página 8 del guion editado de "La propera pell".*

El paisaje helado ayuda a representar la soledad y fragilidad emocional de los personajes.

una canción en la que el estribillo "hace calor" se repite insistentemente, Léo le pregunta a Ana: "¿Me quieres? ¿Cómo antes?".

90. PENSIÓN RESTAURANTE GLÒRIA. INT/NOCHE
[...]

GABRIEL
(Cat) ¿Te acuerdas?

GABRIEL insiste mirándola a los ojos un instante, como queriéndose asegurar de que ella entiende lo que él está haciendo.
ANA le sonríe y decide seguirle el juego.

[...]

GABRIEL
(Cat) Sí, yo no podía caminar. ¿Y luego qué hicimos?

ANA
(Dubitativa) Comimos aquel pulpo en la cala de al lado...

GABRIEL
(Cat) Y me castigaste porque bebí tu cerveza. ¿Te acuerdas?

GABRIEL sonríe.

ANA
(Un poco azorada ya por el juego) De tanto no me acuerdo...

GABRIEL
(En castellano por primera vez) ¿Me quieres?

ANA asiente. Sus ojos reflejan amor y fragilidad.
GABRIEL se aparta un poco para mirarla bien e insiste, quiere ver cómo salen las palabras de su boca.

GABRIEL
¿Como antes?

ANA asiente un poco más alterada.
GABRIEL sonríe feliz, como si ya hubiera conseguido todo lo que ansiaba tener en la vida. GABRIEL se abraza de nuevo a ANA. Siguen bailando.

El "antes" se convierte así en un abismo ficcional, en un pasado borrado sobre el que se vuelve a escribir la historia de sus vidas con un único fin: la felicidad. Juntos, Ana y Léo, proyectan la idea de un futuro mejor en un lugar lejos del intenso frío que sirve como contrapunto emocional a tanto sufrimiento. La idealización videográfica de aquel verano en familia forma parte del juego de autoengaño, del deseo de que todo cambie y de la necesidad de que la mentira se convierta en verdad. Así, con este nuevo palimpsesto, la invención de los recuerdos surge de manera espontánea entre los personajes estableciendo las bases de un pacto que se concentra en esta emocionante escena. En ella, reside la esencia de la película. Ahora no solo Léo decide ser el hijo de Ana, Ana también ha tomado la decisión de convertirse en su madre.

Esta unión artificiosa esconde además la idea de un cortejo clásico y heterosexual que, sin llegar a evidenciarse, posibilita la idea de un futuro donde los personajes llegarían a huir a lo *Bonnie and Clyde* saltándose lo establecido, mientras el drama incestuoso de *Un soplo en el corazón* (*Le souffle au coeur*, Louis Malle, 1971) late como parte de una variación imaginada. Así, mientras esta huida de tintes trágicos se proyecta más allá de la película, las relaciones sexuales que Léo/Gabriel tiene con Joan y las que Ana tenía con Enric[7] estructuran la historia a través de unos vínculos corporales cargados de secretos e imposturas familiares donde los diferentes idiomas (catalán, francés, español) conviven y matizan las relaciones y las identidades. Poco a poco, la imagen

---

[7] Enric es el tío de Léo (hermano de su padre) y Joan es el hijo de Enric.

del hielo y del deshielo toma fuerza como elemento fundamental que estructura la película mediante formas dramáticas que mutan. Del mismo modo que en la primera secuencia vemos cómo la materia cambia de estado y el hielo se convierte en agua, podemos decir que *La propera pell* evoluciona convirtiéndose en la historia de unos cuerpos (unas mentes) que juntos se transforman para asumir una nueva forma o concepto vital en la que radica el deseo (la ficción imaginada de Ana y de Léo) de empezar una nueva etapa lejos del frío, cerca del mar.

LA PROPERA PELL (2016)
País: **España**
Dirección: **Isa Campo, Isaki Lacuesta**
Guion: **I. Campo, I. Lacuesta, Fran Araújo**
Fotografía: **Diego Dussuel**
Montaje: **Domi Parra**
Música: **Gerard Gil**
Diseño de producción: **Xavier Resina**
Vestuario: **Laura Gasa, Olga Rodal**
Intérpretes: **Emma Suárez, Sergi López, Álex Monner, Greta Fernández, Mikel Iglesias, Bruno Todeschini**
103 minutos
Distribuidora DVD: **Betta Pictures**
Estreno en España: **21.10.2016**

Filmografía de Isa Campo como directora

- *La próxima piel* (*La propera pell*, 2016).

Filmografía de Isaki Lacuesta como director (últimas 10 películas)

- *Besar-te com un home* (2016).
- *La próxima piel* (*La propera pell*, 2016).
- *Muricron por encima de sus posibilidades* (2014).
- *El movimiento perpetuo* (*El moviment perpetu*, 2013).
- *El cuaderno de barro* (2011).
- *Los pasos dobles* (*Els passos dobles*, 2011).
- *La noche que no acaba* (2010).
- *Los condenados* (2009).
- *Sinergias: Diálogos entre Naomi Kawase y Isaki Lacuesta* (2009).
- *Las variaciones Marker* (2008).

FUENTES

• CATALÁ, Josep M (2014). *Melodramatic Thought in Contemporary Spanish Documentaries. Hispanic Research Journal. Iberian and Latin American Studies*, Volume 15, issue 1, pp.61-74.

• IGLESIAS, Eulalia (2012). *Variaciones en torno a un cuerpo: identidad y ausencia en el cine de Isaki Lacuesta* en Fernández Guerra, Vanesa; Gabantxo Uriagereka, Miren (eds.) *Territorios y fronteras. Experiencias documentales contemporáneas*. Bilbao: Universidad del País Vasco.

• *La próxima piel*. Guion editado en colaboración con Ocho y medio.

• LACUESTA, Isaki (2009). *En medio de los días (Notas sobre algunas cuestiones del cine contemporáneo)* en Sánchez Alarcón, Inmmaculada y Díaz Estévez, Marta, Doc 21. *Panorama del reciente cine documental en España*. Girona: Luces de Gálibo.

• VIDAL, Belén (2015). *Journal of Spanish Cultural Studies*, nº15, 2014, issue 3, pp 373-393.

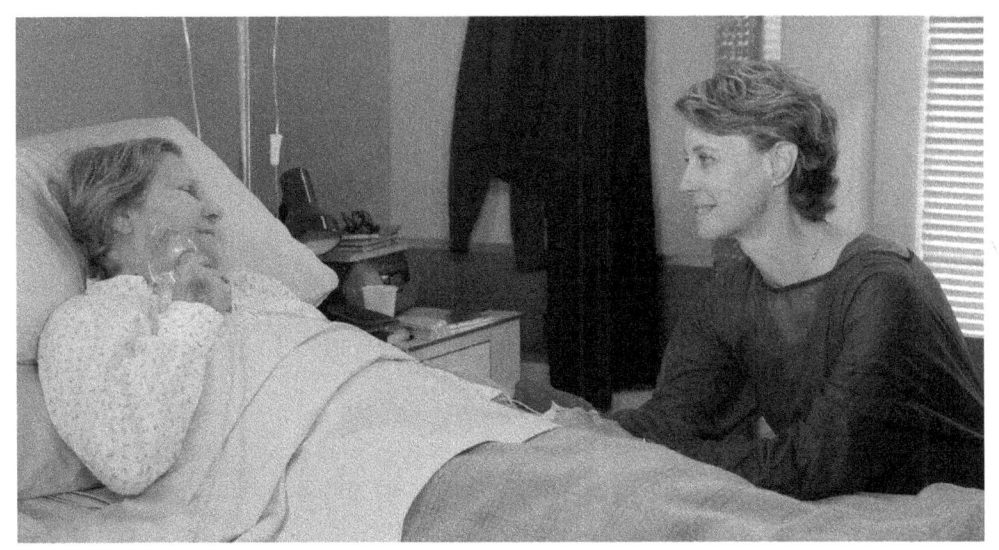

Mia madre (Nanni Moretti)
JUAN LUIS SÁNCHEZ

Intelectual de izquierdas, sus películas trascienden los tópicos, interesan a un amplio espectro de público, más allá de la barrera ideológica. Hace gala de un estilo bastante personal, que en cierta manera recuerda a Woody Allen en versión italiana, pues como el "geniecillo neoyorquino" abunda en elementos autobiográficos en sus obras. El realizador Nanni Moretti se caracteriza por su humor sarcástico e irónico, con el que suele abordar temas sociales. Capaz de dirigir comedias hilarantes y dramas desgarradores, está considerado a nivel internacional uno de los mejores realizadores de su país en la actualidad.

Nacido en Brunico (Bolzano), tras pasar su infancia en Roma, en la adolescencia practica el waterpolo y se convierte en un apasionado del séptimo arte. Debuta como realizador en 1973, con el corto *La sconfitta* (*La derrota*), donde ya empieza a desarrollar sus señas de identidad, narrando la crisis de un militante de mayo del 68. En 1976 los hermanos Taviani le ofrecen un papel como actor en *Padre Padrone*, y ese mismo año dirige *Io sono un autarchico* (*Soy un autárquico*), con un reparto encabezado por él mismo. Interpreta por primera vez a Michele Apicella, personaje que aparecerá en otros cuatro filmes, *Ecce Bombo* (1978), *Sogni d'oro* (1981), *Bianca* (1984) y *Palombella rossa* (1989). Con ellos comienza a conquistar el favor de la crítica, y tiene éxito en las salas de cine.

En su filmografía llama la atención la singular *La misa ha terminado* (1985), donde, a pesar de declararse ateo, se muestra bastante respetuoso con la Iglesia Católica. Interpreta a un sacerdote que sale de la comodidad de una remota isla cuando le destinan a la gran ciudad, lo que le hace enfrentarse a una pequeña crisis.

Su consagración internacional le llega con *Caro diario* (1993), filme autobiográfico que consta de tres segmentos, con el que se hizo con el premio al mejor realizador en Cannes. Tras la llegada al poder de Silvio Berlusconi, se implica más que nunca en política, convirtiéndose en coordinador de *L'unico paese al mondo*, que consta de nueve capítulos muy críticos con Il Cavaliere, el último de ellos dirigido por el propio Moretti.

Su cine gana en interés al convertirse en padre, con *Abril* (1998), donde se interpreta a sí mismo cuando está a punto de nacer su bebé, en el momento en el que la coalición de centro-izquierda liderada por Romano Prodi está a punto de ganar las elecciones. Aumenta su interés por la temática familiar, y también por la desaparición de los seres queridos. De esta forma, la sentida *La habitación del hijo* (2001), posiblemente su mejor trabajo, indaga en el dolor de un matrimonio de clase alta que pierde a su vástago en un accidente. Con este título obtuvo la Palma de Oro en el Festival de Cannes.

A continuación protagonizó *Caos calmo* (2008), de Antonello Grimaldi, y dirigió *El caimán* (2006), inspirándose en la figura de Berlusconi, y *Habemus Papam* (2011), con Michel Piccoli como cardenal francés abrumado tras ser elegido Pontífice. Llevaba cuatro años sin entregar un nuevo largometraje cuando ha rodado *Mia madre* (2015), que compitió en la sección oficial de Cannes, donde ganó el Premio del Jurado Ecuménico. En los David di Donatello, los más importantes del cine italiano, obtuvo 10 candidaturas, alzándose victoriosa en dos, actriz principal (Margherita Buy) y secundaria (Giulia Lazzarini).

Sinopsis de *Mia madre*, los problemas se acumulan

El filme vendría a ser el reverso de *La habitación del hijo*, pues aquí una hija se enfrenta a la muerte de su madre.

Margherita, realizadora de cine separada, con una hija adolescente, Livia, atraviesa un mal momento porque se acaba de separar de Vittorio, su pareja. Cineasta de profesión, rueda un drama social sobre la llegada a una fábrica de un nuevo patrono, donde quiere reflexionar sobre el modo en el que la crisis económica afecta a las personas de todas las clases sociales. Mientras tanto, Ada, su anciana madre, profesora de lenguas clásicas tan apreciada que incluso sus antiguos alumnos van a visitarla, ingresa en el hospital, después de que los médicos le diagnostiquen una enfermedad terminal.

Tras asumir la noticia, Giovanni, el otro hermano, se empeña en cuidar a Ada, pero Margherita no acaba de aceptar la realidad, y pierde la serenidad. Además de que se le acumulan las complicaciones de su trabajo, debe lidiar con Barry, un actor estadounidense que se comporta como un divo, pero que tiene problemas para aprender sus frases en italiano.

Autorreferencias a mansalva

De nuevo el guion está lleno de referencias autobiográficas; de hecho, Moretti dedica el filme a su madre, también profesora de letras, fallecida precisamente durante el rodaje de *Habemus Papam*. "Cualquier historia es autobiográfica", ha dicho. "Hablaba de mí mismo cuando me refería a la sensación de ineptitud del Papa, al que da vida Michel Piccoli, en *Habemus Papam*, o también cuando escenifiqué las historias personales y el trabajo de Silvio Orlando en *El caimán*. Más que intentar medir el nivel autobiográfico, se trata de dar un enfoque personal a cualquier historia".

Quizás por la dureza del tema central, la muerte de una madre, ha preferido poner algunas distancias, sobre todo colocando como protagonista a una mujer, no poniéndose esta vez él mismo. A pesar de que el personaje central tiene grandes dosis de sí mismo, Moretti acierta al asignárselo a la excelente actriz Margherita Buy, con la que ya había trabajado anteriormente en *El caimán* y *Habemus Papam*. "Nunca pensé en interpretar el papel principal de esta película. Hace algún tiempo que ya no lo hago y me alegro mucho", explica el realizador. "Antes me divertía; ahora he superado la idea fija de ir construyendo mi personaje película tras película. Siempre imaginé a una mujer, a una realizadora, a la que interpretaría Margherita por una sencilla razón: una película con Margherita Buy de protagonista siempre será mejor que una película conmigo en el primer papel. Es mucho mejor intérprete que yo. En este caso, ha llevado todo el peso del rodaje. De los 70 días que duró, solo faltó uno porque yo había cortado la escena".

En cualquier caso, se trata de un relato muy universal, pues pocos espectadores que hayan vivido la pérdida de su madre no se sentirán identificados con las distintas situaciones. "En *La habitación del hijo*, exorcizaba el miedo. Aquí hablo de una experiencia que ha compartido mucha gente", explica Moretti. "La muerte de una madre es una etapa importante en la vida y he querido contarla sin sadismo alguno hacia los espectadores". El momento en el que su progenitora le abandonó fue muy similar al que vive la protagonista del filme, pues se encontraba dirigiendo. "Cuando se rueda una película, no se hace nada más, uno está totalmente metido dentro. Se trabaja en los diálogos, la puesta en escena, el montaje, así que los dramas de la vida personal no nos golpean con la misma fuerza. Incluso cuando sobreviene algo tan grave como el fallecimiento de un familiar, tiendo a creer que un director que está trabajando en su nuevo proyecto sigue estando un poco aislado".

Reseña de *Mía madre*, un filme sentido

Uno de los mejores trabajos de Moretti, que demuestra su enorme humanidad a la hora de representar en la pantalla los momentos más duros de la vida, pero aporta cierto optimismo. *Mia madre* no tiene un tono tan solemne como *La habitación del hijo*, pues en esta ocasión se fusionan los llantos con las risas. El grueso del largometraje está conformado por la parte dramática, donde desarrolla la enfermedad materna, pero se incluyen contrapuntos humorísticos con los que trata de oxigenarla, se viene a decir que la vida es difícil, pero también hay que saber valorar los momentos divertidos.

Éstos se estructuran sobre todo en torno al personaje de John Turturro, con algunos momentos impagables; funciona muy bien su retrato del actor con exceso de ego, en el contexto del filme que dirige la protagonista. Como tema secundario, tiene gran interés el tratamiento del cine dentro del cine, explicando la dureza del oficio de realizador, muy en la línea de *La noche americana*, de François Truffaut. A los cinéfilos les encantará la reconstrucción de un rodaje, con escenas como aquélla en la que John Turturro debe conducir mientras interpreta. En suma, se puede decir que el conjunto fusiona bien drama y comedia como en algunos de sus títulos, por ejemplo en *Caro diario*.

En esta ocasión, los apuntes políticos quedan en un segundo plano. El filme comienza con el enfrentamiento de unos obreros contra la policía; tratan de entrar en su fábrica por el miedo a perder sus puestos de trabajo. Pronto descubrimos que una mujer ordena que corten, estamos en una filmación. Pero aunque esta realizadora, alter ego del propio Moretti, intenta hablar sobre conflictos sindicales en la película que está componiendo, ésta acaba adquiriendo una importancia bastante relativa en relación al problema central. Se diría que en un momento dado solo trabaja en ella por obligación; tiene que terminarla. De esta forma, se eleva la familia sobre todas las cosas. ¿A quién le importa dar un mitin cuando está a punto de quedarse huérfano?

Se aprecia en todo momento que el realizador no tiene pudor ninguno en poner mucho de sí mismo en lo que narra. Todo parece auténtico, como si el italiano quisiera trasladar a sus obras lo que siente, como una forma de afrontar sus propios miedos. El sentimiento de que el realizador está desnudando su alma traspasa la pantalla, sobre todo cuando analiza la frustración del personaje central por no estar dedicándole a su

Moretti se ayudó del diario que él mismo escribió cuando tuvo que hacer frente a esta dura situación.

progenitora el tiempo suficiente, debido a la tiranía del oficio de cineasta. Para componer el guion, Moretti se ha ayudado del diario que él mismo escribió cuando tuvo que hacer frente a esta dura situación. Resultan especialmente auténticos los diálogos cuando hablan de temas intrascendentes, parece que se está asistiendo a la vida misma. En ese sentido llama la atención la excelente conversación totalmente trivial sobre los vecinos inaguantables. Resulta conmovedor el momento en el que el hermano de la protagonista le sirve a la enferma un plato de pasta con un cariño inconmensurable. En todo momento, se esquiva el sentimentalismo fácil con enorme pericia.

La angustia vital se ha convertido en una obsesión para este autor. "No puedo más", clama el cardenal encarnado por Michel Piccoli cuando le eligen contra pronóstico Sumo Pontífice en *Habemus Papam*. Aquí, Margherita repite la frase en un momento dado, cuando se da cuenta de que se le acumulan los problemas. Se diría que el realizador no tiene ninguna respuesta sobre cómo sobrellevarla, sus personajes simplemente la soportan como buenamente pueden. Otro asunto muy bien tratado: la importancia del latín y las lenguas clásicas. "¿Para qué sirve el latín?", pregunta Livia en un momento dado. La realizadora no tiene una respuesta. "Lo he olvidado, estoy segura de que para algo servía". Pero la anciana sí que lo sabe. "El latín sirve para entender que la estructura es más importante que el lenguaje". Parece que Moretti ha aplicado esta lección a su propio cine, aquí tiene más valor lo que se quiere decir que el lenguaje de las imágenes. Se subraya también la importancia de la educación, para entender a los demás, y para poder tomar decisiones con un mayor conocimiento.

De puesta en escena clásica, llama la atención que se realicen continuos saltos temporales, y que se incluyan secuencias que posiblemente no hayan sucedido nunca. En el apartado interpretativo, no solo Buy realiza un trabajo inmenso, como cabe esperar de la actriz que ha brillado en títulos como *Viajo sola*. El citado Turturro se merece también un sobresaliente, en un registro un tanto más irreal, pero acertado, al no llegar a caer en el histrionismo. Pese a que su punto fuerte no es precisamente la interpretación (en este ámbito no traspasa la corrección), el propio Moretti cumple en el rol de Giovanni; sorprende mucho la elección del personaje que se ha autoasignado, el hijo que deja su trabajo para centrarse en exclusiva a estar con su madre, hasta el punto de que desata los celos de su hermana. Niega en las entrevistas que el cine tenga para él una función terapéutica, pero todo indica que, para librarse de sus demonios, se ha construido una creación que se comporta en la ficción como él hubiera querido. La debutante Beatrice Mancini aporta espontaneidad al papel de hija, saliendo airosa de un momento muy intenso, cuando se entera, al estar escuchando casualmente por el teléfono, del fallecimiento de su abuela. Por su parte, Giulia Lazzarini, poco conocida fuera de Italia, ofrece una lección encarnando a la enferma.

MIA MADRE (2015)
País: **Italia**
Dirección: **Nanni Moretti**
Guion: **N. Moretti, Francesco Piccolo, Valia Santella, Gaia Manzini**
Fotografía: **Arnaldo Catinari**
Montaje: **Clelio Benevento**
Diseño de producción: **Paola Bizzarri**
Vestuario: **Valentina Taviani**
Intérpretes: **Margherita Buy, John Turturro, Nanni Moretti, Giulia Lazzarini, Beatrice Mancini, Stefano Abbati, Enrico Ianniello, Anna Bellato**
106 minutos
Distribuidora DVD: **Cameo**
Estreno en España: **22.1.2016**

Filmografía de Nanni Moretti como director (seleccionada)

- *Mia Madre* (2015).
- *Habemus Papam* (2011).
- *El caimán* (*Il caimano*, 2006).
- *La habitación del hijo* (*La stanza del figlio*, 2001).
- *Abril* (*Aprile*, 1998).
- *Querido diario* (*Caro diario*, 1993).
- *Vaselina roja* (*Palombella rossa*, 1989).

Nuestra hermana pequeña (Hirokazu Kore-Eda)

MARÍA CABALLERO

Es posible hacer arte con lo cotidiano, desde seres marginales o familias desestructuradas, asumiendo el abandono o la muerte de seres queridos. El cine japonés desde hace más de medio siglo viene demostrándolo sin paliativos, en una sucesión de directores capaces de revisitar determinados temas sin aburrir nunca al espectador. Es el caso de Kore-Eda (1962), heredero de una tradición cinematográfica que sabe manejar con maestría técnica y sensibilidad lírica.

Un director en un contexto: hablar de la riqueza y calidad del cine oriental es, a estas alturas, una *boutade* innecesaria, como lo prueba el hecho de que al referirse a los cineastas chinos, críticos como Alberto Fijo en su libro *Breve encuentro* consignan hasta seis generaciones a partir de 1905 (2004: 150). Lo hace repasando la cinematografía de Zhang Yimou (Xi'am, 1951) bajo el título "La trayectoria emocional" (2004: 149-163), y desde entonces ha llovido mucho y este magnífico director ha seguido incrementando su carrera. Junto a él, veteranos como el taiwanés Ang Lee (1954), o Wong-Kar-Wai (Shanghai, 1958) y Wayne Wang (1949), radicados en Hong Kong, triunfan a nivel mundial en todo tipo de festivales, con un reconocimiento a veces mayor que el de sus propios países.

Los cerezos en flor imprimen un sello tradicional en el cine de Kore-Eda.

Los japoneses arrastran también una larga tradición cinematográfica que se abre en el siglo XX con nombres ilustres: Mizoguchi (Tokio, 1898-1956), un clásico del cine mudo, rodó más de 70 películas en la década de los 20, la mayoría de ellas perdida. No obstante su trabajo fue reconocido también en el extranjero: *Cuentos de la luna pálida* (1953) ganó el León de Plata en el Festival de Cine de Venecia. Quizá su sello radique en la defensa de la mujer cuyo protagonismo como geisha, esposa, madre e hija es notorio en sus películas, que tantas veces reflejan la trágica situación femenina. Lo rescato precisamente por ello, como marco de *Nuestra hermana pequeña*, un filme de mujeres independientes que viven de su trabajo en un pueblo japonés; algo a años luz del universo femenino de Mizoguchi. Algo que subraya la doble cara de un país occidentalizado a uña de caballo, sin perder del todo sus tradiciones. Es lo que se percibe en la filmografía de Kore-Eda, aunque los críticos insisten una y otra vez en retrotraerla a sus maestros. Para comprobarlo, no hay sino acudir a sus declaraciones en el Festival de San Sebastián con motivo de la presentación de la película. Ante el acoso explícito en este sentido, respondió:

> Ya no puedo más con Ud. ni con el resto de la prensa internacional. Esta vez me he rendido a la evidencia. He hecho una película a la manera de Ozu (CULTURAL El PAÍS, 21-III-2016).

Y es que Ozu (Tokio, 1903-1963) es un referente ineludible en su país, aunque el cáncer le fulminara muy tempranamente, con 63 películas a sus espaldas desde el cine mudo hasta convertirse en el patriarca y modelo de varias generaciones, con títulos de fecunda herencia como *Cuentos de Tokio* (1953). Perfeccionista y meticuloso, defensor de la cámara estática, fue el primer cineasta que ingresó en la Academia de Artes de Japón (1959) y reconocido con una retrospectiva en el Festival de cine de Berlín (1961), a pesar de ser "muy japonés" según algunos. Este toque tan "japonés" es el que ha desaparecido de *Nuestra hermana pequeña*, si bien hay encuadres y ciertos motivos como la explosión de vida y belleza (también de nostálgica caducidad) de los cerezos en flor (ya presente en otros de sus filmes) que le imprimen un sello tradicional.

Algunos críticos occidentales no se contentan con señalar a Ozu, sino que creen ver la impronta de Kurosawa y Naruse... No es el momento de profundizar en los grandes. Y no cabe duda de que la larga vida de Kurosawa (Tokio, 1910-1998) le permitió redondear una carrera brillante e internacional a partir de 1950, con títulos como *La leyenda del gran Judo* (1943), *Rashomon* (1950), *Vivir* (1952), *Los siete samuráis* (1954) o *Dersu Uzala* (1975); así como múltiples premios locales e internacionales que culminan simbólicamente en la concesión del Oscar a su trayectoria profesional (1990). Pero su técnica peculiar al situar la cámara lejos de los actores y combinar varias a la vez, o jugar con lentes de teleobjetivo para aplanar el encuadre, no suele ser habitual en Kore-Eda. Habría que matizar afirmaciones que brotan en el entusiasmo de los festivales...

El rico legado japonés cuajó ya en los 50, como referente último de nuevas generaciones consolidadas a nivel internacional y en las que destacan Miyazaki, Yamada, Kitano... Kore-Eda ha confesado su pasión por el manga y por ello tal vez no sea inoportuno, en esta búsqueda de raíces para el director de *Nuestra hermana pequeña*, recordar la singularidad de Miyazaki (1941), el mejor director de cine de animación, con una acreditada carrera como ilustrador y dibujante de mangas: *Nausicaä del valle del viento* (1984), *La princesa Mononoke* (1997), *El viaje de Chihiro* (2001, ganador del Oso de Oro en el Festival de Berlín), *Ponyo en el acantilado* (2008) y *El viento se levanta* (2013) son la punta del iceberg de una carrera abrumada de premios de la Academia japonesa o internacionales, como el León de Oro de Venecia a toda su trayectoria (2005) y el Oscar honorífico de la Academia de Hollywood (2014). Cine para niños y no tan niños, con temas complejos en torno al ser humano, donde caben los recuerdos de infancia y lo onírico. La estructura narrativa del cuento oriental redondea la belleza de una estética con sello nipón.

No obstante es Yamada (Osaka, 1931) quien creó y dirigió entre 1969 y 1995 la serie *Otoko wa Tsuraiyo* (*Es duro ser un hombre*), el cineasta con el que Kore-Eda establece un juego de correspondencias, no tanto por su homenaje al maestro Kurosawa en *El ocaso del samurái* (2002), como por los muy explícitos a Ozu. El tema familiar e intimista se convierte en una constante de su filmografía: *Una familia de Tokio* (2013), *La casa del tejado rojo* (2014) y *Maravillosa familia de Tokio* (2016). Por cierto que el reconocimiento internacional de Yamada no impide el de sus compatriotas que, al menos por tres veces, le han otorgado el premio de la Academia de Japón al mejor director.

Por último y sin ánimo de exhaustividad, para acercarse al cine de Kore-Eda el espectador debería tener en cuenta a Naomi Kawase (Nara, 1969), la primera mujer directora a la altura de sus compañeros, capaz de construir poesía con las imágenes de lo cotidiano como ha demostrado con *Aguas tranquilas* (2014) y *Una pastelería de Tokio* (2015). Formada en el documental y aficionada a la fotografía, funciona con guiones descriptivos que plasman poco a poco el modo de ser de sus personajes, en ocasiones marginales y a los que insufla esperanza, sin didactismos ni planteamientos milagrosos (LÓPEZ, 2008).

Hirokazu Kore-Eda, la fecunda herencia de los maestros

Ante semejante contexto (y es posible rescatar muchas más filiaciones buceando en el rico panorama del cine oriental), ¿cómo ser original reiterando el protagonismo femenino de *Comer, beber, amar* (LEE, 1994), aunque en el caso del cineasta chino con un padre que se desvive por hacer familia con las hijas? ¿Cómo conseguirlo reiterando los choques de tres generaciones (tía-abuela, madre e hijas), cuando los desencuentros generacionales han sido tratados con maestría y delicados matices por Ozu y Yamada en sus conocidas películas? ¿Cuándo el propio Kore-Eda ya elaboró su homenaje a ambos maestros, no como *remake* sino más bien como réplica en *Still Walking* (2008)? Por cierto, revisitado de alguna manera en *Después de la tormenta* (2016): en ambos filmes una reunión familiar desata los demonios y rencores, enfrentando con nitidez y contundencia dos generaciones.

Formado en el documental, con temas recurrentes desde casi sus inicios como los estragos que el pasado y la ausencia del ser amado pueden causar en el presente (*Maborosi*, 1995, y *After life*, 1998), parece dar palos de ciego en sus comienzos en cuanto a temática se refiere: la ya citada *After life* recurre al cine fantástico postmortem, o *Distance* (2001) elige el terrible atentado con gas en el metro de Tokio de mediados de los 90. Es a partir de *Nadie sabe* (2004) cuando desemboca en la órbita temática de la paternidad y la familia en la que todavía se mueve hoy. Al respecto en algún momento ha dicho:

> Si antes de cumplir los 40 años hacía muchos documentales denunciando las cosas negativas de la sociedad japonesa, ahora solo miro en mi entorno más próximo y mis películas abarcan un territorio muy pequeñito, justo aquel en donde pisan mis pies (EL PAÍS, 18-XI-2014).

Su presencia en festivales no constituye una sorpresa y España le ha ofrecido algunas distinciones, centradas en torno a la presentación de su película *De tal padre, tal hijo* (2013) en la semana Internacional del Cine de Madrid (Cineteca del Matadero madrileño), o en la 56 edición de Zinebi (Festival Internacional de Cine Documental y Cortometraje de Bilbao), donde se le dedicó un ciclo y recibió el Mikeldi de honor "por el compromiso humanista de sus películas". Una y otra vez declaró valorar sus documentales, por el impulso que supusieron en su desarrollo como persona y como artista. Recientemente se ha acercado a Valladolid para presentar *Después de la tormenta* (2016).

Paternidad y autobiografismo, o de los temas que interesan al director

En ese contexto de su evolución cinematográfica, *Nadie sabe* (2004) y *De tal padre, tal hijo* (2013) parecen cara y cruz de una misma moneda. La primera le catapultó hacia la fama en occidente, tras ser premiada en Cannes: una película dura, en el marco de una urbe deshumanizada como Tokio donde una madre deja a cinco chavales tirados. Se ha dicho de ella que es el primer ensayo sobre la paternidad y la familia disfuncional por parte de Kore-Eda. Así como su primer acercamiento a fondo al mundo de la infancia. Entre paréntesis, el japonés tiene una especial habilidad para dirigir a los niños; algo manifiesto en *Kiseki (El milagro)* (2011), también en el contexto de una familia disfuncional, donde los dos hijos viven separados (padre/madre) y apuestan por el milagro del encuentro.

Kore-Eda no ha ocultado que la paternidad (que le llega biológicamente en 2008) le cambió la vida. En ese sentido y más allá del folletinesco cambio de niños con el que se encuentran los dos padres en el filme de 2013, hay toda una profunda reflexión sobre cuándo y cómo un padre empieza a serlo, en qué consiste esa paternidad: ¿es la sangre, los genes? ¿Viene dado por la relación cotidiana que engendra unos lazos sutiles, pero estrechísimos entre las dos generaciones? ¿Qué debe prevalecer, los genes o lo vivido, los recuerdos que hacen una vida, la educación que reitera la marca del clan?

"Me interesa más cómo intentamos ser aceptados por los otros. Y en este sentimiento, el primer círculo emocional lo compone la familia. Ese sí es mi tema"... Declaraciones del director a propósito de la presentación de *Nuestra hermana pequeña*: una importante pista del eje escondido argumental. Porque las relaciones entre las hermanas comportan aprender a aceptar la diferencia: esa es la base de la convivencia en familia. A simple vista, el argumento enfrentaria en bloque a las tres hermanas que conviven en la casa familiar abandonadas por padre y madre, a la hermanastra cuya existencia conocen en el funeral paterno. Será esta última, Suzu, quien deba ofrecer su mejor perfil para ser aceptada por las mayores que la invitan a vivir con ellas. Máxime, si se recuerda que es el fruto de la mujer que rompió su familia arrastrando al padre lejos del hogar. Eso es así, pero también cada una de las tres restantes luchará porque las otras acepten sus límites (la afición al alcohol de la hermana segunda, por ejemplo).

Una película de mujeres

El director japonés demuestra palmariamente cómo en absoluto es necesario ser mujer para bordar una película de y sobre mujeres. Es cierto que, como hiciera en *Air Doll* (2009), elabora el guion sobre un manga, en este caso femenino, *Unimachi Diary*, de Akimi Yoshida. A simple vista, no parecen mujeres excepcionales, pero una mirada en profundidad opondría dos bloques: las responsables (la mayor y la pequeña) y las postmodernas (la segunda y la tercera, mucho menos delineadas, más coyunturales). De Suzu (la pequeña) dirá otra de las mujeres del filme: "es muy lista, está llena de energía, se ríe mucho, nos conquistó a todos en el restaurante". Su generosidad, poniéndose en las necesidades de los otros, implica madurez.

Los hombres salen mal parados: el padre es buena persona pero inútil y mujeriego; la pareja de Sachi, la hija mayor, es un médico casado que la utiliza y le aconseja siempre desde su egoísmo, la regla que rige su vida y con la que aconseja a los demás.

En la primera secuencia, y solo de refilón, aparece la pareja de turno de Yoshino, la segunda hermana a la que, sin duda, le apasiona más el alcohol que el trabajo: un tipo que la usa para sacarle el dinero y la abandona tras acostarse con ella. En cuanto a la pareja de Chika, la tercera de las hermanas, en su simpleza de escalador famoso y retirado, al menos es capaz de estar a la altura de la hermana pequeña, sin duda la más simple de las tres.

Solamente el personaje del restaurante, curiosamente el actor que hace de simpático tendero y padre alternativo al ejecutivo en *De tal padre, tal hijo*, mantiene el tipo y su hombría de bien hasta el final.

Los hombres no salen muy bien parados en *Nuestra hermana pequeña*.

De la sintaxis narrativa: ¿falta ritmo, conflicto interno?

¿Nos hallamos ante un relato fragmentario, la vida familiar de estas jóvenes, sin un conflicto central? En medio del coro de alabanzas, se alzaron algunas voces en este sentido. Tras los primeros minutos de metraje centrados en la vida cotidiana de las tres hermanas, la película plantea rápidamente el posible conflicto: la noticia de la muerte del padre, al que no ven desde hace 14 años. Habrá que ir al funeral, un compromiso en un Japón muy ritualizado; pero no puede sorprender que lo hagan sin ganas. Incluso Sachi, la hermana mayor, llega tarde, tras el trabajo, consciente de su responsabilidad.

Así las cosas y tras cumplir con los ritos, la sorpresa estalla en la secuencia de despedida de las tres hermanas: en un juego de miradas cuajadas de simpatía, invitan a la hermanastra a vivir con ellas. Quizá intuyen que se volcó con el padre, que no le queda amor a su alrededor tras sufrir esa pérdida; algo que el cine de Kore-Eda siempre tiene como telón de fondo. Ninguna de las cuatro juzga a priori al padre, si bien en la recta final y en un juego de correspondencias ante una magnífica vista del valle con el mar al fondo (que reitera la del pueblo de la hermana pequeña en el funeral): Sachi y Suzu, que compartieron la vivencia del paisaje con su padre, se liberarán gritando a los cuatro vientos: "papá es imbécil".

Por cierto que, narrativamente hablando, ese paralelismo tiene una construcción visual muy lograda: la primera secuencia desde detrás, focaliza el brazo de la hermana mayor que rodea protectora y amorosamente a la recién descubierta hermanastra; en una premonición de lo que va a ser su actitud: proponer la acogida e integrarla en la familia. En la secuencia final, las dos funcionan más como amigas que como hermanas jerárquicas. En el fondo son almas gemelas: han debido madurar deprisa, cumpliendo con lo que se suponía es su deber. Aquí de modo implícito, siempre con pudor muy oriental, se abre ante el espectador toda una reflexión sobre el proceso de crecer.

Es una película que conviene visionar al menos dos veces, llena de matices sobre el día a día (hospital, banco, tienda de deportes... las comidas en la casa que hacen hogar, el rezo ante el altar de los abuelos) desde una mirada serena en la que subyace el dolor, pero también la capacidad de perdón hacia los padres: no solo el padre adúltero sino también la madre que, abrumada por el abandono del esposo, deja tiradas a sus tres hijas aún muy pequeñas. Algo mucho más incomprensible, pero que Kore-Eda ya había planteado en *Nadie sabe*.

Si la primera parte del filme se centra en asumir a la hermana pequeña, fruto del descarrile paterno, la segunda lo hace en la madre que se presenta de repente para hacerse perdonar. El enfrentamiento más claro será con Sachi: es la hermana mayor quien debió y debe todavía (lo ha interiorizado como su deber en la vida) sustituir a la madre. Es ella la que guarda mayor resquemor. Es ella la que quiere conservar la casa que la madre propone vender. Es ella la que hace hogar. Aún así, la película evita el maniqueísmo: la madre sabe pedir perdón y la hija le regala el preciado licor de cerezas de la abuela, símbolo también de hogar al ser cultivadas en su jardín.

Para concluir...

Ozu como telón de fondo, Yamada como escalón intermedio por cronología, pero si se atiende a la filmografía, al mismo nivel de Kawase en ese seguir sondeando el alma humana. Un alma oriental en la sobriedad expresiva, en el esteticismo y la utilización metafórica del paisaje, en la pudorosa ternura; pero cristalizada en cuatro mujeres que al occidente le resultan muy cercanas por su desparpajo, humor, ironía... Ojalá también le resultara cercana su apuesta por un hogar familiar como espacio protector, donde sus habitantes tienden la mano al otro superando los resentimientos que genera la vida cotidiana.

Y todo ello avalado por la espléndida fotografía de Mikiya Takimoto, que ya trabajara con Kore-Eda en *De tal padre, tal hijo*. Por la música de Yoko Kanno, que tiende a melodías sin estridencias logrando ambientes distendidos. Con unas interpretaciones tan naturales como la vida misma, sobre todo las de Sachi (interés, preocupación, enfado contenido), encarnada por una Haruka Ayase ya muy consolidada. Y la hermana pequeña, espléndida en todo. Miradas, gestos que dicen mucho más que las palabras y en las que se apoya Kore-Eda: "me gusta que el espectador componga el puzzle a través de las pistas que aportan los personajes" -ha subrayado en ocasiones-. Un reto fascinante que explica que esta película estuviera en la sección oficial del Festival de Cannes y obtuviera el Premio del Público en el de San Sebastián, entre otros reconocimientos.

UMIMACHI DIARY (2015)
País: **Japón**
Dirección, Guion y Montaje: **Hirokazu Kore-Eda**
Fotografía: **Mikiya Takimoto**
Música: **Yôko Kanno**
Diseño de producción: **Keiko Mitsumatsu**
Vestuario: **Sachiko Itô**
Intérpretes: **Haruka Ayase, Misami Nagasawa, Suzu Hirose, Kaho, Ryo Kase, Ryohei Suzuki, Lily Franky, Shin'ichi Tsutsumi, Jun Fubuki, Kentarô Sakaguchi**
128 minutos
Distribuidora DVD: **Golem**
Estreno en España: **23.3.2016**

Filmografía de Hirokazu Kore-Eda como director

- *Después de la tormenta* (*Umi yori mo mada fukaku*, 2016).
- *Nuestra hermana pequeña* (*Our Litttle Sister, Umimachi Diary*, 2015).
- *De tal padre, tal hijo* (*Like Father, Like Son, Soshite Chichi ni Naru*, 2013).
- *Milagro* (*I Wish, Kiseki*, 2011).
- *Air Doll* (*Kûki ningyô*, 2009).
- *Still Walking* (*Aruitemo aruitemo*, 2008).
- *Hana* (*Hana yori mo naho*, 2006).
- *Nadie sabe* (*Nobody Nows, Dare mo shiranai*, 2004).
- *Distance* (2001).
- *After life* (1999).
- *Maboroshi no hikari* (1995).

FUENTES

- FIJO, Alberto. (Ed.) (2004). *Breve encuentro. Estudios sobre 20 directores de cine contemporáneo*. Madrid: CieDossat, 149-163.
- LÓPEZ, José Manuel (Ed.) (2008). *El cine en el umbral*. Madrid: T&B.
- <http://ccaa.elpais.com/ccaa/2014/11/18/paisvasco/1416329745>
- <http://cultura.elpais.com/cultura/2016/11/09/actualidad/1478687141_793948.htm/>

Paterson (Jim Jarmusch)
FERNANDO HERNÁNDEZ BARRAL

Paterson es el nombre de una ciudad estadounidense y también es el título de la última película de Jim Jarmusch. El filme se centra en un conductor de autobús encarnado por Adam Driver -igualmente llamado Paterson- cuyos días transcurren tan plácidos como el ritmo de su pequeña urbe.

Paterson -el personaje- es pareja de una bella diseñadora -Golshifteh Farahani- y cliente habitual de un bar tranquilo. Su vida transcurre entre pequeños rituales y miradas torvas con el bulldog de su novia (tal vez sea el personaje de la pareja de Paterson el que menos convence, resulta excesivamente amanerada; sin embargo, no hay película de Jarmusch que no abrace la imperfección, la cual es una de sus marcas de estilo).

El último filme del autor de *Mistery Train* no cuenta mucho. Como es habitual en Jarmusch la acción exterior tiene menos importancia que el alma de sus personajes, la cual suele exponerse a través de la digresión y el detalle. El tipo hace su trabajo -no es el más brillante, no aspira a competir-, pasea, almuerza, mira. Ni más, ni menos. Se trata por tanto de una pieza que ensalza lo cotidiano pero con un aliento peculiar, envuelto en tradición.

Paterson también es poeta, escritor de piezas líricas que anota en un pequeño cuaderno del cual no conserva copia a pesar de la insistencia de su pareja. Es un escritor secreto que no aspira a publicar.

Sin aspiraciones de posteridad

Es por esto último que la película quizá sea el filme más provocativo del año. Su protagonista no quiere ni publicar, no desea ser reconocido, pasa por la vida sin aspiraciones de posteridad. Hoy, cuando la acción de publicar, postear lo llaman algunos, inunda la vida cotidiana de millones de personas, la historia de un autor secreto y reacio a la publicidad supone una provocación mayor. Como si de un moderno Bartleby se tratara, Paterson -el personaje- crea sus hermosos poemas de lo cotidiano que van dotando a la banda sonora de la película de una cadencia maravillosa.

Más allá de Melville y su Bartleby, el escribiente, la otra referencia donde se entronca el filme de Jarmusch, y por extensión toda su obra, es la poesía de un autor mayor, el patersoniano William Carlos Williams (1883-1963), heredero de Withman y contemporáneo de los Eliot, Pound y Joyce. Jarmusch, un moderno de hoy, se mira en el espejo del moderno de antaño -Williams y su poema mayor, el épico, de nuevo, *Paterson*-.

Como en Melville, como en Williams, siempre hubo en el cine de Jarmusch querencia por los tiempos muertos -*Strangers than Paradise*-, nostalgia de los lugares vacíos -*Broken Flowers*- y elogio de los pequeños placeres -*Coffee and cigarettes*-. Son motivos sin duda muy caros a la poesía y a la modernidad de principios del siglo XX, aquella que vibraba con el elogio de un túnel de metro o un puente de hierro.

Territorios inexplorados

Con *Paterson*, el cineasta de Ohio sin embargo se adentra en superficies inexploradas, aventurándose en el territorio de la normalidad. Habitualmente los héroes de su cine eran raritos. No es el caso del personaje de Adam Driver, un tipo apacible, que no hace más de lo que se le pide pero que tampoco se mantiene al margen por cobardía. El nihilismo que podían sugerir otras cintas de Jarmusch -las notables *Dead Man* o *Ghost Dog*- ha desaparecido. A lo largo del metraje hay un instante durante el cual parece que Paterson -el personaje- va a sucumbir al desaliento. Sin embargo, Jarmusch salva la situación con un *Deus ex machina* entrañable porque le interesa el destino de su creación, decisión que se encuentra a años luz de las arbitrarias peripecias de los protagonistas de *Los límites del control*.

El cine suele contar lo extraordinario, por el contrario acostumbra a ser mal compañero de las historias cotidianas. Si se atreve a narrarlas suele dotarlas del trasnochado hálito del costumbrismo. Es cierto que hay grandes películas sobre gente normal -*Marty*, *Beautiful Girls*, *Smoke*-, pero no son lo más corriente en un arte borracho de emociones. El "cine USA" dotó a alguno de sus actores -James Stewart, Jack Lemmon- de los atributos tradicionales del americano medio. Dichos intérpretes eran los héroes de historias que se iniciaban en un clima de agradable rutina que trastocaba un hecho extraordinario -los explosivos detonantes de las comedias de Capra-. Lo cotidiano era revindicado pero siempre en oposición al caos.

Una estrategia sofisticada

La estrategia de Jarmusch es algo más sofisticada; no se trata tanto de oponer contrarios, sino de rasgar el velo de lo humano. El juego de repeticiones es una figura constante a lo largo del filme: situaciones, conversaciones, frisos, figurantes gemelos. Al director le apetece destacar el elemento rítmico como si de un poema se tratase. Sucede que poesía y música son el inicio de todo. Al final qué es la poesía si no repetición, ritmo y por tanto sometimiento al tiempo de la realidad. Y la realidad es lo cotidiano, la única manera de alcanzarlo, expone Jarmusch, es a través de la poesía. Un arte libre que no pertenece a las élites ni a los iniciados, un saber secreto que sin embargo puede ser compartido por muchos.

El cine independiente norteamericano que eclosionó en los años ochenta ha desaparecido -Jonathan Demme- o ha sido domesticado -Joel y Ethan Cohen-. De los supervivientes solo quedan algunos héroes bizarros -Ferrara, Schrader-. Quizás el único con algo de sentido común sea el propio Jarmusch, capaz de plantear una cinta financiada por un gran conglomerado de la nueva economía -Amazon- que, sin embargo, ensalza las virtudes de una vida centrada y totalmente ajena a las ansiedades de la sociedad conectada. *Paterson* es todo lo contrario, una invitación a abandonar la pantalla y abrir el libro, contemplar y escribir lírica. No hay nada más moderno.

PATERSON (2016)
País: EE.UU.
Dirección y Guion: **Jim Jarmusch**
Fotografía: **Frederick Elmes**
Montaje: **Affonso Gonçalves**
Música: **J. Jarmusch, Carte Logan, Sqürl**
Diseño de producción: **Mark Friedberg**
Vestuario: **Catherine George**
Intérpretes: **Adam Driver, Golshifteh Farahani, Kara Hayward, Sterling Jerins, William Jackson Harper, Barry Shabaka Henley**
112 minutos
Distribuidora DVD: **Vértigo**
Estreno en España: **7.12.2016**

Filmografía de Jim Jarmusch como director (últimas 10 películas)

- *Paterson* (2016).
- *Gimme Danger* (2016).
- *Sólo los amantes sobreviven* (*Only Lovers Left Alive*, 2013).
- *Los límites del control* (*The Limits of Control*, 2009).
- *Flores rotas* (*Broken Flowers*, 2005).
- *Coffee and Cigarettes* (2003).
- *Ten Minutes Older: The Trumpet* (2002).
- *Ghost Dog, el camino del samurái* (*Ghost Dog: The Way of the Samurai*, 1999).
- *Year of the Horse* (1997).
- *Dead Man* (1995).

FUENTES

• HERZBEG, Ludwig (2013). *Jim Jarmusch: Interviews (Conversations with Filmmakers Series)*. Mississippi: University Press of Mississippi.

• SCHRADER, Paul (2009). *El estilo trascendental en el cine. Ozu, Bresson y Dreyer*. Madrid: JC Editores.

• WILLIAMS, William Carlos (2017). *Paterson*. Madrid: Cátedra.

Rogue One: Una historia de Star Wars (Gareth Edwards)

JULIÁN LARRAURI

En 1977 se estrenaba en Estados Unidos la película *La Guerra de las Galaxias* (George Lucas), que narraba las aventuras espaciales de un grupo de aventureros mezclando con gran acierto piratas, espadachines, princesas, nazis, magos y naves espaciales. La película fue un absoluto éxito y un fenómeno a nivel mundial, que inauguró una saga que cuarenta años después sigue generando películas. *El Imperio contraataca* (Irving Kershner, 1980) y *El retorno del Jedi* (Richard Marquand, 1983), las primeras secuelas de la película, lograron convertir la franquicia en todo un éxito que en seguida se vio derivado en miles de diferentes productos de *merchandising*, desde juguetes y camisetas hasta libros y series de televisión.

Los años pasaron y la trilogía se convirtió en un producto de culto, y a pesar de la insistencia de los fans, no se inauguró una nueva trilogía hasta dieciséis años después. Las tres nuevas películas fueron dirigidas por el propio Lucas y narraban los acontecimientos acaecidos antes de la trilogía original. A pesar de la gran expectativa que tenían *La amenaza fantasma* (1999), *El ataque de los clones* (2002) y *La venganza de los Sith* (2005), o quizás precisamente por eso mismo, las películas no fueron acogidas con mucho entusiasmo entre el público, los fans y los críticos. Las comparaciones con las cintas originales eran continuas. Esto no impidió que George Lucas lograra una recauda-

La Guerra de las Galaxias marcó el inicio de una exitosa franquicia.

ción mundial de más de doscientos cincuenta millones de dólares solo con las películas (el auténtico negocio estaba en el *merchandising*).

Las críticas a las nuevas secuelas no fueron muy bien recibidas por Lucas, que sentía que su obra había dejado de pertenecerle. Veía que no podía hacer nada original ya que debía mantenerse fiel a su primera trilogía, sin cambiar nada. En una entrevista a *Vanity Fair* confesaba:

> Vas a hacer una película y lo único que recibes son críticas. La gente intenta tomar decisiones sobre lo que vas a hacer, antes de que lo hagas. No es muy divertido. No puedes experimentar. Tienes que hacerlo de cierta manera.

En octubre de 2012, Lucas mostró hasta qué punto estaba hastiado de las críticas de sus seguidores y anunció la venta de Lucas Film y todas sus franquicias (*Star Wars* e *Indiana Jones*, principalmente) a la todopoderosa Disney por más de tres mil millones de dólares, desvinculándose completamente del futuro de sus creaciones. Para dejar claro que el abandono no era un tema monetario, a los pocos días anunció que gran parte del dinero conseguido sería donado a causas benéficas relacionadas con la salud y la educación.

Inmediatamente después, Disney comenzó a tomar control de *Star Wars*, poniendo en marcha su inmensa maquinaria de hacer dinero, tal y como hizo en el pasado con las propiedades de Marvel o Pixar. Así, inmediatamente anunció que estrenarían tres nuevos episodios de la saga en los próximos años, entre los cuales se intercalarían tres *spin-offs* (películas creadas como secuela a partir de una obra ya existente), uno dedicado a explicar cómo se robaron los planos de la Estrella de la Muerte (el que nos ocupa), otro dedicado a la juventud de *Han Solo* y uno último todavía por desvelar.

Aprendiendo de los errores de Lucas, y para el disgusto de éste, Disney apostó en la película *Star Wars: El despertar de la Fuerza* (J.J. Abrams, 2015) por ofrecer al público exactamente lo que esperaba ver, realizando prácticamente un *reboot* (volver a iniciar la saga conservando los elementos mejores) de las películas originales sin ofrecer prácticamente nada novedoso, repitiendo esquemas y personajes que ya funcionaron en *Una nueva esperanza* (nombre con el que Lucas rebautizó *La Guerra de las Galaxias*) y *El Imperio contraataca*. Sorprendentemente, lejos de disgustar esta nueva versión a los fans, fue acogida con gran entusiasmo, pulverizando todos los récords de taquilla históricos hasta la fecha. Esta operación le permitía a Disney poder introducir el universo de *Star Wars* a las nuevas generaciones, mientras los fans más acérrimos se mantenían contentos. *El despertar de la Fuerza* es probablemente un ejemplo arquetípico del nuevo cine de Hollywood que está matando la industria. Ahora, el poder ya no está en manos de los creativos, sino de los productores, que apuestan una y otra vez sobre seguro, usando contenido que saben que va a funcionar con el público. Así, ahora más que nunca, no paran de realizarse películas pertenecientes a grandes franquicias, evitando a toda costa el arriesgarse a realizar nada nuevo.

Realmente, el trabajo de Lucas en la nueva trilogía no fue brillante, pero si se analiza el tratamiento, más allá de lo que se vio finalmente en pantalla, se ve un potencial y una brillantez que se echa de menos en las versiones de Disney. Lucas hizo un esfuerzo por mostrar cosas nuevas al espectador, respetando el universo creado. Por el contrario, *El despertar de la Fuerza* cuenta con un guion pastiche, donde la originalidad brilla por su ausencia, que sin embargo la puesta en escena espectacular y el ritmo de la dirección la convierten en una película muy entretenida de ver.

En este difícil contexto es cuando se estrena *Rogue One*, una película de estudio. El objetivo era hacer una cinta que siguiera la estela marcada por *El despertar de la Fuerza*, que gustara a los fans más acérrimos y a las nuevas audiencias, que se asegurara una taquilla internacional y vendiera mucho *merchandising*. Si de paso se consiguiera hacer una buena película tampoco estaría mal, pero sin ser esa la prioridad.

Gareth Edwards

Para esta misión imposible se contrató al director Gareth Edwards, nacido en junio de 1975 en Nuneaton, Reino Unido, un director surgido del cine independiente y de los efectos especiales. Debutó en la dirección en 2010 con la película *Monsters*, que llamó la atención de público y crítica por dar una visión muy personal e intimista a un género donde los efectos especiales y los fuegos artificiales suelen ser los reyes del espectáculo. Los estudios Warner Bros. y Legendary Pictures, atraídos por la vuelta de tuerca que había aportado Edwards al género, decidieron confiarle el *reboot* de *Godzilla* (2014). Esta nueva adaptación del monstruo japonés realmente no logró aportar grandes hallazgos a la franquicia, recibiendo críticas dispares, pero una taquilla internacional de más de quinientos millones de dólares consiguió ponerle en el punto de mira de Disney.

A la hora de plantearse quién puede tomar la responsabilidad de dirigir una película económicamente tan importante para el estudio como *Rogue One*, Gareth Edwards era una opción muy interesante: un director que se presenta como una gran promesa, que ha demostrado tener un estilo personal interesante y que a su vez es capaz de dirigir grandes superproducciones saliendo más o menos airoso, pero que por otro lado todavía no tiene los créditos suficientes como para considerarse una estrella que pueda tratar de imponer su criterio, por lo que es la combinación perfecta; mucho talento en potencia pero sin apenas galones, lo que permite poder dirigir la película desde los despachos siempre que haga falta.

Articulando una nueva esperanza

Todos estos condicionantes sitúan a *Rogue One* como una película muy difícil de ejecutar. Juzgar sus errores desde la comodidad de la butaca es muy injusto, ya que, si tenemos en cuenta bajo la presión en la que ha sido realizada, el resultado final, a pesar de sus carencias, es bastante meritorio.

La premisa de la que parte esta película es muy prometedora. *Rogue One* muestra visualmente las hazañas que, a modo de resumen, se relatan en el mítico texto introductorio de *La Guerra de las Galaxias*:

> Nos encontramos en un periodo de guerra civil. Las naves rebeldes, atacando desde una base oculta, han logrado su primera victoria contra el malvado Imperio Galáctico. Durante la batalla, los espías rebeldes han conseguido apoderarse de los planos secretos del arma total y definitiva del Imperio, la ESTRELLA DE LA MUERTE.

La película consigue enlazar de una manera muy elegante el final de *Rogue One* con el inicio de *La Guerra de las Galaxias*, y está a su vez inteligentemente repleta de guiños y explicaciones que ayudan a dar coherencia a los acontecimientos que se sucederán

Gareth Edwards durante el rodaje de *Rogue One*.

más adelante. Por ejemplo, una de las mayores críticas de los fans de *La Guerra de las Galaxias* siempre fue cómo podía ser realidad que una súper arma tan poderosa tuviera un punto débil tan evidente. Hemos tenido que esperar hasta *Rogue One* para poder obtener por fin la respuesta: ese defecto fue colocado a propósito por el ingeniero Galen Erso (interpretado por un genial Mads Mikkelsen) y transmitido al otro bando con la esperanza de que algún día pudiera ser destruida por los rebeldes. Siguiendo esta línea, el *leitmotiv* que acompaña durante todo el metraje la película es precisamente "las rebeliones se basan en la esperanza", haciendo referencia a ese gran esfuerzo que deben realizar para lograr la posibilidad de "una nueva esperanza".

Aportaciones a la saga y oportunidades perdidas

Rogue One es una cinta más sólida y profunda que *El despertar de la Fuerza*, aunque eso sí, menos divertida. Al igual que le sucedió a la película de J.J. Abrams, el principal defecto de *Rogue One* es la falta de originalidad a la hora de plantear la estructura del guion y los personajes. El miedo de salirse del canon marcado por la primera trilogía hace que la historia se encuentre encorsetada en unos parámetros muy estrechos que obligan al director a repetir conceptos y le impiden dar con libertad una visión propia de la saga. Por ejemplo, la relación entre Jyn Erso (Felicity Jones) y su padre Galen Erso habla de unos conflictos que no terminan de exhibirse correctamente en la pantalla. El gran temor de Galen es que su hija le odie por haber cedido y tomado la decisión de ayudar al Imperio en la construcción de la Estrella de la Muerte. Sin embargo, el personaje de Jyn no llega a transmitir esos sentimientos, mostrándose más bien harta de ambos bandos y desinteresada en participar en las batallas galácticas. Esto hace que lo que parecía que debía ser el conflicto central de la trama se vea desinflado al no funcionar dramáticamente la relación paterno-filial. En su lugar, Jyn se convirtió en la antítesis de Luke Skywalker, una granjera que quiere cualquier cosa menos embarcarse en mil aventuras galácticas, pero que se ve forzado a ello.

Sin embargo, la principal oportunidad perdida se encuentre probablemente en el personaje del Capitán Cassian Andor, interpretado por el actor Diego Luna, presentado simplemente como un sucedáneo de Han Solo; las primeras apariciones del personaje prometían una personalidad más enrevesada e interesante. En la primera escena en la que podemos verle, quiere dejarse patente que es más oscuro y despiadado que Han Solo, pero sin embargo, a lo largo del metraje se va descafeinando perdiendo la oportunidad de crear un antihéroe carismático. El esquema que se ha querido seguir es el de antihéroe que realiza acciones atroces y que finalmente acaba redimiéndose gracias a su sacrificio por la causa, siguiendo planteamientos como el de Walt Kowalski en *Gran Torino* (Clint Eastwood, 2008) o el propio Darth Vader en *El retorno del Jedi*. Sin embargo, las decisiones que va tomando el personaje a lo largo del filme lo alejan de esa figura de antihéroe, haciendo que el sacrificio final, sin el contraste de las malas acciones, pierda fuerza.

En todos estos personajes y situaciones se intuye una intención de haber querido dar una visión más oscura y adulta a la película, pero que el miedo de alejarse demasiado del consciente maniqueísmo infantil de la primera trilogía les ha obligado a quedarse a medio camino, provocando esa impresión de tono no encontrado. Todo esto provoca que lo que mejor haya funcionado de la película hayan sido las referencias directas y claras a la primera trilogía. A falta de personajes carismáticos, una breve aparición de Darth Vader se convierte en la escena más emblemática, que eclipsa con diferencia cualquier otro momento. Si el espectador moderno se sentía algo decepcionado con la hierática lucha de espadas de Darth Vader y Obi Wan Kenobi en *La Guerra de las Galaxias*, en esta breve escena podemos ver a Vader en plena acción pasado por el filtro del avance que suponen cuarenta años de evolución narrativa en el cine.

Rogue One tiene una intención clara de tratar de aportar algo diferente a la franquicia. Como ya hemos comentado, de forma premeditada se ha querido dar un tono más oscuro y adulto al filme. Es interesante cómo se muestra una visión de la guerra menos idealista, más real, donde los horrores se encuentran en ambos bandos, los rebeldes también matan a sangre fría, hay extremistas e incluso desertores del Imperio. Esto último, para aquel espectador joven que vea las películas en su orden cronológico, puede hacer que la traición de Darth Vader en *El retorno del Jedi* ya no resulte tan impactante y sorprendente, ya que el maniqueísmo intencionado de los anteriores filmes ha sido roto por *Rogue One* con multitud de personajes que deciden pasarse de un bando al otro. Pero este es un tema menor, ya que el salto de más de treinta años entre ambas películas provoca inevitablemente pequeñas fisuras que debemos pasar por alto.

Otro de los grandes aciertos de esta cinta ha sido tratar de acercarla más al género bélico que al de ciencia ficción o aventuras, dándole un enfoque particular muy interesante. En este filme no hay jedis ni magia, todo es más real. Soldados que buscan acabar con una guerra que lleva demasiados años en marcha. En palabras del propio Edwards:

> Quise que *Rogue One* fuera lo más realista posible. De hecho, una de las películas en las que más me fijé cuando la hacía fue *La batalla de Argel*, en parte por su aire documental. También hay referencias a Vietnam y la segunda guerra mundial, y no solo estéticas. Uno de los personajes está inspirado en el diseñador de la bomba nuclear, Robert Oppenheimer, que quería hacer el bien y acabó creando algo terrible.

Reamente Edwards logra transportarnos a lo que podría ser un atentado en mitad de un poblado afgano o al avance de las tropas estadounidenses por las playas vietnamitas, y transmitirnos esa idea tan actual de que la guerra ya no es más un juego o algo poético, sino un mal por cuya erradicación merece la pena el sacrificio.

Como conclusión podríamos decir que *Rogue One* es un guiño interesante al universo de *La Guerra de las Galaxias* que hace disfrutar dos horas en el cine y con una propuesta de fondo muy interesante que, por desgracia, se ha quedado a medio camino, impidiendo que ni la película ni ninguno de sus personajes se hayan convertido en un icono perdurable en el tiempo.

"Las rebeliones se basan en la esperanza" es el discurso que abandera Jyn Erso.

ROGUE ONE: A STAR WARS STORY (2016)
País: **EE.UU.**
Dirección: **Gareth Edwards**
Guion: **Chris Weltz, Tony Gilroy**
Fotografía: **Greig Fraser**
Montaje: **John Gilroy, Colin Goudie, Jabez Olssen**
Música: **Michael Giacchino**
Diseño de producción: **Doug Chiang, Neil Lamont**
Vestuario: **David Crossman, Glyn Dillon**
Intérpretes: **Felicity Jones, Diego Luna, Alan Tudyk, Donnie Yen, Wn Jiang, Ben Mendelsohn, Guy Henry, Forest Whitaker**
133 minutos
Distribuidora DVD: **Disney**
Estreno en España: **15.12.2016**

Filmografía de Gareth Edwards como director

- *Godzilla* (2014).
- *Monsters* (2010).

Sing Street (John Carney)
FEDERICO ALBA

Hace ya diez años que el director irlandés John Carney se reveló al gran público gracias al fenómeno de crítica y público de su película *Once*, un éxito que implicaba tanto lo cinematográfico como lo musical. Carney repetiría su esquema ganador en *Begin Again*, esta vez bajo el amparo de Hollywood.

No es por tanto sorprendente que John Carney quisiera culminar una particular trilogía de musicales, y lo ha hecho con *Sing Street*, una película que presenta las mismas constantes que las dos anteriores entregas, pero añade dos particularidades: los protagonistas no son adultos, sino adolescentes; y la historia no se desarrolla en la actualidad, sino a mediados de la década de los 80, convirtiéndose así en otra muestra del *revival* nostálgico que desde hace tiempo se ha levantado alrededor de dicho decenio del siglo XX.

El argumento nos sitúa en el Dublín de 1985. Conor (Ferdia Walsh-Peelo) es un adolescente cuya vida atraviesa una profunda crisis: sus padres están al borde de la separación y la situación económica familiar ha empeorado, por lo que debe acudir a un nuevo colegio. En el centro, regido por sacerdotes católicos, Conor deberá soportar el rechazo de algunos compañeros, así como la estricta disciplina de los sacerdotes. Conor encontrará una vía de salida cuando forma una banda musical para impresionar a Raphina (Lucy Boynton), una chica algo mayor que él y que tiene novio, de la que se ha enamorado. Pronto descubrirá que la música es un vehículo para expresar sus emociones y le abrirá nuevos horizontes vitales.

Sencillez argumental y temática

John Carney no engaña a nadie: la primera secuencia de *Sing Street* nos presenta a Conor, el protagonista, sentado en su habitación con una guitarra, intentando cantar una canción. En *off* se escucha a sus padres discutiendo, y el muchacho reacciona introduciendo los insultos y reproches que escucha en la letra de la canción. Es decir, nuevamente la música como expresión vital y como bálsamo para las penurias.

El funcionamiento narrativo es muy sencillo. Un primer acto en el que se presentan las dificultades del joven protagonista: su nuevo apartamento, donde su padre cuenta a su familia que están pasando por dificultades económicas; las peleas domésticas; el nuevo colegio, donde se enfrenta a la violencia de sus nuevos compañeros, que lo ven como un intruso niño rico, y donde debe soportar la aspereza de trato de los sacerdotes al cargo. Un panorama desolador del que solo parece evadirse viendo vídeos musicales con su hermano mayor, una explosión de color en medio de este primer acto tenebroso (más adelante expondremos la importancia que tendrá el elemento del color a lo largo del filme). El primer punto de giro sucede cuando Conor conoce a una atractiva chica algo mayor que él, y le propone participar en la grabación de un vídeo-clip para un inexistente grupo del que él es cantante. Esa es la motivación que empuja a Conor a formar dicho grupo musical con unos compañeros del colegio.

En el segundo acto la relación entre Conor y Raphina avanza, a la vez que la fascinación del muchacho por la música aumenta, aunque se recrudecen sus problemas en el colegio tanto con los sacerdotes como con los compañeros más violentos. La situación en el matrimonio de sus padres también empeora. Así, el segundo punto de giro llega cuando su madre abandona la familia, a la vez que Raphina se va a Londres con su novio. La coincidencia de ambos momentos da pie a un montaje musical paralelo en que se retrata la tristeza de Conor y la de su padre, probablemente el único momento que une emocionalmente a ambos personajes.

En el tercer acto, Raphina vuelve decepcionada, y Conor se concentra en su actuación para la fiesta de fin de curso, donde escenifica una protesta contra el director del colegio. Después le ofrecerá a Raphina irse juntos a Londres, donde empezarán una nueva vida.

Esta sencillez argumental y narrativa se refleja también en una sencillez temática. Toda la película gira en torno a ciertos conceptos divididos de forma maniquea en positivos y negativos. En el lado positivo de la balanza se sitúan la música, el color, la creatividad, el amor y el futuro. En el lado negativo, la violencia, la autoridad, la Iglesia, el gris, el pasado. Este planteamiento provoca que también se dé un tratamiento maniqueo de muchos personajes, especialmente los sacerdotes del colegio y sobre todo el director.

El color

Un rasgo estético que se asocia con la moda de los años 80 es el uso de colores estridentes. Así, el color se convierte en un elemento simbólico fundamental en la película de Carney. El mundo de los vídeo-clips que sirve al protagonista para evadirse de su triste realidad representa una explosión de color, sofisticación y modernidad. En contraposición, las primeras secuencias que transcurren en el nuevo colegio de Conor nos muestran un entorno monocromático. Incluso el uniforme de los muchachos es completamente gris. Junto a ello, el negro que caracteriza a los sacerdotes.

No es por ello casual que el primer conflicto de Conor con el director del colegio, en su primer día de clase, sea porque lleva unos zapatos de color marrón. El director le recuerda que los alumnos deben llevar zapatos negros, y comprarlos si no los tienen. Desde ese primer momento, el director (y por extensión los sacerdotes y el colegio) se convierte en una figura represora del color, es decir, de la personalidad propia y creatividad de Conor. Más adelante, cuando Conor acuda a clase con maquillaje de color, imitando a uno de los cantantes pop que admira, el director le obligará violentamente a lavarse la cara. Incluso se insinúa un tipo de atracción sexual aberrante (tema mencionado en una secuencia anterior por el hermano de Conor) al decirle al chico que tiene un rostro muy bello y que no necesita maquillaje (momento enfatizado por Carney con un plano detalle de los dedos del sacerdote acariciando el rostro de Conor).

El color también se asocia al personaje de Raphina, el objeto del amor de Conor y por lo tanto el elemento más positivo en su vida.

Por lo demás, Carney usa los colores vivos gradualmente según va cambiando el mundo de Conor. En las primeras secuencias en su apartamento, vemos cómo destacan ciertos elementos de color aislados en un espacio más bien oscuro y con apariencia decadente. En este entorno destaca especialmente el televisor cuando Conor y su hermano ven los estrafalarios y coloridos vídeo-clips de los 80. Según el protagonista se va introduciendo más en la composición de canciones y en la música de su grupo, el color va aumentando en la paleta que presenta Carney, tanto en el apartamento de Conor y en el de su amigo Eamon (Mark McKenna), como en otras localizaciones: recordemos el interior del tren en que van a la playa a rodar uno de sus vídeo-clips, con unos asientos de un color verde muy saturado. Incluso empezamos a ver otros lugares del colegio que se salen del gris que veíamos en las primeras secuencias. Conor y sus amigos empiezan a acudir a clase con maquillajes y ropas coloridas, mostrando la evolución de su estado de ánimo y la influencia de la música que consumen. Merece especial mención el aula de educación artística, un entorno muy colorido no solo por la escenografía, sino también por el vestuario y maquillaje de la profesora. Este oasis de color es coherente con los planteamientos temáticos porque, al tratarse del aula de arte, es un espacio relacionado con la creatividad.

Finalmente, la mayor explosión de color de la película se presenta en la secuencia en la que Conor "sueña" despierto con un vídeo-clip en el que su banda toca en el baile de fin de curso, mientras su hermano se presenta como un triunfador, sus padres bailan reconciliados, Raphina abandona a su novio y lo mira embelesada... Una situación idealizada de felicidad completa, reflejada en una fiesta de colores que revientan la pantalla, remitiendo nuevamente a la estética MTV de los años 80.

La música

Otro elemento fundamental, como en los anteriores éxitos de John Carney, es la música. En esta ocasión no solo hay canciones compuestas expresamente para la película (las canciones que Conor escribe para su grupo), sino que aparecen en la banda sonora varios éxitos pop de los años 80. Estas canciones no solo tienen una función de ambientación histórica, sino que las letras se convierten en ecos de lo que va ocurriendo en el argumento: *I Fought the Law* cuando Conor es convocado al despacho del director por llevar zapatos color marrón; *Take On Me* cuando conoce a Raphina; *Man Eater* cuando su madre se va a una cita con su amante... Asimismo, los ritmos se utilizan de un modo sensorial para ayudar al espectador a introducirse en el tono de cada escena (por ejemplo, la agresividad latente en la escena en la que Conor llega al nuevo colegio por primera vez se acompaña de un potente rock).

Conor llega al entorno gris y monocromático de su nuevo colegio.

La música también es un elemento argumental muy importante: ayuda a separar el pasado y el futuro, la generación de Conor de las anteriores. En una de las primeras secuencias, mientras Conor y su hermano ven un vídeo-clip, su padre dice "no son precisamente los Beatles", un símbolo del pasado. El director del colegio, en otro momento, menciona a Mozart. Conor definirá después su estilo musical como "futurista".

La música también es la fuerza del bien que vencerá a la violencia. Por un lado, Conor convence hacia el final de la película al matón del colegio, Barry (que le ha hecho la vida imposible durante todo el filme), para que se una a su banda como ayudante. Ya en una secuencia anterior, Conor le hacía ver que podía pegarle, pero que su capacidad era solo para la destrucción, no para la creación. La violencia también se personifica en el director del colegio, que resulta humillado por la banda de Conor en la fiesta de fin de curso (justo después de que le hayamos visto pegar a otro niño). El novio de Raphina también forma parte de ese lado negativo de la película, ya que al volver de Londres, la protagonista muestra un moratón en la cara, producto de un golpe propinado por él. Anteriormente, Conor se ha burlado del pésimo gusto musical de dicho individuo, y es gracias a la música que consigue arrebatarle a Raphina.

El sueño de Londres

Hay otro elemento argumental recurrente que se relaciona con los temas de la película. Nos referimos a la ciudad de Londres como una especie de destino soñado donde los protagonistas esperan vivir plenamente sus sueños de un futuro mejor, mientras que en varias ocasiones los personajes se refieren a Dublín como "este agujero". Este elemento también se relaciona con la música, ya que las bandas favoritas de Conor son inglesas, y sueña con mover las maquetas de sus canciones por la escena musical londinense. Ya en una de las primeras secuencias de la película se nos muestra una noticia de televisión en la que se habla del éxodo de irlandeses hacia la capital inglesa. Posteriormente, en la playa, Conor señala al horizonte y le dice a Raphina que en los días despejados se puede ver Gran Bretaña. Ese recurso visual del horizonte relacionado con la idea del futuro soñado resulta muy pertinente para los temas planteados. En otra secuencia, Conor y Raphina ven con anhelo zarpar el ferry que se dirige a Inglaterra. Finalmente, la película culmina con la huida de ambos en la lancha motora del abuelo de Conor. Sin embargo, John Carney sitúa la escena en un escenario ambiguo de la realidad:

> "Espero que la escena al final parezca un poco como una fantasía. Se supone que debes preguntarte dónde termina la realidad y dónde empieza el vídeo pop"[1].

Estilo visual

Hay otros aspectos cinematográficos a señalar: por un lado, es una cinta totalmente dominada por el punto de vista del protagonista. Para que el espectador empatice completamente con este personaje, Carney rueda su película manteniendo su perspectiva en prácticamente todo momento. No solo en cuanto a percibir la historia según la vive Conor, sin mostrar apenas momentos en que no aparezca él, sino con recursos cinematográficos concretos. Por ejemplo, en su primer día en el nuevo colegio recurre a la cámara subjetiva, con las miradas despectivas de los otros muchachos dirigiéndose a cámara (y por lo tanto, identificando al espectador con Conor). Esta secuencia también se presenta en ralentizado, de modo que la incomodidad del personaje hace que se dilate el tiempo. También se muestra al director del colegio observándolo desde detrás de una ventana, en una actitud bastante siniestra. Los sentimientos de Conor hacia este personaje también se transmiten en una escena que transcurre en su despacho, en la que Carney usa un enfático plano picado que convierte la estancia en un espacio opresivo y oscuro.

En otros momentos se recurre al montaje para situarnos en la mente de Conor, como cuando está componiendo una canción sobre Raphina, y en montaje se inserta un breve

---
[1] IMDB. Sing Street <http://www.imdb.com/title/tt3544112/trivia?ref_=tt_trv_trv>

plano de ella, como si fuera un *flash* que nos introduce en la mente de Conor.

Y por supuesto, tenemos la ya mencionada escena del vídeo-clip idealizado que transcurre plenamente en la mente de Conor.

El otro criterio que marca el estilo visual de la película es el lenguaje del vídeo-clip de los 80. Un lenguaje enfático, basado en una inquieta cámara en mano en constante movimiento, lentes angulares que distorsionan el espacio y que dan un aire extraño a los primeros planos, así como a los acercamientos de cámara, ralentizados, iluminación basada en sobreexposición, etc.

Asimismo, el montaje es muy dinámico, con constantes elipsis que hacen que la historia salte de una a otra localización sin entretenerse en las escenas más allá de su función narrativa. Incluso se llega a dar una original elipsis en el mismo plano, una secuencia en la que Conor y Eamon empiezan a componer una canción, y con un movimiento de cámara a la habitación contigua nos encontramos al grupo entero grabando ya la canción.

Conclusión

Podemos concluir que *Sing Street* es una película que consigue contar una historia y plantear unos temas de forma competente. Bien es cierto que de un modo sencillo y esquemático, pero eficaz. El mayor problema es el trazo grueso y maniqueo a la hora de tratar algunos personajes y situaciones, y como suele ser habitual en el cine de John Carney, su punto fuerte tiene que ver con la utilización de la música, que ayuda a identificar al espectador con la situación emocional de sus personajes.

Connor y Raphina se dirigen al horizonte soñado del moderno Londres.

SING STREET (2016)
País: Irlanda
Dirección: John Carney
Guion: Simon Carmody, J. Carney
Fotografía: Yaron Orbach
Montaje: Andrew Marcus, Julian Ulrichs
Música: Varios
Diseño de producción: Alan MacDonald
Vestuario: Tiziana Corvisieri
Intérpretes: Ferdia Walsh-Peelo, Lucy Boynton, Mark McKenna, Jack Reynor, Aidan Gillen, Maria Doyle Kennedy, Don Wycherley, Kelly Thornton
106 minutos
Distribuidora DVD: Vértigo
Estreno en España: 30.9.2016

Filmografía de John Carney como director

- *Sing Street* (2016).
- *Begin Again* (2013).
- *The Rafters* (2012).
- *Zonad* (2009).
- *Once (Una vez)* (*Once*, 2007).
- *Viviendo al límite* (*On the Edge*, 2001).
- *Park* (1999).
- *November Afternoon* (1996).

Spotlight (Tom McCarthy)
ANA SÁNCHEZ DE LA NIETA

En el año 2002 el equipo de investigación del Boston Globe, que publicaba su propio suplemento llamado Spotlight, empieza a indagar en algunos casos de pederastia cometidos por sacerdotes católicos. El objetivo de este grupo de reporteros es conocer el alcance de los delitos y averiguar si el obispo de Boston, el cardenal Bernard Law, encubrió de alguna manera los hechos. El resultado de la investigación fue un durísimo reportaje que ganó un premio Pulitzer y terminó provocando la dimisión de Law.

Spotlight fue la justa ganadora del Oscar a la mejor película en el año 2016. Un año en el que -conviene no olvidar- competían películas tan solventes como *La habitación*, *El renacido*, *La gran apuesta*, *El puente de los espías*, *Brooklyn*, *Mad Max* o *Marte*. Conviene enumerar con detalle para subrayar el mérito de *Spotlight*: la mejor película de un año repleto de magníficos estrenos.

Detrás de *Spotlight* hay, en primer lugar, una dolorosa historia: la de la pederastia en la diócesis de Boston y el modo de gestionar este crimen por parte de la Iglesia católica. Hay un personaje: el de Marty Baron, un periodista de raza que actualmente dirige el Washington Post y que lideraba en aquel momento el Boston Globe. Y hay un director: Tom McCarthy.

Vayamos por partes. Antes de dirigir *Spotlight*, Tom McCarthy había sido el artífice de cuatro películas independientes que, sin ser éxitos de taquilla, convencieron totalmente a la crítica. En *Vías cruzadas*, McCarthy nos contaba la entrañable relación entre tres seres marginados por la sociedad. En *The Visitor*, un profesor universitario se ve envuelto en la vida de una joven y peculiar pareja de inmigrantes. Por último, *Win, Win* sigue las aventuras de un abogado frustrado que dedica su tiempo libre a entrenar a un modesto equipo de lucha libre. En todos los casos, además de llevar la batuta, McCarthy era el autor del guion. Su buena mano en la escritura había quedado sobradamente demostrada en el libreto de *Up*, una de las maravillas de Pixar. Después de *Spotlight* encontramos el nombre de McCarthy en una de las series más aplaudidas del último año: *Por trece razones*. Aunque en el caso de las series la mano del director sea mucho menos visible, es llamativo comprobar que los mejores capítulos (el primero y el último) son precisamente los que McCarthy ha trabajado de una manera especial.

Marty Baron, el mejor editor de periódicos de la Historia

Decía que, además de un director, hay en *Spotlight* un personaje que, por cierto, es también un director, en este caso de periódicos. Para cualquiera que siga de algún modo los medios de comunicación, Marty Baron es uno de esos nombres que no hay que buscar en Wikipedia. No en vano la revista Esquire se preguntaba en 2015 si Marty Baron no es el mejor director de periódicos de todos los tiempos. Se entiende esta pregunta echando un vistazo a su trayectoria. Nacido en Florida en 1954, Marty Baron empezó su carrera como redactor del Miami Herald (1976-1979). Durante casi dos décadas trabajó en Los Angeles Times y en 1996 el todopoderoso The New York Times decidió ficharle como editor asociado. En el año 2000 volvió al Miami Herald, esta vez como director ejecutivo. Solo 11 meses después -precisamente cuando arranca Spotlight- comenzaba la época más conocida de Baron: sus 11 años como director del Boston Globe y el Pulitzer (2003) por la investigación sobre abusos sexuales a menores por parte de sacerdotes católicos en Boston. En enero de 2013, Marty Baron fichaba como nuevo director del Washington Post. Gracias a su buen quehacer periodístico y a la ayuda inestimable de Jeff Bezos (Amazon), Baron consiguió resucitar una cabecera moribunda y convertirla en lo que es hoy: la marca periodística más importante del mundo. La mancheta que ocasiona más dolores de cabeza al presidente Donald Trump.

Marty Baron, y así lo refleja la película, es uno de esos periodistas de raza que entienden su profesión como un servicio a la verdad. Acierta McCarthy en apoyar la historia

Tom McCarthy ha demostrado que sabe rodar en despachos, algo que no es nada sencillo.

sobre los hombros de Baron, interpretado -en un evidente acierto de casting- por Liev Schreiber. Es un protagonista con la suficiente fuerza como para que el resto de los personajes -cuidadosamente escritos todos ellos- giren en torno a él y con la suficiente verosimilitud para hacer cercano y creíble el mundo periodístico que refleja la película.

Un *thriller* periodístico que funciona como un reloj suizo

Cada vez que he tenido que escribir o hablar sobre *Spotlight* he comenzado señalando que no es una película sobre abusos sexuales, sino sobre una investigación periodística. Estamos ante un *thriller* periodístico en toda regla muy sabiamente construido. Y esta sabiduría se percibe desde su magnífico arranque. En las tres primeras escenas, Tom McCarthy, al que ayuda en el guion Josh Singer, guionista de *El ala oeste de la Casa Blanca*, condensa los grandes temas de la película. En primer lugar, un confuso diálogo en una comisaría en los años 70 entre un sacerdote y una madre con sus hijos y otra no menos confusa conversación entre dos policías dispuestos a alejar a la prensa como sea. 20 años después, en la segunda escena, nos trasladamos a la bulliciosa redacción del Boston Globe donde despiden al veterano director. Conoceremos minutos después al sustituto: un joven y circunspecto periodista que quiere que el Boston Globe investigue y llegue a la verdad de cualquier hecho que pueda afectar a los habitantes de Boston. Con estas tres sencillas escenas, McCarthy echa a rodar la historia que, desde ese momento, no tendrá apenas pausas. Apoyándose en los hitos de la investigación -dura, compleja, en algunos momentos casi insoportable en su seca descripción-, la trama avanza con la exactitud de un reloj suizo. Puro ritmo... porque estamos ante un *thriller* puro y duro.

Un *thriller*, además, magníficamente documentado. Cuenta Marty Baron, hablando de la película, que le llamó la atención la exhaustiva labor de investigación que realizaron McCarthy y Singer antes de empezar a escribir y rodar:

> Investigaron los vericuetos del caso con una profundidad nunca vista: una interminable selección de entrevistas a periodistas, abogados, sobrevivientes y personas de la comunidad de Boston. Peinaron los archivos del Globe, estudiaron al dedillo los emails que habían sobrevivido, y escudriñaron los miles de documentos del caso.

Dicho de otro modo, McCarthy ha rodado una película sobre periodismo de investigación... investigando él mismo. Ese modo de trabajar se nota en el resultado de la película. El espectador tiene la impresión de ser partícipe él mismo de la investigación. Cuando llega el clímax -el descubrimiento de un documento clave- es el propio espectador el que descubre, al mismo tiempo, la importancia del hallazgo.

Lo bueno si sobrio...

Y todo esto sin golpes de tambor, sin violines, sin subrayados emotivos. Con una realización absolutamente sobria en la que el director demuestra que le importa infinitamente más la historia que marcarse un tanto de autoría. En este sentido, es muy interesante lo que señala Aaron Rodríguez en Miradas de cine:

> *Spotlight* tiene todas esas ventajas del cine sobrio que cada vez cuesta más aprender a mirar. En un momento histórico en el que parece que el cine pasa necesariamente por una retórica del exceso (...), de pronto llega un tipo que sabe rodar despachos. Rodar despachos, por cierto, es algo más complicado de lo que parece. Ahí está la fealdad de los objetos, apilados de cualquier manera sobre el escritorio: el ordenador que bosteza, el teléfono manoseado, la taza sin lavar con los posos del café reseco. Y de ahí tiene que surgir una historia, y de ahí se tiene que hacer una retórica fílmica, y de ahí tiene que emerger una cierta palabra que defienda por qué estamos mirando a una serie de seres humanos agotados, vestidos de manera vulgar, tan grises, tan pequeños como nosotros. En ese desvelamiento de lo mediocre se escribe, de pronto, una idea brillante: *Spotlight* es una película sobre los hombres que hacen bien su trabajo.

Efectivamente, a través de la sobriedad, del pegarse a los hechos, de la aparente falta de épica -que solo se guarda para el personaje de Baron-, se habla del buen periodismo, de aquel que quiere comprometerse con la verdad y con el servicio al ciudadano.

Y entramos aquí en la tercera clave de la película. Hay un director, hay un personaje -y un mundo profesional alrededor suyo- y hay una historia, un acontecimiento real y doloroso. Decía antes que *Spotlight* no es una película sobre los abusos sexuales... pero no hay duda que habla de ellos.

Pienso que para entender la importancia de *Spotlight* es necesario tener unos mínimos conocimientos de la historia actual de la Iglesia católica en relación a este tema. Desde la enérgica actuación de Benedicto XVI y su famosa tolerancia cero -seguida punto por punto por el Papa Francisco-, el crimen de la pederastia se conoce, se persigue y se condena. Y dentro del lógico rechazo y escándalo que supone (para creyentes y no), el católico sabe que está en buenas manos: pertenece a una iglesia que pone delante de dos tribunales (el civil primero y el eclesiástico después) a cualquier sospechoso. De hecho, el código antipederastia de la Iglesia católica ha servido como base para códigos similares posteriores de otras organizaciones.

Eso no ocurría hace quince años. Desgraciadamente, la pederastia existía en la Iglesia católica (menos que en otras instituciones y más que en otras, pero existía), sin embargo, el modo de atacarla (como también en otras instituciones) era absolutamente desafortunado: un parche que terminó en algunos casos perpetuando el delito.

Que en este cambio hayan influido los medios de comunicación dando publicidad a estos casos no lo duda nadie. Como tampoco duda nadie que, en el ánimo de estas publicaciones, había desde un sincero y siempre loable afán de llegar a la verdad hasta un deseo menos loable de atacar a la Iglesia católica. Unos y otros ayudaron en el fondo a una renovación y cambio necesarios.

He escrito en algún sitio que la Iglesia le debe mucho a *Spotlight*. No fue un plato de gusto para los creyentes ni para los dirigentes de la Iglesia católica descubrir el crimen entre los suyos. Pero pienso que la Iglesia entendió que ese destapar el mal es el primer paso para erradicarlo. Dicho con otras palabras, la Iglesia ha entendido, quizás a golpes, que el gran problema es el pecado -en este caso, además, un delito- y no la publicación del pecado, y que, como primera medida, para terminar con un delito hay que sacarlo a la luz y denunciarlo... que es lo que hicieron Baron y su equipo de la revista Spotlight.

Termino con palabras del propio Baron. Explican bien el sentido de la investigación periodística del Boston Globe y la importancia de Spotlight como medio para dar a conocer esa investigación:

> Hace trece años, recibí una carta del padre Thomas P. Doyle, que venía librando una batalla solitaria desde el interior de la Iglesia en nombre de las víctimas. "El abuso sexual de niños y adultos jóvenes por parte del clero católico y su encubrimiento han sido lo peor que le ha pasado a la Iglesia católica en muchos siglos. También ha sido la mayor traición de los hombres de la Iglesia hacia quienes estaban a cargo de proteger. De no ser por usted y el staff del Boston Globe, esa pesadilla habría seguido y seguido. Le aseguro que lo que han hecho usted y la gente del Globe por las víctimas, la Iglesia y la sociedad es invaluable, y sus efectos positivos perdurarán por décadas".

> Esa carta estuvo sobre mi escritorio desde entonces hasta el día en que me fui al Washington Post, hace tres años. Durante esos años, en otros momentos difíciles para mí y para el Globe, nos servía de recordatorio de lo que nos acercó al periodismo y lo que nos mantiene en la profesión.

> En ese momento, no había película ni había premios. Pero ya estaban las recompensas, que durarían para siempre.

CINE PENSADO / Spotlight

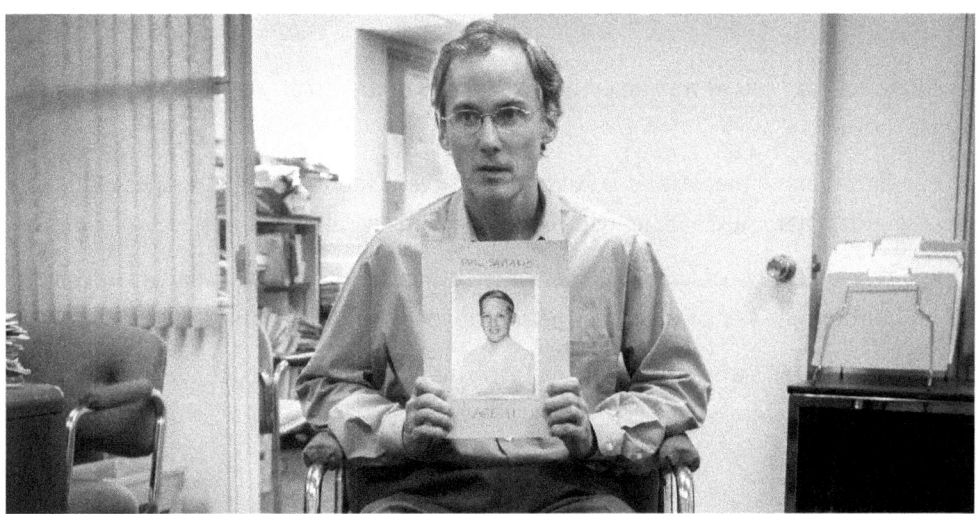

Hay un director, hay un personaje y hay una historia, un acontecimiento real y doloroso.

SPOTLIGHT (2015)
País: **EE.UU.**
Dirección: **Tom McCarthy**
Guion: **T. McCarthy, Josh Singer**
Fotografía: **Masanobu Takayanagi**
Montaje: **Tom McArdle**
Música: **Howard Shore**
Diseño de producción: **Stephen H. Carter**
Vestuario: **Wendy Chuck**
Intérpretes: **Mark Ruffalo, Michael Keaton, Rachel McAdams, Liev Schreiber, John Slattery, Stanley Tucci, Brian d'Arcy James, Gene Amoroso, Billy Crudup, Elena Wohl, Doug Murray, Sharon McFarlane, Jamey Sheridan**
121 minutos
Distribuidora DVD: **eOne**
Estreno en España: **29.1.2016**

Filmografía de Tom McCarthy como director

- *Spotlight* (2015).
- *Con la magia en los zapatos* (*The Cobbler*, 2014).
- *Win Win (Ganamos todos)* (*Win Win*, 2011).
- *The Visitor* (2007).
- *Vías cruzadas* (*The Station Agent*, 2003).

FUENTES

• Para conocer más el trabajo actual de Marty Baron: <http://conversacionescon.es/martin-baron>

• *Is Martin Baron the Best News Editor of All Time?* Esquire <http://www.esquire.com/news-politics/news/a39968/martin-baron-spotlight-washington-post/>

• *Spotlight. La necesidad del periodismo*. La Nación <http://www.lanacion.com.ar/1876513-spotlight-la-necesidad-del-periodismodespues-del-oscar>

• *Spotlight, de Thomas McCarthy* <https://miradasdecine.es/2016/02/spotlight-de-thomas-mccarthy.html>

Steve Jobs (Danny Boyle)
JUAN JOSÉ GARCÍA-NOBLEJAS

Cuando se habla de *Steve Jobs*, la película escrita por Aaron Sorkin y dirigida por Danny Boyle, es relativamente fácil dejar que se disperse la atención en múltiples direcciones. Hay mucha información, leyenda y opinión sobre Jobs y sobre los productos Apple (el Mac, los iPhone y demás); hay muchas fuerzas y tensiones centrífugas, tanto a este lado de la pantalla, como detrás de ella y por supuesto también dentro de la misma pantalla, que es lo que en principio se trata de considerar aquí. Somos sobre todo espectadores de una gran ficción dramática, que -a pesar de las apariencias- no es un docudrama o un biopic sobre un gran personaje famoso. En este sentido, es mejor no distraerse demasiado con los dimes y diretes, los cotilleos y comentarios sobre el personaje y ni tampoco sobre la producción de una película que resultó comercialmente fallida, es decir, que no llegó a muchos de los espectadores para quienes fue hecha.

Danny Boyle[1] ha comentado que -tras el abandono por parte de Sony del proyecto, y la asunción de éste por Paramount, a pesar de las presiones de la viuda de Jobs para que no saliera adelante el guion de Sorkin- el mal funcionamiento comercial se debió

---

[1] Jack Shepherd, "Danny Boyle 'disappointed' Steve Jobs flopped at box office: blames release strategy", The Independent, 15 November 2015 <http://www.independent.co.uk/arts-entertainment/films/news/danny-boyle-disappointed-steve-jobs-flopped-at-box-office-blames-release-strategy-a6735091.html>

a un inadecuado plan de lanzamiento. Las magníficas críticas iniciales y el éxito del estreno restringido en pocas salas de grandes ciudades deberían haber llevado a plantear un crecimiento progresivo del número de salas de exhibición, pero en lugar de eso, se procedió a un lanzamiento masivo indiscriminado dos semanas después del estreno, proyectando el filme en 2.493 salas en EE.UU. El resultado fue económicamente catastrófico: con un costo de 30 millones de dólares y un mínimo de otros 30 dedicados al marketing, la taquilla hubiera tenido que llegar a los 120 millones para equilibrar costos e ingresos antes de beneficios. Pero a duras penas superó los 17 millones de taquilla en EE.UU. y un poco más en el extranjero, llegando a unos 34,5 millones en total.

Una pintura, no una fotografía

Es más que posible que cada cual tenga una posición inicial más o menos clara sobre Steve Jobs, así como sobre sus criaturas técnicas en torno a Apple. Por esta razón, y porque son muchas las circunstancias que desvían la atención de la historia y el drama ofrecidos por Aaron Sorkin para esta película, se puede -y hasta cierto punto se debe- hablar de algunas cosas colaterales, mientras intentamos hacernos cargo de lo que esta película pone en juego.

Comenta Boyle que Sorkin le dijo que antes de saber qué quería hacer, "sabía muy bien qué era lo que no quería hacer: escribir un biopic", y por eso -añade- buscaron desde un principio que la actuación de Fassbender no fuera una "suplantación de identidad fotográfica" de Jobs. Estaban haciendo una pintura que no siempre sería agradable de ver, pero no era una fotografía; se trataba de un drama de ficción, no de un reportaje periodístico. Buscaban poder dar con "un hombre detrás de un mito" y poder mostrarlo[2].

Puesto que se trata de una obra que está gobernada por la historia escrita por Aaron Sorkin, bueno es saber de entrada acerca de sus objetivos o pretensiones, tal y como él mismo los presenta[3], que básicamente son dos. La primera cuestión central de la historia consiste en observar la evolución o el progreso de Steve Jobs en la aceptación de su hija Lisa como tal hija, asunto relacionado con su propia condición de hijo adoptado. La segunda cuestión -también central para Sorkin[4]- consiste en que su historia debe presentar de modo evidente el carácter genial de Jobs.

---

[2] PATEL, Nilay, «Steve Jobs as a myth: an interview with Aaron Sorkin and Danny Boyle» "It's not a biopic - it's something else", The Verge, Oct 8, 2015 <https://www.theverge.com/2015/10/8/9482679/steve-jobs-movie-interview-aaron-sorkin-danny-boyle>, Cfr. TIBKEN, Shara, «Painting, not a photograph», CNet, October 10, 2015, https://www.cnet.com/news/steve-jobs-film-is-a-painting-not-a-photograph-moviemakers-say/>

[3] Cfr. PATEL, Nilay, «Steve Jobs as a myth: an interview with Aaron Sorkin and Danny Boyle», cit.

[4] JENNIFER M. WOOD "Aaron Sorkin on Turning Steve Jobs into a Film Icon", Wired, 10.01.15, <https://www.wired.com/2015/10/aaron-sorkin-turning-steve-jobs-film-icon/>

Los espectadores nos encontramos ante un drama que -organizado en tres actos- se ofrece como un espectáculo teatral y con resonancias *shakespearianas*, una densa ficción escrita por Sorkin a propósito de las circunstancias vitales y profesionales de Steve Jobs, una persona difícil, un visionario tecnológico y un genio del marketing, que nos llega servida en bandeja por una brillante y dinámica puesta en escena sonora y visual de Danny Boyle, siempre en beneficio de lo escrito por Sorkin. También brilla, desde luego, la dirección coral y en dúos vibrantes de unos actores que ofrecen interpretaciones a la altura del reto: Michael Fassbender (Steve Jobs), Kate Winslet (Joanna Hoffmann), Jeff Daniels (John Sculley), Seth Rogen (Steve Wozniak), Michael Stuhlbarg (Andy Hertzfeld). Más en segundo plano, Katherine Waterston (Chrissan Brennan) y Makenzie Moss, Ripley Sobo y Perla Haney-Jardine (Lisa Jobs en tres franjas de edad diferentes).

Steve Jobs es una película que cuenta lo imaginado por Aaron Sorkin, que solo en cierto modo concuerda con lo sucedido en el *backstage,* entre las candilejas y los bastidores de dos teatros, con ocasión de la presentación de tres productos Apple: el Macintosh en 1984 en el Flint Center of the Performing Art de Cupertino, el NeXT in 1988 en el Louise M. Davies Symphony Hall de San Francisco, y el iMac en 1998, de nuevo en el Flint Center de Cupertino.

El hecho de que la producción de la película haya utilizado como escenario esos mismos teatros y que muchísimos detalles del vestuario, la decoración, los mismos equipos técnicos de filmación (rodaje en 16 mm. para el primer acto, en 1984; 35 mm. para el segundo, en 1988; vídeo HD para el tercero, en 1998) y que las apariencias respondan a las fotografías de aquellos actos, induce a pensar que está en juego un acercamiento visual de tipo histórico a lo sucedido. Pero esas apariencias chocan con el casting y su caracterización visual, que resulta un tanto distinto respecto a las personas que representan. Eso sucede sobre todo con Fassbender respecto de Jobs, por ser el personaje visualmente más conocido, mientras que el espectador no tiene problemas con Winslet como Joffmann (que incluso mantiene un acento de origen polaco), ni tampoco con las semejanzas visuales más bien cercanas de Daniels a Sculley, de Rogen a Wozniak y de Stuhlbarg a Herzfeld.

Y algo semejante sucede con la gran banda musical compuesta por Daniel Pemberton[5], que -como él mismo refiere- utiliza instrumentos y temas asociados a las épocas de cada acto, procurando respetar y hacerse lugar entre los diálogos. Así, el primer acto

---

[5] CORY WOODROOF, "A Symphony in Three Parts. Breaking Down the 'Steve Jobs' Score with Composer Daniel Pemberton", Popmatters, 13 November 2015 <http://www.popmatters.com/feature/a-symphony-in-three-parts-breaking-down-the-steve-jobs-score-with-composer-/>

Lo principal de la historia consiste en observar la evolución de Jobs en la aceptación de su hija Lisa.

está compuesto con sintetizadores y tiene que ver con el tema de la "visión" de Jobs, el segundo acto se convierte en algo sinfónico, con un tema que dura diez minutos y tiene que ver con el tema de la "venganza" (de Jobs con NeXT contra Apple y quizá Scully), y el tercero decididamente digital y temáticamente asociado a la "sabiduría" que finalmente adquiere Jobs, siendo música algo más reflexiva o introvertida.

Para Sorkin, que se considera más dramaturgo que guionista, lo que sobre todo cuenta es el sonido y el sentido de las voces, antes que los aspectos visuales en los actores y la banda sonora. La historia que Sorkin quiere contarnos no es -como queda dicho- la del lanzamiento de unos productos técnicos, sino que, aprovechando las distancias temporales de esas presentaciones, quiere que consideremos el cambio de actitud y de personalidad de Steve Jobs respecto de su hija Lisa, y también los rasgos de su genialidad. Eso sí, inmerso en la vorágine casi histérica de esos tres momentos profesionales claves para él y sus colaboradores. El caso es que tampoco hay que pretender una verificación histórica[6] de ese mismo asunto familiar que vemos y oímos en pantalla, porque esas relaciones entre padre e hija y esas presentaciones de equipos no fueron realmente así, según dicen quienes intervinieron en ellas. Lo que sucede entre bastidores con sus colaboradores antes de las presentaciones de esos aparatos es en principio un telón de fondo, el cañamazo de la figura profesional del genio del protagonista sobre el que se borda el sentido que toma en su vida personal la comprensión de su paternidad. Un asunto que tiene referencia histórica en la biografía de Steve Jobs solo en términos

---

[6]Cfr. Richard Trenholm, "19 questions you might be asking after seeing 'Steve Jobs'", CNet, October 24, 2015 <https://www.cnet.com/news/19-questions-you-might-be-asking-after-seeing-steve-jobs/>

generales, dado que el asunto paterno-filial es situado por Sorkin como núcleo dramático principal de la historia, desde luego cuando se topa con los datos históricos que le ofrece la biografía escrita de Jobs por Walter Isaacson, pero que también es un asunto muy ligado a la experiencia personal de paternidad por parte del mismo Sorkin.

Éste lo ha contado repetidas veces. Por ejemplo, justo antes del estreno:

> "Al principio yo no sabía bien qué era lo estaba buscando. Lisa no habló con Walter Isaacson cuando éste estaba escribiendo su libro porque su padre estaba vivo en ese momento. Pero luego estuvo dispuesta a hablar conmigo y contar historias sobre su padre que, si bien no eran necesariamente halagadoras, me harían ver que realmente la amaba". Sorkin dice que, si Jobs todavía hubiera estado vivo, le hubiera pedido que respondiera honestamente a esta pregunta sobre su hija: "'¿Por qué finges que no has nombrado la computadora con el nombre de tu hija Lisa?' No lo entiendo. Cualquier otro padre, si no le hubiera puesto el nombre por su hija, hubiera mentido y hubiera dicho que sí que lo hizo. Soy incapaz de imaginarlo de otro modo"[7].

Un dramaturgo que interpreta hechos biográficos

Es realmente sorprendente encontrar que en la biografía de Jobs escrita por Walter Isaacson aparecen casi todos los "hechos o sucesos" que figuran en el guion de Sorkin. Pero el conjunto no se ofrece como una hagiografía ni tampoco como una interpretación lineal biográfica de esos hechos o sucesos, sino que se presenta como un planteamiento dramático de los temas escogidos, a través de las relaciones entre los personajes.

Está presente la casi patológica personalidad narcisista de Jobs, con sus salidas casi inhumanas, a la vez despóticas y geniales, como en esta dura conversación inicial con Andy Hertzfeld, porque sucede que -al no poder abrir el aparato con herramientas corrientes para arreglarlo- el Macintosh quizá no funcione para decir "Hello, I am Macintosh" y el resto del *speech* inicial de la máquina:

> It sure is great to get out of that bag! Unaccustomed as I am to public speaking, I'd like to share with you a maxim I thought of the first time I met an IBM mainframe: Never trust a computer that you can't lift! Obviously, I can talk, but right now I'd like to sit back and listen. So it is with considerable pride that I introduce a man who has been like a father to me... Steve Jobs!

---

[7] Jason Guerrasio, "Aaron Sorkin talked to a key person in Steve Jobs' life whom even Jobs' biographer couldn't get to - and it changed the whole script of his movie", *Bussiness Insider*, Oct. 7, 2015 <http://www.businessinsider.com/steve-jobs-aaron-sorkin-spoke-to-lisa-jobs-before-writing-script-2015-10?IR=T>

y así presentar a Jobs como su "padre", que era lo previsto por su estrategia dramática teatral -al mismo tiempo dialécticamente planteada contra IBM- para desvelar las cosas nuevas que tiene su máquina:

> ANDY
>
> We're not a pit crew at Daytona, this can't be fixed in seconds.
>
> STEVE
>
> You didn't have seconds, you had three weeks. The universe was created in a third of that time.
>
> ANDY
>
> Well someday you'll have to tell us how you did it.
>
> JOANNA can't help a smile and small laugh. STEVE looks at her...
>
> STEVE
>
> Here's what I'm going to do. I'm going to announce the names of everyone who designed the launc demo--I'm gonna introduce everyone and ask them to stand up. The bag was designed by Susan Kare, the Macintosh font that's scrolling across the screen was designed by Steve Capps, the starry night and the skywriting was Bruce Horn, MacPaint, MacWrite, Alice, down to the calculator and then I'm going to say the voice demo that didn'twork was designed by Andy Hertzfeld.
>
> ANDY laughs a little for a moment but STEVE stares at him and ANDY realizes he's serious. The others are looking down and trying to make themselves look busy but there's no saving Andy here.

En el segundo acto, Steve Wozniak, cofundador de Apple y genio creador del Apple II, el ordenador más vendido en los años 1970 y principios de 1980, se encuentra con Steve Jobs en el foso de la orquesta del Louise M. Davies Symphony Hall de San Francisco, y le pide que en la presentación mencione sus antecedentes con el Apple II y sus gentes... Jobs se niega a hablar del pasado (en realidad quiere vengarse de Apple, haciéndole comprar su NeXT), y le explica que lo suyo no es tocar ningún instrumento, sino dirigir, y que eso significa que "los músicos tocan los instrumentos" mientras que "el director toca la orquesta". Jobs es realmente una persona inaguantable:

> INT. ORCHESTRA PIT
>
> STEVE
>
> I once met Seiji Ozawa at Tanglewood. Thunderous conductor.

Ungodly artfulness and nuance. And I asked him what exactly a conductor does that a metronome can't do. Surprisingly—

WOZ

--he didn't beat the shit out of you?

STEVE

(laughing at Woz's joke)

That's right. No, he said, "The musicians play their instruments. I play the orchestra."

WOZ

That feels like something that
sounds good but doesn't mean anything.

Sería posible seguir los derroteros marcados por Aaron Sorkin en los encuentros de Jobs con otros personajes, ya sea su fiel Joanna Hoffmann, o John Sculley, quien le despidió de Apple, o Chrissan Brennan, madre de Lisa, o ésta misma, además de Steve Wozniak y Andy Hertzfeld. Para no alargar, ya que hemos visto una muestra de su conversación con Steve Wozniak, podemos llegar al tercer acto y encontrar de nuevo un rasgo de Steve Jobs a través de su diálogo, aparentemente interrumpido por los años, sobre asuntos técnicos y asuntos personales:

WOZ

When people used to ask me what the difference was between me and Steve Jobs I'd say Steve was the big picture guy and I liked a solid workbench. When people ask me what the difference is now I just say Steve's an asshole. The things you make are better than you are, brother.

STEVE

That's the idea, brother. And knowing that?... That's the difference.

WOZ

(the end of this friendship)

It's not binary. You can be decent and gifted at the same time.

Y si bien en este intercambio verbal Jobs se inclina por considerar que hay que elegir entre hacer un buen producto y mejorar como persona, precisamente por la respuesta de Steve Wozniak, vemos con el drama escrito por Aaron Sorkin que lo sensato no es

En la película está presente la casi patológica personalidad narcisista de Jobs.

esa alternativa de Jobs, sino que se pueden hacer buenas cosas técnicas, y al tiempo mejorar como persona, haciéndolas. Que no es verdad, como insiste Jobs en su último diálogo con su hija, al hablar del nombre del Lisa, que realmente no es el acrónimo de "Local Integrated System Architecture", porque eso no existe, sino que es pura y simplemente su nombre. Y que hizo la bobada de negar que se lo puso al ordenador por ella, porque -dice excusándose con su pasado- "I'm poorly made (estoy mal hecho)". Y en este momento, quizá, los espectadores tendríamos que darnos cuenta de que sigue siendo verdad que es posible hacerse bueno a sí mismo (no como si se tratara de un producto técnico, sino como persona). Porque ese es precisamente el horizonte que abre la escena final, delante de las candilejas, visto entre las bambalinas y los bastidores. La perspectiva preferida por Aaron Sorkin, en todas sus obras, para observar y contar cosas de la vida.

Steve Jobs: una gran película, que aún no ha sabido encontrar al gran público. Quizá cuando la memoria del tiempo ya no alcance a Steve Jobs, el complejo y jugoso drama escrito por Sorkin y puesto en pantalla por Boyle será bien apreciado. Incluso aunque su título nunca aparezca en pantalla.

STEVE JOBS (2015)
País: **EE.UU.**
Dirección: **Danny Boyle**
Guion: **Aaron Sorkin**
Fotografía: **Alwin H. Küchler**
Montaje: **Elliot Graham**
Música: **Daniel Pemberton**
Diseño de producción: **Guy Hendrix Dyas**
Vestuario: **Suttirat Anne Larlarb**
Intérpretes: **Michael Fassbender, Kate Winslet, Seth Rogen, Jeff Daniels, Michael Stuhlbarg, Katherine Waterston, Perla Haney-Jardine, Ripley Sobo, Makenzie Moss**
122 minutos
Distribuidora DVD: **Universal**
Estreno en España: **1.1.2016**

Filmografía de Danny Boyle como director (seleccionada)

- *T2: Trainspotting* (2017).
- *Trust* -serie de TV- (2015).
- *Steve Jobs* (2015).
- *Babylon* -serie de TV- (2014).
- *Trance* (2013).
- *Frankenstein* -serie de TV- (2011).
- *127 horas* (*127 Hours*, 2010).
- *Slumdog Millionaire* (2008).
- *Sunshine* (2007).
- *Millones* (*Millions*, 2004).
- *28 días después* (*28 Days Later*, 2002).
- *La playa* (*The Beach*, 2000).
- *Una historia diferente* (*A Life Less Ordinary*, 1997).
- *Trainspotting* (1996).
- *Tumba abierta* (*Shallow Grave*, 1994).
- *Inspector Morse* -serie de TV- (1987).
- *Screenplay* -serie de TV- (1986).

FUENTES

- GUERRASIO, Jason (2015). *Aaron Sorkin talked to a key person in Steve Jobs' life whom even Jobs' biographer couldn't get to - and it changed the whole script of his movie*, Bussiness Insider, October 7 <http://www.businessinsider.com/steve-jobs-aaron-sorkin-spoke-to-lisa-jobs-before-writing-script-2015-10?IR=T>

- PATEL, Nilay (2015). *Steve Jobs as a myth: an interview with Aaron Sorkin and Danny Boyle. It's not a biopic - it's something else*, The Verge, October 8 <https://www.theverge.com/2015/10/8/9482679/steve-jobs-movie-interview-aaron-sorkin-danny-boyle>

- SHEPHERD, Jack (2015). *Danny Boyle 'disappointed' Steve Jobs flopped at box office: blames release strategy*, The Independent, November 15 <http://www.independent.co.uk/arts-entertainment/films/news/danny-boyle-disappointed-steve-jobs-flopped-at-box-office-blames-release-strategy-a6735091.html>

- TIBKEN, Shara, *Painting, not a photograph*, CNet, October 10 <https://www.cnet.com/news/steve-jobs-film-is-a-painting-not-a-photograph-movie-makers-say/>

- TRENHOLM, Richard (2015). *19 questions you might be asking after seeing 'Steve Jobs'*, CNet, October 24 <https://www.cnet.com/news/19-questions-you-might-be-asking-after-seeing-steve-jobs/>

- WOOD, Jennifer M. (2015). *Aaron Sorkin on Turning Steve Jobs into a Film Icon*, Wired, 10 enero <https://www.wired.com/2015/10/aaron-sorkin-turning-steve-jobs-film-icon/>

- WOODROOF, Cory (2015). *A Symphony in Three Parts. Breaking Down the 'Steve Jobs' Score with Composer Daniel Pemberton*, Popmatters, November 13 <http://www.popmatters.com/feature/a-symphony-in-three-parts-breaking-down-the-steve-jobs-score-with-composer-/>

Sully (Clint Eastwood)
RUTH GUTIÉRREZ

Con la dirección de *El francotirador* (*American Sniper*) en el año 2014 -recuerden el capítulo al respecto, en el primero de los libros dedicados a esta serie- parece inaugurarse una tendencia interesante en Eastwood (*Gran Torino*, *Million Dollar Baby*), confirmada ahora en este filme. Las coincidencias entre ambas producciones demuestran que Eastwood está consolidando un criterio en la selección de los proyectos, interesándose por las gentes que hacen América, que obtienen el grandioso reconocimiento de héroes por sus conciudadanos actuales, sin tener la menor conciencia de ser héroes.

Se trata de dos biografías adaptadas. Desde luego no es la primera vez que los guionistas que trabajan con Eastwood adaptan narraciones (en el caso de *Million Dollar Baby* fue uno de los cuentos de Jerry Boyd, más conocido como F. X. Toole). En el caso de *El francotirador*, Eastwood asumía contar las memorias de Chris Kyle, el *seal* que participó en la guerra de Irak adjudicándose el récord de víctimas de la historia militar de los Estados Unidos. El proyecto no estuvo exento de polémica. Antes de que Eastwood lo aceptara, se lo habían encargado a Steven Spielberg. Pero el director de *E.T.* (1982), *La lista de Schindler* (1993) y *Super 8* (2011) lo abandonó después de un conflicto de intereses con la productora por diferencias en el enfoque, que suponían un claro aumento en el presupuesto y un evidente problema ideológico. A estas desavenencias se sumaría el hecho de la trágica muerte de Chris Kyle en pleno rodaje de "su epopeya": cuando Kyle ayudaba a otro veterano como él en una terapia post shock, éste le pegó un tiro, condecorándole con una corona de laurel anticipada y comprometiendo también el sentido de la historia filmada, según declaró el mismo Eastwood. En el caso de *Sully*, tanto la Warner Bros. como Village Roadshow (y por qué no decir que Malpaso Productions, también) apostaron por el *best seller* del New York Times: las memorias de Chesley B. "Sully" Sullenberger, el piloto que consiguió salvar a todos los pasajeros y a la tripulación, en concreto, un total de 155 personas que iban en el vuelo de U. S. Airways 1549, con un amerizaje en el río Hudson el 15 de enero de 2009. La hazaña fue calificada de "milagro", pues las posibilidades de salir airoso de un amerizaje son mínimas, sobre todo si se trata de aviones comerciales. No obstante, la historia del Airbus 320 también encierra una controversia que se ha convertido en el nudo de la intriga de la película de Eastwood.

En realidad, el drama sucedió después del rescate. Durante meses la Junta Nacional de Seguridad en el Transporte (The National Transportation Safety Board -NTSB-) estuvo investigando si Sully y Jeff Skyles (primer oficial de vuelo) habían tomado la decisión correcta o en cambio habían corrido un riesgo innecesario, haciendo amerizar el avión en el Hudson. Esta duda constituye el núcleo del conflicto de la película. Y su representación no gustó mucho a la NTSB, que consideró demasiado sesgado el tratamiento que le habían dado en la película de Eastwood. La cuestión es que, como se refleja en la transcripción del fragmento de la grabadora de voz de la cabina de mando del Airbus, a los dos minutos de arrancar el vuelo (desde el minuto 15: 25: 06 hasta el minuto 15: 27: 11.4) el avión sufrió el impacto de aves y, por esta razón, perdió los dos motores. La primera opción que ofrecieron desde la torre de control de LaGuardia fue regresar al aeropuerto. Pero los cálculos mentales de Sully en esos minutos de angustia (donde no perdió la serenidad) le hicieron pensar que optar por el regreso sería funesto, pues el avión no habría logrado aterrizar a tiempo y habría chocado contra los edificios de la ciudad de Nueva York provocando una grandísima catástrofe. Sullenberger también fue consciente de lo que se le venía encima tras el amerizaje y el rescate perfecto:

> Los primeros días después del vuelo 1549 solo podía dormir un par de horas por la noche. No dejaba de cuestionarme a mí mismo. La primera noche le dije a Lorrie (su esposa): 'Espero que sepan que hice todo lo posible'. Ese pensamiento permaneció en mi mente. Tardé un par de meses en procesar lo que había sucedido y en superar el estrés postraumático (PTSD: Posttraumatic Stress Disorder) (SULLY, 275).

Ahí estaba la historia. Los episodios de insomnio, preocupación, distracción, pensamiento de "casos hipotéticos" se fueron sucediendo en la mente de Sully de modo que su vida pasó a ser insufrible. Como él mismo confiesa: "añoré mi vida pasada". La gran pregunta que revoloteaba un día tras otro era si podría haber hecho algo diferente de cómo lo hizo. Tan grande y radical fue su decisión. Y así lo percibió también el mundo entero, incluidos los medios de comunicación: un profesional anónimo, "un piloto entre los pilotos" enamorado del arte de volar, salió del anonimato y adquirió una relevancia histórica.

"I think you should write this story"

Desde el principio, Sullenberger vio con buenos ojos el rodaje del filme: "I am very glad my story is in the hands of gifted storyteller and filmmaker Clint Eastwood, and veteran producers Allan Stewart and Frank Marshall. The project could no have found a better home than Warner Bros. Pictures. This is truly a dream team". Para contar esta breve pero intensísima historia, había que tener una amplia experiencia narrativa y una especial sensibilidad para saber qué es lo que había realmente detrás del salvamento. En el éxito del proyecto -como en la hazaña misma de Sully- confluyeron, además de los productores mencionados por el piloto, dos profesionales que reunían ambas cualidades y se complementaban narrativamente: Clint Eastwood, como director, y Todd Komarnicki, como guionista. Respecto de Eastwood, Komarnicki explicó que había realizado una película bien organizada y eficiente, *a streamlined story*: "There was no vulnerability with working with Clint because once he likes something that's what's he wants to make". Y es, por eso, que se observa ese amor por los hechos, contados con sequedad pero a la vez presentados en toda su complejidad dramática. Más aún sabiendo el riesgo que se corría de embarrarse en los detalles técnicos que siguieron al amerizar en el Hudson con la lógica tentación de convertir la película en un documental de interés social o de investigación. Tanto Eastwood como Komarnicki sabían que estaba en juego la representación medida del "factor humano", cuya fuente fundamental se encontraba en el protagonista y su historia, el capitán Chesley Sullenberger y, secundariamente, en su primer oficial, Jeff Skiles, el apoyo insustituible en el momento de la gran decisión.

Komarnicki llegó al proyecto tras recibir un clip de *Variety* enviado por un colega suyo, Jon Berg, que lo acompañó de una nota en la que le decía "I think you should write this story". Komarnicki quedó entregado a la historia y puso todo el empeño para ganarse el derecho a escribirla haciendo un *pitch* arrollador. ¿Qué vio en la historia?

El guionista encontró una historia profunda capaz de explicar la presencia divina en la vida de las gentes y un ejemplo perfectamente ilustrativo de lo que esto significa. Por ello, en su trabajo narrativo -a imitación de las memorias de Sully- se percibe un hilo teleológico que orienta cada uno de los acontecimientos seleccionados y remarcados hacia la idea fuerte de que cada cual ha de prepararse para ser capaz de dar lo mejor en su "momento de verdad"; o dicho de otro modo, según Komarnicki, cada persona, tras la película, ha de preguntarse "What's my Sully moment?". Si sería capaz de estar en actitud de rescate y ayuda a los demás. Con esa idea fija en el horizonte escribió el guion. Para Komarnicki, "writing is such a mystical thing".

Por eso, Komarnicki señala de nuevo la importancia que tuvo para él conocer a Sully. También Eastwood coincide en subrayar la grandeza humana del protagonista. Sus memorias, co-escritas con Jeffrey Zaslow, contienen muchos detalles históricos de su vida y pensamientos de calado que ponen de manifiesto cómo "the past impacts the present (...) We carry with us everything that has happened, and not in an esoteric kind of way. We have it in us, and we are shaped be what's has gone before". Según Sullenberger, "toda mi vida pasada no ha sido más que una preparación para este momento y esta prueba...". Ese culmen de la vida de Sully concentrado en los escasos 208 segundos en los que sucedió todo tuvo que expandirse necesariamente en la película. Este trabajo narrativo, efectuado en especial por Komarnicki, merece una explicación aparte porque es una demostración más de la confluencia entre la forma que adopta el relato y el sentido que tiene.

No existen las casualidades: un compromiso absoluto con la excelencia

Otro de los atractivos de la historia, para Komarnicki, es el hecho de que no muriera nadie. Según el guionista, aunque solo hubiera muerto una persona, no habría habido historia. La hazaña no habría sido calificado como "The Miracle of the Hudson". Esta rotundidad en el salvamento le condujo de nuevo a pensar en que "God is constantly working in our lives, and most of the time we don't notice that this invisible hand is ever present". Lo que está claro es que el amerizaje del vuelo 1549 no fue fruto de una casualidad. Ni para Sully ni para los contadores de su historia. Por ejemplo, es llamativa la facilidad con la que Sully conecta experiencias pasadas -remotas en tema y tiempo- con aquellos minutos de vuelo en tensión hasta el rescate de los 155 pasajeros. Desde su juventud, Sullenberger adquirió, como él mismo puntualiza, un "compromiso con la

Eastwood y Hanks durante el rodaje de *Sully*.

excelencia"; es decir, Sully fue muy pronto consciente de que los pilotos "estábamos obligados a hacer cosas increíbles cerca de la superficie terrestre". Eso dota de una singular seriedad en la vida. Dedicó muchas horas de observación y estudio de siniestros de aviones militares, mientras lo fue, así como a la psicología de los pilotos y el dominio de la técnica aérea. En este caso, la pregunta esencial que Sully se hacía constantemente tras los accidentes aéreos de gente especializada que retrasaba la eyección era la siguiente: "¿Qué hacía a esos hombres esperar tanto?". Y para responderla acudió a un estudio que decía que "si el avión estaba en peligro debido a un error de juicio por parte del piloto, éste aplazaba a menudo la decisión de eyectar. Se dedicaba a intentar resolver un problema insoluble o corregir una situación incorregible, porque temía represalias si destrozaba un avión que costaba varios millones de dólares" (119). Esta impresión que comparte Sully en su libro parece casi una declaración de sus intenciones justificada a posteriori. El temor a las represalias económicas no podía ser el factor esencial para decidir una u otra maniobra:

> Tuve la oportunidad de hacer un cambio mental en las prioridades. Había leído lo suficiente sobre seguridad y teoría cognitiva, y conocía también el concepto de 'sacrificar metas'. Cuando no es posible lograr todas tus metas, sacrificas las menos prioritarias. Haces eso con el fin de ejecutar y alcanzar metas más altas. En este caso, al intentar un amerizaje, yo sacrificaría la 'meta del avión' (tratar de no destruir una nave valorada en 60 millones de dólares) por la meta de salvar vidas (SULLY, 232).

El tiempo, las capacidades y asumir que has perdido el control de la máquina conforman la CS o "conciencia situacional" del piloto: ser "capaz de crear y mantener un modelo mental en tiempo real muy preciso de tu realidad".

El tiempo de dedicación entregada a su formación como piloto, capaz de llevar personas sanas y salvas a sus respectivos destinos, en definitiva no fue en vano. Solo ese compromiso con la excelencia permanente puede explicar que, pese a la improvisación y al estrés, todo saliera bien. "Real-life people making decisions under severe stress and unprecedented circunstances, not computer simulations", observaba Sully. En cambio, los simuladores informáticos no contienen ese elemento de improvisación que más allá de engrandecer la decisión hacen que la simulación sea lo más precisa posible. Cuando la NTSB estudió el caso de Sully, como bien refleja la película de Eastwood, no contó con la existencia del factor humano, la pieza esencial que distingue al hombre de la máquina y que ayuda a ponderar mejor si las decisiones tomadas a bordo durante el trance del pequeño vuelo del Airbus fueron o no correctas, esto es, el mérito o demérito.

Demasiado bajo. Terreno

El éxito de la operación de "preservar vidas" no estaba asegurado. Según Patrick Harten, el controlador de tráfico aéreo que siguió la trayectoria del vuelo 1549 desde que éste envió la señal de SOS, cuando oyó que Sully iba a amerizar en el Hudson, "simplemente no podía procesar esas palabras en mi mente. (...) Las personas no sobreviven a los amerizajes en el río Hudson. Pensé que era su propia sentencia de muerte. En ese momento creí que sería la última persona de ese avión con la que yo hablaría" (232). Para explicar la tensión vivida en esos instantes de angustia, la narración de Eastwood y Komarnicki juega con el tiempo histórico y con el tiempo mental. Este doble plano solo se comprende si se tiene en cuenta el final feliz y la ausencia de conflictividad durante el amerizaje: el resto de la tripulación (Doren Welsh, Dona Kent y Sheila Dail) y los pasajeros fueron dóciles en todo momento a las indicaciones, aunque no sabían que iban a amerizar, pues la orden del capitán fue "prepárense para el impacto". Desde el punto de vista dramático, ambos hechos tenían que conectarse con el auténtico drama de la historia: la investigación implacable contra Chelsey "Sully" Sullenberger. Como dice Komarnicki:

> The simple fact is for nine months this guy did not know if he would ever fly again, if he would have a pension, and if he would be sued by everyone on Board, by the airline, and by Airbus. That Sword of Damocles over anybody's head -and certainly

over the head of a man who lived his whole life around Safety and who fought for airlines a to be safer- is painful irony.

Sin embargo, adoptar una narración lineal no era eficaz para conseguir que el espectador cayera en la cuenta de que el drama de la investigación no era solo un asunto mecánico; el efecto legal de una catástrofe. Sino que lo que se estaba poniendo en crisis -además de la heroicidad de Sully aclamada en el mundo entero- era la vida completa de una persona que había luchado por y para "preservar vidas" en el cielo. Vista en perspectiva, la acción de la NTSB estaba cuestionando un triunfo real frente a un posible accidente o un aterrizaje ideal del cual pendían el puesto de trabajo y la reputación de una persona. Es por esto que, en el amerizaje, Sully se la jugó totalmente.

Por ello, tanto la conciencia predestinada de Sully como el sentido que Eastwood le iba a dar a la historia se explican desde la teoría del "eternal now". Con la constante presencia del pasado en el presente, según Komarnicki, los saltos en el tiempo usados en la película no son exactamente *flashbacks* auténticos, sino presencias memorísticas de la mente de la persona, en la que toda su existencia está conectada y no de modo lineal. El espectador observará con cierta crítica que en la película no solo prevalece la visión subjetiva de Sully. Hay momentos filmados a partir de los recuerdos de otras personas que participaron en el rescate, como la tripulación del NY Waterway, o como los de su familia, Lorrie y las niñas, que padecieron con pesadumbre el incidente.

Un héroe profesional

Esta historia cargada de esperanza fue fruto de la hazaña de un hombre corriente, de un profesional que por hacer bien su trabajo en absoluto sintió que su hazaña era heroica.

> Por supuesto, todavía no me siento cómodo con el apelativo de 'héroe'. Como le gusta decir a Lorrie, un héroe es alguien que arriesga su vida entrando en un edificio en llamas. El vuelo 1549 fue diferente, porque se trató de algo que mi equipo y yo encontramos sin buscarlo. Hicimos lo que pudimos, recurrimos a nuestra formación, tomamos las decisiones adecuadas, no nos dimos por vencidos, valoramos la vida de todos los pasajeros y obtuvimos un buen resultado. No sé si eso pueda considerarse 'heroico'. Esto es más tener una filosofía de vida, y aplicarla a las cosas que hicimos ese día y muchos otros días antes del incidente. Tal y como yo lo veo, más que a un acto de heroísmo, la gente está respondiendo a esa filosofía (SULLY, 263).

Sin embargo, ni Eastwood ni Komarnicki crearon la historia sin ese héroe en la cabeza. Con la excelente interpretación de Tom Hanks, en el papel de Sully, y de Aaron Eckhart, en el de Jeffrey Skiles, se refuerza, en primer lugar, cómo las preocupaciones de mando eran prudenciales. Y, en segundo lugar, técnicas. Las implicaciones prudenciales son esenciales para mostrar que sí hubo un acto heroico y no solo el seguimiento perfecto y calculado de un reglamento técnico. Pero también es cierto que, sin el respeto por las reglas, la decisión arriesgada habría podido ser una acción temeraria o, en el peor de los casos, truncada. Como clave para la interpretación del tipo de heroísmo que encumbraron los medios, se puede afirmar que estamos ante un cambio positivo y sutil de paradigma cultural pero determinante para la mejora de nuestra cultura actual:

> I feel that our culture has turned so dark and all our movies, ever our heroes are pretty bitter about being heroes. This movie is about us. It was about working people going about their daily lives going about their daily working putting their lives on the line to save other people at the drop of a hat. It was about excelence in Sully who had spent a whole lifetime preparing to do this miracolous thing on that January day. So, no, no, no reluctance. I leap in with my whole heart.

Los pasajeros de aquel vuelo 1549 estarán eternamente agradecidos a la tripulación por seguir vivos. En absoluto, su agradecimiento es innecesario, pues se necesitaba algo más que pericia y buena suerte para sobrevivir. Sully lo explica indirectamente en este extracto de sus memorias:

> Cuando Kelly era muy pequeña, me preguntó una vez: "¿Cuál es el mejor trabajo del mundo?". Mi respuesta fue la siguiente: "Es el trabajo que harías aunque no tuvieras que hacerlo". Es muy importante que la gente encuentre empleos adecuados a sus habilidades y pasiones. Las personas que aman sus empleos trabajan en ellos con mayor diligencia. Se vuelven más hábiles en las complejidades de sus funciones. Prestan un buen servicio al mundo (SULLY, 315).

El hecho de que fuera gente corriente sacando de una situación extrema a gente corriente devuelve la esperanza sobre la idea de un mundo mejor, en el que el compromiso con la excelencia en el trabajo puede adquirir la grandeza de un milagro en nuestro *Sully's Moment*.

SULLY (2016)
País: **EE.UU.**
Dirección: **Clint Eastwood**
Guion: **Todd Komarnicki**
Fotografía: **Tom Stern**
Montaje: **Blu Murray**
Música: **Christian Jacob, Tierney Sutton Band**
Diseño de producción: **James J. Murakami**
Vestuario: **Deborah Hopper**
Intérpretes: **Tom Hanks, Aaron Eckhart, Laura Linney, Anna Gunn, Autumn Reeser, Sam Huntington, Jerry Ferrara, Jeff Kober, Chris Bauer**
96 minutos
Distribuidora DVD: **Warner**
Estreno en España: **4.11.2016**

Filmografía de Jim Jarmusch como director (últimas 10 películas)

- *Sully* (2016).
- *El francotirador* (*American Sniper*, 2014).
- *Jersey Boys* (2014).
- *J. Edgar* (2011).
- *Más allá de la vida* (*Hereafter*, 2010).
- *Invictus* (2009).
- *Gran Torino* (2008).
- *El intercambio* (*Changeling*, 2008).
- *Cartas desde Iwo Jima* (*Letters From Iwo Jima*, 2006).
- *Banderas de nuestros padres* (*Flags of Our Fathers*, 2006).

FUENTES

- KLETT, Leah Marieann, *Sully Movie Writer Todd Komarnicki Shares how Prayer Guided Script in Clint Eastwood Film*, The Gospel Herald, 7 de septiembre de 2016.

- LANG, Bret, *Clint Eastwood Shooting 'Sully' Almost Entirely With Imax Cameras*, Variety, 21 de abril de 2016.

- LESNICK, Silas, *Sully Begins Production with Clint Eastwood and Tom Hanks*, Comingsoon.net, 30 de septiembre de 2015.

- MCKITTRIC, Christopher, *The Eternal Now: Todd Komarnicki on Sully*, Creativescreenwriting. The best Magazine for Screenwriters, 6 de octubre de 2016.

- STONE, Natalie, *Clint Eastwood's 'Sully' Gets Early Fall Release Date*, The Hollywood Reporter, 18 de diciembre de 2015.

- SULLENBERGER, Chelsey & ZASLOW Jeffrey, *Sully. Hazaña en el Hudson*, HarperCollins, Madrid, 2016.

- TRAVERS, Peter, *'Sully' Review: Clint Eastwood, Tom Hanks Make Heroic Pilot Story Soar*, Rolling Stone, 7 de septiembre de 2016.

- Interview: *Todd Komarnicki Talks About Sully and Pitching his heart out*, Awards Daily, 16 de diciembre de 2016.

- *Tom Hanks as Captain Sully on set of film about the 'miracle' landing on Hudson River*, Daily Mail, 2 de octubre de 2015.

- *Watch Tom Hanks pull off a Miracle on the Hudson in 'Sully' trailer*, Rolling Stone, 30 de junio de 2016.

The Vessel (Julio Quintana)
ALBERTO FIJO

La capacidad del cine de preguntarse por lo esencial o lo que es lo mismo las películas ontológicas. Esa capacidad y esa clase de películas han existido, basta asomarse a la filmografía de cineastas ya fallecidos como Robert Bresson, Andrei Tarkovski y Yatsujiro Ozu.

Es bien conocida la postura filosófica posmoderna, defendida entre otros por Deleuze y Derrida, que niega con llamativa vehemencia la posibilidad del relato ontológico o, lo que es lo mismo, del gran relato. Autores vivos y ejercientes como Miyazaki, Koreeda, Kawase, Yamada, Kaurismäki y Sokurov tienen películas que encajan perfectamente en la categoría. Muchos críticos y comentaristas no tienen especial problema en alabar sus historias, manifestaciones de un tipo de cine que no ha muerto, que quiere vivir, aunque sea en un contexto hostil o indiferente, o quizás precisamente por eso. Se da la circunstancia de que ninguno de esos directores vivos maneja una cosmovisión cristiana.

A la sombra de Malick

La tiene y bien clara, Terrence Malick. De manera meridiana en lo que podríamos llamar su trilogía personal formada por *El Árbol de la Vida*, *To The Wonder* y *Knight of Cups* (cfr. FIJO, 2017). En estas películas, un muy joven Julio Quintana participó como miembro del equipo de Malick, trabajando en la posproducción en el área de montaje. Resulta razonable que Quintana haya contado con el compositor Hanan Townshend y el montador A.J. Edwards, colaboradores estables de Malick.

Lo cuenta el propio Quintana:

> Conocí a Terry como un joven becario en *El Árbol de la Vida* y su influencia en mí fue enorme, además del obvio impacto estético que su trabajo tuvo en el mío. Como becario en el departamento de edición, durante los primeros meses de postproducción tuve el privilegio de leer el guion de *El Árbol de la Vida* y recuerdo llegar al final pensando: "La intención de esto no es vender entradas durante el fin de semana del estreno. El verdadero motivo es que esta película sea estudiada por alumnos de filosofía en los próximos quinientos años".
>
> Pero a pesar de leer el guion y ver las imágenes en bruto, quedé completamente conmocionado cuando fui al estreno y vi la película terminada. Cuando quise hablar con Terry me atraganté. Estaba tan sobrecogido de ver lo que había hecho, que durante el resto de la noche consideré seriamente no hacer nunca una película. ¿Qué podría yo contar que esta película no hubiera ya tratado?

Lo que resulta muy interesante en *The Vessel* es que, siendo una película claramente vinculada al cine trascendental de Malick y Bresson, es una obra personal, autónoma, con voz propia, la de Quintana, director y guionista de origen cubano asentado en Austin (Texas). Quintana alumbra una bellísima historia que habla de pasión, muerte y resurrección con una potencia sobrecogedora, como lo han hecho otros artistas cristianos precedentes, conscientes de que ésa es la Historia y lo demás, historias. El misterio del dolor anega (materialmente) un pueblo que se ha distanciado de Dios: una ola gigante se llevó a sus cuarenta niños por delante, que con su maestro estaban en la escuela, aún sin reconstruir, recordatorio de un dolor que no cede. El párroco estadounidense (inmenso Martin Sheen) cuida de todos, es un padre de verdad y por eso comprende y espera.

La sinopsis larga de la película que ofrece el *pressbook* compendia con precisión y acierto el alma de un relato de enorme ambición dramática, que exige una factura y unas consecuentes estrategias de producción muy singulares.

> Música. Baile. Fuegos artificiales. El nacimiento de un niño. Estas son solo algunas de las cosas que desaparecieron de un pequeño pueblo costero, después que una in-

mensa ola demoliera la escuela y se llevara por delante a cuarenta y seis niños.

Diez años después, el Padre Douglas todavía está tratando de aportar consuelo a la gente del pueblo. Les invita a que rían, a que traten de pasar página y, sobre todo, a que tengan más niños. Pero ellos se niegan y prefieren permanecer encerrados en un interminable estado de luto.

Pero todo cambia una noche en la que el joven Leo se ahoga en el mar y, misteriosamente, despierta tres horas después. Sobrecogido por este suceso extraordinario, Leo percibe que todo es diferente, pero no puede explicar por qué. "¿Podría ser esto una señal de Dios?", comienzan a preguntarse los habitantes del pueblo. Por primera vez en años el Padre Douglas ve un atisbo de esperanza en los ojos de la gente.

Casi movido por una fuerza interior que no acaba de comprender, Leo comienza a construir una extraña estructura frente a su casa con los restos que aún quedaban de la escuela, desatando una tormenta de indignación y a la vez entusiasmo en la aldea entera. La gente del pueblo analiza e interpreta cada movimiento del joven como una especie de mensaje divino, viéndose obligados a escoger entre los recuerdos y este nuevo símbolo de esperanza.

Malick puede estar orgulloso porque Quintana es un hijo, no un clon. Ni siquiera se le puede considerar un imitador. Las decisiones de Quintana, que incluyen el rodaje de dos versiones (una primera en inglés y otra en castellano, que curiosamente no supusieron un incremento significativo del presupuesto), la localización en La Perla, un mísero barrio marginal de Puerto Rico y un rodaje en el que a diferencia de la praxis *malickiana* se ha trabajado con el cuchillo entre los dientes para ajustarse a un presupuesto de 5 millones de dólares que no permitía ni muchas tomas por plano ni material descartable en el montaje, complejo por el hecho de tener que cortar dos versiones.

Sobre la dirección de actores, el uso del guion y el grado de improvisación en la filmación, Quintana señala:

Una y otra vez yo le decía a mi equipo: "En el peor de los casos, grabaremos conforme al guion". Por mi experiencia, los momentos mágicos suceden cuando uno va al set con un plan sólido, pero está preparado para abandonar ese plan cuando algo mejor se presenta. Yo siempre les doy a los actores la flexibilidad de sugerir y tratar lo que sea que ellos crean que mejora la escena. A Martin, por ejemplo, le gusta improvisar líneas cortas o momentos cálidos que hacen al personaje auténtico y sorprendente. Hay una indicación en el guion que dice: "El Padre Douglas toma gentilmente el cordón de las manos de Fidelia, hace un nudo en una punta y se lo devuelve". Martin, interpretando la acción delante de la cámara, nos sorprendió a todos cantando suavemente la canción *Como me abstengo de cantar*, y se convirtió en una nueva escena, con un gran significado.

Aris Mejias, que interpreta a Soraya, fue una gran ayuda para mí antes de comenzar y también durante la grabación, sugiriendo innumerables detalles que lograron hacer de Soraya un personaje más complejo e interesante. Actores inteligentes y apasionados como Aris son una mina de oro para los directores. Estaría loco no incluyéndolos en el proceso creativo.

Quintana muestra una cercanía evidente con la poética de Malick: el retrato de la naturaleza y la presencia de los cuatro elementos como fuerzas que moldean el siempre misterioso dolor humano conecta con películas como *To The Wonder* y *El Árbol de la Vida*; la naturaleza es agraciada en el sentido que empleo en mis escritos sobre Malick. Basta ver y oír en la película de Quintana el viento y el mar, esa obra maestra insuperable, el oleaje como la mejor sinfonía de la vida. La secuencia de apertura con Leo, el protagonista: inclinado sobre el agua en la orilla rocosa, áspera y hermosa a la luz de una tarde que se va. Suena su voz en *off*, decidida, natural, melodiosa: Leo habla de su madre. El actor Lucas Quintana es hermano del director y es cantante. Curioso. Más aún, reveladoras ambas características.

Como Malick, Quintana tiene predilección por los buenos actores y una enorme confianza en el equipo de fotografía de la película. Por eso, no es sorprendente que declare lo que sigue y que la película resultante exprese acabadamente ese equilibrio entre la planificación concienzuda y la libertad para atrapar momentos que se propician, creando un clima compartido por los actores y el equipo técnico, una manera de proceder aprendida de Malick, un exquisito pescador que echa anzuelo y espera que los peces piquen. Quintana señala:

> En general, no encuentro que las secuencias planeadas con anterioridad sean de mucha ayuda. Prefiero decidir en el lugar de la grabación, pero el proceso de crear imágenes bellas comienza mucho antes de llegar al set. El primer miembro del equipo que contratamos fue el director de fotografía, Santiago "Chago" Benet, que es un artista en todo el sentido de la palabra y fue mi colaborador clave desde tres meses antes de grabar el primer plano. Se involucró en la elección de las localidades, en la coordinación de colores y hasta observando las grabaciones de las audiciones en las que seleccionaba a los actores. Además, nosotros ajustamos nuestro horario entero de grabación según la luz del día, filmando escenas interiores a medio día y dejando escenas exteriores para las horas mágicas del amanecer y del atardecer, cuando el sol está bajo en el horizonte. Esto significa que teníamos un rango muy corto de luz

El sacerdote que interpreta Martin Sheen cuida a un rebaño de muertos en vida.

buena para nuestras escenas exteriores y todos tenían que estar preparados para poder grabar en poco tiempo.

Al final de la filmación, los productores hicieron camisetas para nosotros que decían "Monstruos de las Horas Mágicas", una forma humorística de hacer referencia a la manera en que Chago y yo corríamos y gritábamos a todos los miembros del equipo para que se quitaran de nuestro plano antes de que perdiéramos la luz. Era muy común que estuviéramos cubiertos de arena en el momento en que el sol se ocultaba. Todo el mundo estaba entusiasmado aplaudiendo algún momento especial que había sido capturado en cámara. Fueron unos días de los más divertidos de mi vida.

Prosa poética

Quintana usa la prosa poética (su relato es mucho más accesible que los poemas arrebatados en verso blanco del último Malick) y escribe una partitura para un cuarteto en el que Martin Sheen y Jacqueline Duprey son los veteranos y Lucas Quintana y Aris Mejías, los jóvenes que pueden, si quieren, ser la esperanza de un pueblo marchito. Resulta obvio que el personaje del sacerdote está escrito para ser interpretado por Sheen, como queda claro en estas declaraciones del director y guionista, cuya esposa y productora es una colombiana con la que ya tenía mucha amistad desde los 15 años. Sobre el trabajo de Martin Sheen (nacido Ramón Estévez en Dayton, Ohio, 1940), Quintana cuenta:

Yo sabía que Martin era católico, y que él y Terry eran amigos cercanos desde que hicieron la película *Badlands* en los setenta. De modo que cuando decidí escribir un papel para un sacerdote, Martin me pareció un candidato perfecto. Durante dos años escribí el guion para Martin sin que él lo supiera, y cada vez que veía a Terry me decía: "No olvides avisarme cuando estés listo para hablar con Martin Sheen", lo que obviamente era una motivación inmensa para mí. Cuando finalmente terminé el guion, Terry se lo mandó inmediatamente a Martin. Él lo recibió un viernes y el domingo me llamó para decirme que estaba interesado en el proyecto. Inmediatamente viajé con Marla, mi esposa y productora, a su casa en Malibú, y creo que él presintió lo nervioso que estaba porque me dijo: "Tienes algo muy especial entre manos. Hay solamente algunos proyectos que supe que tenía que hacerlos en cuanto los leí: *Badlands*, *Apocalypse Now*, *The West Wing*, y ahora tu película".

Recuerdo pensar, "¡Dios mío, Martin Sheen ama mi película más que yo!". Así comenzó todo. Martin siempre estuvo conmigo y con el resto de gente joven trabajando en la película. Por ejemplo, nuestro brillante director de fotografía fue Santiago Benet y *The Vessel* ha sido su primera película, y recuerdo que Martin se acercaba al set y equilibraba la iluminación. O cuando él compartía escena con mi hermano Lucas, sabiendo que este era su primer papel en la gran pantalla, Martin le decía, "Muchacho, si yo tuviera una cara como la tuya, ¡habría sido una estrella!".

Yo creo que ese calor humano se dejó ver en el personaje de una forma que yo nunca hubiera podido describir o dirigir. Martin es una persona tan cariñosa que cualquier personaje que represente es también cariñoso. La única dificultad de trabajar con Martin es tener que interrumpir sus increíbles historias. Él podría estar compartiendo una anécdota maravillosa acerca de Marlon Brando o Bob Dylan o Martin Scorsese, y yo constantemente lo interrumpía porque el sol caía o porque el burro había sido alquilado solo por una hora. Martin sonreía y se introducía en cualquier momento dramático que estuviéramos filmando. Fue una experiencia maravillosa para todos nosotros y yo le estaré agradecido toda mi vida.

Como es sabido, hay reinos en los que solo se entra si te agachas, si te haces niño. En *El navío* de Quintana no hay sitio para altaneros. Como con las películas más personales de Malick, no han faltado las críticas que desdeñan *The Vessel* tildándola de sermón. Hay quien le reprocha la intensa presencia del catolicismo en la historia. Hace falta ser muy tonto o muy odiador para no entender que no hay cristianismo sin sacerdocio; no porque se les haya ocurrido a los seguidores de Jesucristo sino porque el mismo Jesús quiso que fuese así.

La figura impresionante del padre Douglas en *The Vessel* es de algún modo simétrica

El mar como lugar del misterio, de la vida y la muerte, del dolor y la alegría. El mar de los milagros.

en su cometido dramático a los sacerdotes católicos que aparecen en *To The Wonder* y *Knight of Cups*, encomendados por Malick a Javier Bardem (Father Quintana) y Armin Mueller-Stahl (Father Zeitlinger), respectivamente. Los tres sacerdotes son claves en la evolución de la historia y en la metanoia de los personajes protagonistas.

Los prejuicios son recurrentes y los argumentos que se emplean para ignorar o negar la calidad de la película son los habituales entre los que rechazan un cine abierto a la trascendencia y más aún cuando se presenta la fe cristiana encarnada y vivida.

Las secuencias del sacerdote atendiendo a su rebaño sobrecogen: revestido espera a su grey que no acude a la misa (ver la imagen que abre este artículo), sobreponiéndose a su propio dolor atiende a los enfermos del cuerpo y del alma, en un momento desgarrador se dispone abandonar su parroquia porque piensa que Dios no le quiere allí...

Una productora muy relevante

Sarah Green es una figura decisiva. Como productora ejecutiva no solo ha hecho posible la opera prima de Quintana, sino que le ha dejado trabajar con libertad. Green suma un portfolio impresionante, que incluye películas de directores capaces de internarse en parajes poco frecuentados por el cine más convencional: tres de John Sayles (*City of Hope, Passion Fish, El secreto de la isla de las focas*), cuatro de Mike Nichols (*Take Shelter, Mud, Midnight Special, Loving*), cinco de David Mamet (*Oleanna, American Buffa-*

lo, *La trama*, *El caso Winslow*, *State and Maine*) y seis de Terrence Malick (*Song to Song*, *Voyage of Time*, *Knight of Cups*, *To The Wonder*, *El Árbol de la Vida* y *El Nuevo Mundo*). Además, Green ha producido a directoras como Julie Taymor (*Frida*) y Karyn Kusama (*Girlfight*).

El que entre y se siente -libre, con mente y corazón abiertos- en esta barca artesanal con aparejo rudimentario y quizás por eso más bello, podrá hacer una de las navegaciones más apasionantes de los últimos años. Malick ya podía morirse tranquilo tras la majestuosa y sensacional *Knight of Cups* que de manera incomprensible no se ha estrenado en España.

A bordo de *The Vessel*, como productor -junto a Sarah Green, Martin Sheen y Marla Quintana-, Malick tendrá la satisfacción de todo buen maestro: ver que su escuela no solo flota, sino que navega.

Al final de los créditos, en una impresionante decisión de Hanan Townshend y Julio Quintana, preludiada por la música del compositor tan querido por Malick, suena sorpresivamente la voz maravillosa de la española Mayte Martín, que canta, canta sublime, sin música que la acompañe, con una dulzura infinita aquello de los mexicanos Gabriel Ruiz Galindo y Gabriel Luna, con el temple y el recreo en la suerte que solo tiene una cantaora de flamenco excepcional.

Despierta,
dulce amor de mi vida,
despierta,
si te encuentras dormida.
Escucha mi voz vibrar bajo tu ventana,
en esta canción te vengo a entregar el alma.
Perdona
que interrumpa tu sueño,
pero no pude más
Y esta noche te vine a decir:
te quiero.
Por favor, dulce bien, óyeme.

La canción de mi amor a tu amor.
Escucha mi voz vibrar bajo tu ventana,
en esta canción te vengo a entregar el alma.
Perdona
Que interrumpa tu sueño,
Pero no pude más
Y esta noche te vine a decir:
Te quiero.
Te quiero
Te quiero
Te adoro.

THE VESSEL (EL NAVÍO) (2016)
País: **EE.UU., Puerto Rico**
Dirección y Guion: **Julio Quintana**
Fotografía: **Santiago Benet Mari**
Montaje: **A.J. Edwards, Don Swaynos**
Música: **Hanan Townshend**
Diseño de producción: **Gerardo José Vega**
Vestuario: **Natalia Collazo**
Intérpretes: **Lucas Quintana, Martin Sheen, Jacqueline Duprey, Aris Mejias, Hiram Delgado**
84 minutos
Distribuidora DVD: **European Dreams Factory**
Estreno en España: **9.12.2016**

FUENTES

• FIJO, Alberto (2017). *El árbol de la vida (Terrence Malick, 2011) como reivindicación del gran relato ontoteológico en el cine*. En E. FUSTER (ed.) *Identidad y reconocimiento en cine y TV*. (pp. 159-179). Roma: EDUSC.

• QUINTANA, Julio (2016). *Pressbook de la película The Vessel (El Navío)*. European Dreams Factory.

• MARTÍN, Mayte (2016). Despierta. Canción compuesta por G. RUIZ GALINDO y G. LUNA <https://open.spotify.com/track/7Jw2hU938A6ZuscCt7J5Np>

Trumbo: la lista negra de Hollywood (Jay Roach)

ANTONIO SÁNCHEZ-ESCALONILLA

En noviembre de 1947, cuarenta y ocho directivos de Hollywood convocados por la Motion Picture Association of America se reunieron en el Hotel Waldorf Astoria de Manhattan para firmar lo que se conocería como la "Declaración del Waldorf": un compromiso público asumido, entre otros, por productores históricos como Samuel Goldwyn, Louis B. Mayer, Albert Warner o Harry Cohn, mediante el cual se condenaba oficialmente el desacato de los llamados Diez de Hollywood a la Cámara de Representantes del Congreso.

La declaración, publicada en *Variety* y en el *Motion Picture Herald*, recriminaba duramente la negativa del grupo integrado por un director y nueve guionistas que, tras su citación dos meses atrás ante el Comité de Actividades Anti-Americanas del Congreso, se habían negado a responder sobre su pertenencia al Partido Comunista de los Estados Unidos. "No deseamos prejuzgar sus derechos legales -expresaban los productores el documento-, pero sus actos han supuesto una deslealtad a sus empleadores y han perjudicado su servicio a la industria. Se expulsará en el acto o se suspenderá sin compensación a estos empleados, y no se contratará de nuevo a ninguno de los Diez mientras no sean absueltos, hayan disculpado su desacato o hayan declarado bajo juramento que no pertenecen al Partido Comunista" (Film Industry's 1947: 3). Historiadores del cine como Friedrich (1997: 334) consideran el documento, surgido por la presión de Washington ante la incipiente Guerra Fría, como el detonante de la llamada Lista Negra de Hollywood.

El guionista Dalton Trumbo se encontraba entre los diez citados que, acogiéndose a la Primera Enmienda, se habían negado a responder sobre su militancia comunista, vigente o pasada. El escritor había alcanzado la fama en 1939 con su novela *Johnny cogió su fusil*, basada en la experiencia de un soldado que pierde sus cuatro miembros en la I Guerra Mundial, y en los años 40 se había convertido en el guionista mejor pagado de Hollywood gracias a guiones de filmes como *Espejismo de amor* (Sam Wood, 1940), *Dos en el cielo* (Victor Fleming, 1942), *Treinta segundos sobre Tokio* (Mervyn LeRoy, 1944) o *Compañero de mi vida* (Edward Dmytryk, 1943). La inclusión de Trumbo en la lista negra supuso de entrada la suspensión de su contrato de 3.000 dólares semanales con Metro-Goldwyn-Mayer, un estudio que además se negó a abonar al escritor el pago de 60.000 dólares por trabajos previos. Condenado finalmente por desacato, la Corte Suprema rechazó su apelación y el guionista fue sentenciado a once meses de cárcel en 1950.

El eje Hollywood-Washington

Sesenta y cinco años después, el director Jay Roach y el guionista John McNamara recuperaban la figura controvertida de Dalton Trumbo (Bryan Cranston) para convertirlo en protagonista de una de esas historias de Hollywood sobre Hollywood, una suerte de escritura en abismo que ha dado lugar a títulos tan dispares y sugerentes como *El crepúsculo de los dioses*, *Ed Wood*, *RKO 281* o *Argo*, y que -salvo excepciones como el filme de Billy Wilder- rara vez tienen a un escritor como personaje principal.

En este caso, la fuerza dramática del guion de *Trumbo* (2015) reside en la coherencia de principios y en la paradoja vital del creativo, nacido en Colorado en 1905: un comunista rico insertado en la maquinaria capitalista californiana que se niega a confesar su ideología política ante una comisión de investigación, aunque por ello su nombre y su propia familia se vieran perjudicados. Roach y McNamara se sintieron atraídos por la firmeza moral del guionista, que durante una entrevista concedida a la CBS en 1959 se expresaba con rotundidad sobre la lista negra y el ataque que supuso a las libertades civiles, sobre todo a la conciencia personal: "El auténtico problema en todo el mundo es esta forma inmoral de ejercer el poder sobre los pensamientos más privados de los hombres (...). Esto no es estadounidense, no tiene que ver con este país. Y me niego a participar en ello" (MYERS, 2015).

En su guion, John McNamara plantea en forma de biopic una reflexión sobre la libertad de expresión, situada en uno de los escenarios más conflictivos de la tradición cinematográfica norteamericana desde los tiempos de *Caballero sin espada*: el eje Hollywood-Washington. Durante la primera mitad del guion se produce un encadenado de localizaciones que van desde los platós de la MGM y el Chinese Theater hasta la Corte Suprema y el Capitolio. En ocasiones, los lujosos despachos de las *majors* se confunden con los suelos de mármol del alto tribunal, mientras las pértigas y los focos de los estudios se transforman en los micrófonos y los *flashes* de los fotógrafos que aguardan a la salida de las sesiones del Congreso. Jack Valenti -sucesor de uno de los promotores de la Declaración del Waldorf- establece un paralelismo entre ambas ciudades y se pregunta cuál de ellas merece el título de capital del espectáculo: "He llegado a convencerme de que la gente del cine y los políticos proceden de un ADN idéntico. Ambos son impredecibles, a veces glamurosos, casi siempre en crisis (imaginarias o no), adictos al poder, siempre en escena, enganchados al aplauso, siempre recitando guiones que otros escriben, tomando constantemente el pulso de la audiencia, nunca realmente seguros de sí mismos excepto cuando se encuentran en público" (PERETTI, 2012: 8-9).

Roach y McNamara, director y guionista, introducen a su personaje como un valedor del adagio que asegura a la pluma mayor fuerza que a la espada, y dotan al guionista de un perfil heroico capaz de remover con su coherencia ética los fundamentos de ambos poderes en una y otra costa del país: el ostentado por los dueños de los estudios, deseosos de proteger a toda costa sus intereses comerciales, y el mantenido por los políticos, dispuestos a coartar las libertades básicas para proteger la seguridad física y moral del país. *Trumbo* plantea el antiguo dilema norteamericano entre libertad y seguridad, presente en la cultura y el derecho desde la fundación del país, y la trama del filme se desarrolla según la solución que el propio Benjamin Franklin pronunció de manera categórica: "Aquellos que renuncian a la libertad esencial para adquirir una seguridad temporal no merecen ni una ni otra".

En lucha con tres gremios de la industria

Con independencia del signo político del residente de la Casa Blanca, el tema de las presiones políticas sobre las *majors* de Hollywood y los medios de comunicación es un tema recurrente que suele abordarse mediante su icono más representativo: la extensión de la caza de brujas a los estudios y a la prensa durante los años 40 y 50. Frank Darabont lo empleó en *The Majestic* (2001) para rendir un homenaje patriótico a los guionistas de la lista negra mediante un relato ficticio. George Clooney también acudió a él en

Buenas noches, y buena suerte (2005) para reconstruir el pulso histórico entre el senador McCarthy y la CBS.

A través de *Trumbo*, Roach aborda el episodio de los Diez de Hollywood a través de su escritor más emblemático. La recreación histórica se lleva a cabo mediante un elenco de estrellas representativas de los tres gremios creativos implicados en la persecución del guionista: actores, productores y críticos. En el primer grupo destaca John Wayne (David James Elliott), comprometido con la campaña del Comité de Actividades Antiamericanas. Louis B. Mayer (Richard Portnow) representa a una industria decidida a defender sus intereses a costa de la libertad de expresión, cobardía que también se denuncia en *RKO 281* ante las amenazas de Hearst contra el estreno de *Ciudadano Kane* (Orson Welles 1941). El tercer gremio viene representado por la comentarista Hedda Hopper (Helen Mirren), toda una institución de los tiempos de la *silver screen*, identificada con la cruzada anticomunista.

Al recrear los años duros de Dalton Trumbo, transcurridos entre 1946 y 1951, el guion de McNamara introduce algunas licencias dramáticas que, por acción u omisión, quizá restan credibilidad a la composición del retrato. En opinión de la crítica Kimberley Jones, la decisión de fundir al resto de los nueve proscritos en un escritor ficticio, Arlen Hird, fue una elección fallida que resultaba incongruente en una producción que buscaba precisamente reivindicar el anonimato forzoso impuesto por el Congreso. Una decisión que, además, denomina irónica: "en una película que trata explícitamente sobre diez hombres desprovistos de sus nombres, parece una excepcional mala práctica hacer lo mismo al servicio de la conveniencia narrativa" (JONES, 2015).

Por otro lado, si bien es cierto que la imagen de la industria quedó dañada por la postura de Mayer al frente de la MGM, el estudio más poderoso del momento, también es cierto que en el filme se obvia la labor realizada por los productores durante los años del New Deal -Zanuck y Cohn entre otros- por fomentar la sensibilidad social del público norteamericano, cuando el país se recuperaba de las heridas de la Gran Depresión. En cuanto al gremio de los directores, resulta llamativa la ausencia de personajes de relieve en representación de realizadores envueltos en la persecución, a favor o en contra. A este respecto, una referencia a la polaridad entre Cecil B. DeMille y John Ford hubiese prestado un valioso recurso para completar el escenario dramático de *Trumbo*: de sobra es conocida la presentación del segundo en una reunión de la Screen Directors Guild en 1950 -"me llamo John Ford y hago películas del Oeste"-, cuando el divino tuerto se opuso decididamente a una propuesta del primero contra los realizadores sospechosos de antiamericanismo, en especial los de origen inmigrante.

Por motivos de conciencia, Dalton Trumbo (Bryan Cranston) se negó a prestar declaración ante el Comité de Actividades Anti-Americanas del Congreso en 1947.

La faceta familiar y creativa de Dalton Trumbo se impone al perfil activista en el segundo acto del filme, cuando el guionista sale de la prisión federal de Kentucky y emprende la lucha por sacar adelante a su familia. Ningún estudio estaba dispuesto a contratarle y sus antiguos compañeros huyen de él, entre ellos amigos y camaradas de la vieja causa como Edward G. Robinson (Michael Stuhlbarg en el filme). El verdadero problema planteado en la historia se desarrolla entonces no tanto en forma de pugna social o política, sino a través de un sencillo conflicto humano: cómo conciliar el compromiso familiar con un compromiso ideológico. En efecto, el héroe de esta historia no llega a retractarse de su postura en ningún momento. Como había declarado textualmente durante su interrogatorio ante el Comité, "muchas preguntas solo tienen un sí o un no por respuesta solo si el que responde es un imbécil o un esclavo". Decidido a no ser ni uno ni otro, Trumbo reanuda su trabajo como guionista pero a lo largo de una década no firmaría un solo borrador, pues la Declaración de Waldorf y la lista negra se mantuvieron vigentes hasta los años 60.

Dos Oscar a la perseverancia

El filme de Roach pone en valor la ayuda prestada a Trumbo por los hermanos Frank y Hymie King (interpretados por John Goodman y Stephen Root), productores de películas de serie B, que se convirtieron en sus principales clientes pese a las presiones sindicales. En esta parte del guion destaca la faceta profesional perseverante del Trumbo de carne y hueso que en su juventud, antes de conseguir su primer contrato en Hollywood, había escrito seis novelas y hasta ochenta y ocho relatos cortos... sistemáticamente rechazados por las editoriales y jamás publicados. Es en esta parte del guion donde se perfila la idea nuclear de todo el filme: un personaje oficialmente desprovisto de nombre, en lucha por mantener viva su identidad como padre de familia y como escritor infatigable.

A lo largo de la década de los 50, el anonimato del guionista se convirtió en un secreto a voces pese al uso de testaferros como subterfugio legal. Así, Ian McLellan Hunter recibió tanto el crédito de guionista como el Oscar el mejor guion original de 1953 por *Vacaciones en Roma* (William Wyler), uno y otro restituidos años más tarde. El período se cerró cuando Kirk Dpuglas y Otto Preminger solicitaron hacia el final de la década los servicios de Dalton Trumbo como guionista de *Espartaco* (1960) y *Éxodo* (1960). Por entonces, la mordaza impuesta por la lista negra se había convertido en un anacronismo inefectivo, como se destaca en el tercer acto del filme.

McNamara precipita el desenlace del guion con el clímax de las dos subtramas desarrolladas por el protagonista: la profesional y la familiar. Si bien la primera alcanza su momento culminante con su segundo Oscar por *El Bravo* (Irving Rapper, 1956) y los encargos de Douglas y Preminger, su entrega a la escritura ocasiona una crisis familiar expresada en la relación de Dalton Trumbo con su hija Niki (Elle Fanning), sin duda el personaje que mejor destaca los conflictos internos de Trumbo como guionista, como padre de familia y como intelectual comprometido. En este sentido, Manohla Dargis subraya el peso narrativo y emocional de la hija de Trumbo en el guion, al tiempo que denuncia el tratamiento anecdótico del precio personal pagado durante la persecución. "El Trumbo personaje es un hombre encantador -explica Dargis con cierta dureza-, que carga con sus contradicciones de un modo tan llevadero que casi pasan inadvertidas, pese a las burlas ocasionales de sus amigos. Habría que preguntarse si el Trumbo real se reconocería en él" (DARGIS, 2015).

Como todo biopic sobre la heroicidad de personajes históricos, la recreación fílmica siempre está sujeta a la insatisfacción de críticos, analistas e historiadores. Con todo, el retrato de Dalton Trumbo ofrecido por Roach, McNamara y Cranston plantea una propuesta sensata y asequible del ideal comprometido cuando las circunstancias extremas amenazan la integridad de la conciencia. En este sentido, el personaje de Trumbo resulta tan verosímil y humanamente familiar como Eric Lidell en *Carros de fuego* (Hugh Hudson, 1981) o Tomás Moro en *Un hombre para la eternidad* (Fred Zinnemann, 1966)

-títulos premiados con el Oscar al mejor guion, por cierto-, personajes todos ellos que afrontan pruebas similares en momentos históricos que se repiten una y otra vez, ya sea por la intolerancia, las leyes injustas o la arbitrariedad de la corrección política.

TRUMBO (2015)
País: **EE.UU.**
Dirección: **Jay Roach**
Guion: **John McNamara**
Fotografía: **Jim Denault**
Montaje: **Alan Baumgarten**
Música: **Theodore Shapiro**
Diseño de producción: **Mark Ricker**
Vestuario: **Daniel Orlandi**
Intérpretes: **Bryan Cranston, Elle Fanning, Diane Lane, Alan Tudyk, Helen Mirren, Louis C.K., John Goodman, Michael Stuhlbarg**
124 minutos
Distribuidora DVD: **eOne**
Estreno en España: **29.11.2016**

Filmografía de Jay Roach como director

- *Trumbo. La lista negra de Hollywood* (*Trumbo*, 2015).
- *En campaña todo vale* (*The Campaign*, 2012).
- *La cena de los idiotas* (*Dinner for Schmucks*, 2010).
- *Los padres de él* (*Meet the Fockers*, 2004).
- *Austin Powers en Miembro de Oro* (*Austin Powers in Goldmember*, 2002).
- *Los padres de ella* (*Meet the Parents*, 2000).
- *Austin Powers 2: La espía que me achuchó* (*Austin Powers; The Spy Who Shagged Me*, 1999).
- *Mystery, Alaska* (1999).
- *Austin Powers: Misterioso agente internacional* (*Austin Powers: International Man of Mystery*, 1997).

Jay Roach presenta en *Trumbo* a un personaje oficialmente desprovisto de nombre, en lucha por mantener viva su identidad como padre de familia y como escritor infatigable.

FUENTES

• DARGIS, Manohla. *Bryan Cranston in Trumbo, as a Screenwriter in a Hollywood Under Siege*. 5 noviembre 2015 <https://www.nytimes.com/2015/11/06/movies/review-bryan-cranston-in-trumbo-as-a-screenwriter-in-a-hollywood-under-siege.html?_r=0>

• FRIEDRICH, Otto (1997). *City of Nets. A Portrait of Hollywood in the 1940's*. Berkeley: University of California Press.

• JONES, Kimberley. *Trumbo*. 20 noviembre 2015 <https://www.austinchronicle.com/calendar/film/2015-11-20/trumbo/>

• MYERS, Scott. *Interview: Dalton Trumbo*. 20 septiembre 2015 <https://gointothestory.blcklst.com/interview-video-dalton-trumbo-6fecf2d20008>

• PERETTI, B. W. (2012). *The Leading Man. Hollywood and the Presidential Image*. New Brunswick N.J.: Rutgers University Press.

• *Film Industry's Policy Defined*, Variety, 26 noviembre 1947, 3.

Un doctor en la campiña (Thomas Lilti)
FERNANDO GIL-DELGADO

Superficialmente *Un doctor en la campiña* cuenta la historia de Jean-Pierre Werner, médico rural, y de lo que su enfermedad le supuso; superficialmente se podría decir que esta película sería una vuelta de tuerca más al tema del médico convertido en pésimo paciente. Ambas ideas figuran en el guion de esta película pero no son, ni mucho menos, el tema de la historia, lo que nos brinda una magnífica oportunidad para comentar forma y fondo y para indicar por qué esta cinta, considerada generalmente como buena, en realidad es notable.

Algunos resúmenes del argumento comienzan hablando de las cualidades de Jean-Pierre Werner, excelente médico rural, muy apreciado por sus pacientes, a quien diagnostican un cáncer; luego centran el tema en cómo recibe la noticia y lo mal que acepta la llegada de un médico ayudante, una médico para más inri. Todo ello es cierto, pero también es inexacto: cuando la cinta comienza y solo se ven unos títulos de crédito sobre fondo negro, oímos la voz de una médico dando instrucciones a un paciente, las imágenes muestran a un hombre entrando en el tubo de un escáner; un primer plano de la cara y los rayos hacen pensar en un tumor en el cerebro; poco después asistimos a la entrevista con el médico. En efecto, el paciente tiene un tumor en el cerebro, el pronóstico es difícil, hay que recurrir a la quimio y debe descansar, pero no está dispuesto a ello.

Tan solo han pasado dos minutos y medio, créditos incluidos, estamos en pleno drama, empatizamos con el enfermo y todavía no sabemos quién es, ni qué es, ni mucho menos que es médico rural. Ahora va a comenzar la historia, con un *travelling* desde el coche que se aleja de la ciudad, hacia la campiña, y muestra la actividad de Jean-Pierre como médico rural, que no quiere ni puede descansar porque está solo y mucha gente depende de él.

Los días transcurren con una deliciosa regularidad, y hay que descubrirse ante Nicolas Gaurin, director de fotografía, que en la primera secuencia, al presentar al protagonista en el hospital, utiliza una planificación rigurosa, milimétrica al extremo, y después parece un documentalista acompañando a un médico por granjas y aldeas. Ningún plano es gratuito.

Hay visitas a domicilio previas a la consulta; llamadas telefónicas intempestivas interrumpen un rato de solaz o de sueño, siempre hay alguna urgencia y kilómetros de carretera para llegar a una granja; el trabajo ocupa siete días a la semana, la disponibilidad es de veinticuatro horas al día. No hay pacientes nuevos, todos son viejos conocidos, empezando por su anciana madre, que logra ser autosuficiente con su ayuda; todos confían a su médico el cuerpo y el alma -o una parte de ella-, angustias, preocupaciones pequeñas o grandes; y el médico se presta a las confidencias, da consejos, ayuda con los papeles... sabe que cuerpo y alma son inseparables y que su trabajo, aunque no esté escrito en los manuales, implica cuidar de los dos. "Ser médico rural no se estudia", dirá más tarde. Ahora sabemos que adora su trabajo, que para él es mucho más que un trabajo. También hemos aprendido que este médico cincuentón y solitario está divorciado y tiene un hijo universitario.

Apenas llevamos nueve minutos de proyección y el guion introduce un elemento nuevo, sorprendente: una desconocida se acerca a la consulta; se trata de Nathalie, bella mujer de unos cuarenta años, recién licenciada en medicina, enviada por su superior, aquel que le había diagnosticado el cáncer, "para ayudarle". La película cobra un cariz nuevo, gana en interés, plantea diferentes conflictos; por una parte, Jean-Pierre no quiere un ayudante porque él se basta, hasta el momento la enfermedad no le ha impedido atender a sus pacientes de ninguna manera. Además, él no ha pedido ayuda, se la han enviado sin preguntarle; por otra parte, la presencia de esta médico supone un recordatorio de la enfermedad. Existe además un elemento de vanidad: él ha sido "el médico", y ahora va a tener que compartir su reino; finalmente, "ser médico rural no se estudia", el ayudante impuesto, ¿estará a la altura?

Nathalie resulta ser un personaje tan complejo o más que Jean-Pierre, mujer madura y, como él mismo, sola; con los estudios de medicina recién acabados había trabajado años antes de estudiar para médico, y quiere ejercer en este campo. Con naturalidad, Nathalie obliga a Jean-Pierre a compartir protagonismo en esta aventura, a la vez que le exige trabajar de un modo diferente. Si el tema de la película es el de la medicina rural y la relación médico-paciente no cambia nada; si trata de cómo la enfermedad afecta a un galeno concreto, tampoco cambia, la enfermedad sigue ahí, más cercana que nunca; si se trata de una historia humana con un protagonista que vive, siente y lucha, la historia da un giro notable: ahora hay un conflicto entre dos personas que deben acostumbrarse a trabajar, a convivir, a respetarse, a apreciarse, a aprender el uno del otro y a luchar juntos por un objetivo común.

Y la historia avanza con esa hermosa rutina que incluye asistir a un baile en el pueblo, dar un consejo a las fuerzas vivas locales, o la muerte de un paciente; hay naderías y bromas, aciertos y fallos; Nathalie se integra en su puesto en el campo y Jean-Pierre sigue con la quimioterapia. La trama es densa, llena de conflictos bien escritos que se muestran en segundos, a veces con una simple mirada, con un gesto, con silencios expresivos, con la familiaridad de quien pisa un terreno seguro.

Las cosas que importan

Empezamos este artículo con la palabra "superficialmente", elegida a propósito para subrayar que *Un doctor en la campiña* cuenta mucho más que la enfermedad de Jean-Pierre y mucho más que la medicina rural y su práctica. Cuenta la aventura más grande que se puede contar, que es hablar del hombre y de las cosas que le importan.

Dicen, y es verdad, que toda obra de arte es en mayor o menor medida autobiográfica; Thomas Lilti, médico y cineasta, recurre al mundo que conoce. Su película anterior, *Hipócrates*, contaba el primer año de práctica hospitalaria de un joven licenciado en medicina; se trata de un relato muy autobiográfico en el que cuenta sus años de aprendizaje, su primera experiencia clínica, pero no es una película dedicada a la denuncia de algunas prácticas médicas, sino al crecimiento y madurez de un joven al inicio de su práctica profesional, y al trato con los demás.

Thomas Lilti utiliza el contexto médico para hablar del hombre, al igual que John Carney (*Once*, *Begin Again*, *Sing Street*) hace un cine cuyo fondo es el mundo de la música; o por ejemplo Antoine de Saint Exupery escribía sobre el mundo de la aviación.

Lilti ha declarado que su película trata temas universales como son la soledad, las relaciones o la plenitud vital. Vale la pena apuntar que *Un doctor en la campiña* no es una consecuencia del éxito de taquilla que consiguió *Hipócrates* en Francia, una manera de explotar la fórmula "películas de médicos" que ahora darían dinero. La producción de *Un doctor en la campiña* comenzó poco antes del estreno de *Hipócrates* en sala.

En más de una ocasión Lilti ha declarado que "siempre digo que aprendí a hacer cine estudiando medicina. Son los que han hecho de mí el director que soy actualmente". En *Hipócrates* muestra que salir del aula y enfrentarse a un paciente en un quirófano, hablar con él poco después, verlo morir y tener que hablar a su viuda son experiencias que marcan, que organizan las prioridades de una manera particular. También está claro que la práctica médica en un moderno hospital urbano resulta diferente a la medicina rural que nos muestra en esta película: "Quería mostrar que la medicina requiere proximidad, es un trabajo artesanal. Un tratamiento es un intercambio entre el paciente y el doctor. El médico da, pero también recibe mucho del enfermo". Y esa relación puede alcanzar la grandeza que solo alcanzan las cosas verdaderas y humanas y convertirse en una apasionante aventura de carácter universal.

El médico rural, un héroe cotidiano

Antonio Sánchez Escalonilla, en su libro *Guion de aventura y forja del héroe*, examina los guiones en los que se forma a un héroe, él lo ha denominado "El Viaje de Frodo". Un camino iniciático peculiar que recorre una serie de etapas que van de la llamada a la aventura que recibe el protagonista al comienzo de la historia, hasta su renacimiento en forma de un nuevo héroe, pasando por las primeras heridas, la visita al oráculo o el inevitable descenso a los infiernos. Me agrada señalar que esos pasos también se dan en esta singular aventura -se dan en todas las buenas historias-, que es una vida cotidiana normal de un héroe cuyo corcel es un viejo coche, y sus armas son su maletín, su ciencia y su corazón.

Al inicio de este particular viaje, Jean-Pierre recibe una tremenda llamada, un aviso, de la muerte y los consejos de un sabio, pero él no quiere escucharlo, se aferra a su rutina. Recibirá un compañero de viaje de quien aprenderá mucho y a quien enseñará mucho también. Habrá heridas y el héroe saldrá fortalecido y mejorado después de esos incidentes.

Es evidente que los guionistas, Thomas Lilti y Baya Kasmi, no pensaban en el viaje

Marianne Denicourt, médico ayudante, se expresa con las miradas y los silencios tanto como con la voz.

del héroe cuando escribían su guion. También es evidente que ellos han escrito el relato a partir de un héroe, Jean-Pierre Werner, y no a partir de un anecdotario de medicina rural. El elemento clave de esta película es la construcción de los dos personajes principales, en primer lugar Jean-Pierre, y en segundo Nathalie Delezia. Haberlos creado sólidos, reales, vitales es un logro nada común; de ahí que su relación sea tan natural y sorprenda por no seguir los senderos fáciles del melodrama barato. Pero Lilti y Kasmi, que ya han escrito juntos anteriormente, no escriben melodrama sino vida: en lugar de escribir historias que le ocurren a un médico, han realizado el retrato de un médico, y lo han puesto en un contexto en el que suceden cosas. *Un doctor en la campiña* es, muy principalmente, el retrato vivo de este Jean-Pierre, que se nos va mostrando, poco a poco, con una profundidad y veracidad extraordinaria.

Después de hablar de la forja del héroe hay que mencionar los grandes temas universales de la literatura, que a la postre, resultan ser muy pocos. El amor, la vida, la muerte, Dios y el viaje en sus diversas vertientes: como búsqueda, como símbolo, o simplemente físico. Esta aventura los tiene todos, prueba de ello es Nathalie.

Si es cierto que sin mujer no hay aventura, que sin Penélope no hay Ulises ni don Quijote sin Dulcinea, Jean-Pierre se revela en Nathalie, que ha sido diseñada por los guionistas como su complemento perfecto: mujer urbanita, más joven que él y dotada de una fuerte personalidad. Tiene además las cualidades médicas que él aprecia, y está dispuesta a ayudar y aprender. Su relación pasa por todas las fases, hostilidad, desconfianza, respeto, aprecio; y se construye naturalmente a base de choques inocentes, de humor y de respeto; su trato, modelo de corrección, les enriquece y enriquece al espectador. El final de la película deja lugar para imaginar lo que podría ser el futuro.

Sin ningún discurso, *Un doctor en la campiña* ha tratado de la medicina en general y la medicina rural y sus problemas, también de la dicotomía campo-ciudad, de modernidad y tradición; y de la familia, de la dignidad humana, de amistad; de libertad y elecciones personales, de rectificar, del encanto de la vida cotidiana y de la búsqueda de la felicidad; todo apunta, sin nombrarlo, a la trascendencia.

El veterano François Cluzet, conocido por estas latitudes gracias a su *Intocable*, es perfecto y su trabajo ha consistido en encarnar de tal manera a su personaje que la película después se ha rodado casi sin dificultad. Me gustó oírle decir, "he sido médico durante dos meses", expresión que lo dice todo. No actuó como si fuera un médico, lo fue de verdad (o casi). Como decíamos antes, al hablar del guion, un retrato tan completo hace que todo el resto fluya con facilidad. Marianne Denicourt es menos conocida, pero también es una importante actriz, que interpretó a una médico en *Hipócrates*, por la que mereció la candidatura al César ese año.

No hace mucho me decía Bertrand Tavernier que el cine francés actual gozaba de buena salud. Creo que es cierto y que películas como ésta recuerdan que hay un cine atractivo y rentable que no está hecho de efectos especiales y no es excesivamente caro de producir; basta -y es mucho- con cuidar el guion y trabajar con hombres y mujeres de verdad, cuyas historias interesen. *Un doctor en la campiña* interesa desde el primer fotograma, que muestra a un hombre que sufre, y no pierde el interés en ningún momento. En los últimos años el cine francés (y no es el único) ha aportado un buen puñado de cintas entrañables que han ganado el favor del público a base de corazón; hemos mencionado *Intocable*, se pueden mencionar igualmente *Dheepan*, *Dos días y una noche*, *Dios mío, ¿pero qué te hemos hecho?*, y tantas más. Vale la pena decir que el cine de gran espectáculo puede participar de estas cualidades, como ha demostrado Christopher Nolan con *El caballero oscuro*.

François Cluzet ha sido buen médico rural durante dos meses.

MÉDECIN DE CAMPAGNE (2016)
País: **Francia**
Dirección: **Thomas Lilti**
Guion: **Baya Kasmi, T. Lilti**
Fotografía: **Nicolas Gaurin**
Montaje: **Christel Dewynter**
Música: **Alexandre Lier, Sylvain Ohrel, Nicolas Weil**
Diseño de producción: **Philippe van Herwijnen**
Vestuario: **Dorothée Guiraud**
Intérpretes: **François Cluzet, Marianne Denicourt, Christophe Odent, Patrick Descamps, Margaux Fabre, Isabelle Sadoyan, Félix Moati**
102 minutos
Distribuidora DVD: **Caramel**
Estreno en España: **27.5.2016**

Filmografía de Thomas Lilti como director

- *Un doctor en la campiña* (*Médecin de campagne*, 2016).
- *Hipócrates* (*Hippocrate*, 2014).
- *Les yeux bandés* (2007).

FUENTES

- BATTLLE CAMINAL, Jordi (1998). *Medicina y cine*. Barcelona: Medipharma.

- ELENA, Alberto (2002). *Ciencia, cine e historia*. Madrid: Alianza Ed.

- HERREROS RUIZ VALDEPEÑAS, Benjamín (2011). *El médico en el cine. Anatomía de una profesión*. Madrid: T & B.

- MUÑOZ CALVO, Sagrario; GRACIA, Diego (2006). *Médicos en el cine*. Madrid: Ed. Complutense.

- PÉREZ MORÁN, Ernesto; PÉREZ MILLÁN, Juan Antonio (2008). *Cien médicos en el cine de ayer y de hoy*. Salamanca: Ediciones Universidad de Salamanca.

- SÁNCHEZ-ESCALONILLA, Antonio (2002). *Guion de aventura y forja del héroe*. Madrid: Ariel.

- TEJERIZO, Luis Carlos (2003). *Tres médicos en la corte de John Ford*. Salamanca: Ed. Del autor.

Un monstruo viene a verme (J. A. Bayona)
MARTA FRAGO

Juan Antonio Bayona es uno de los directores españoles que actualmente goza de mayor prestigio y proyección internacional. Su primer trabajo, *El orfanato* (2007), largometraje de terror que fue posible gracias a la implicación de Guillermo del Toro como productor, obtuvo una larga ovación en su estreno en Cannes y generó beneficios de hasta 8,3 millones de euros en taquilla. Le sucedió *Lo imposible* (2012), otro éxito para la crítica y el público, con una recaudación incluso superior. Este drama catastrofista, basado en la historia real de una familia española superviviente del tsunami que azotó el sudeste asiático en 2004, se rodó en inglés con Naomi Watts, Ewan McGregor y el joven Tom Holland como protagonistas. La inclinación de Bayona hacia proyectos cada vez más grandes e internacionales se hace visible en *Un monstruo viene a verme* (2016), su tercer largometraje, coproducido con Estados Unidos. También es ésta una película de género -un drama fantástico- además de la adaptación de una novela homónima inglesa escrita por Patrick Ness. Cuenta en su reparto con actores tan reconocidos como Sigourney Weaver, Felicity Jones, Liam Nesson y Toby Kebbell, aunque el peso más importante lo lleva el joven Lewis MacDougall, con una interpretación brillante que posiblemente marque un ascenso rápido en su carrera cinematográfica.

Bayona cree en los proyectos grandes, pero no renuncia a lo personal. Podría pensarse que estos filmes, diversos en género y argumento, son fruto de una clara apuesta del director por el cine de entretenimiento y su inseparable idea de negocio. No obstante, *Un monstruo viene a verme* viene a confirmar que Bayona mira en dirección distinta al oportunismo; que tiene voz propia, con un estilo, imagen y temática recurrentes que actúan cohesionando todo tipo de material. Estamos ante una película difícil, de muchas capas, donde la realidad y la fantasía colisionan, y que cierra una trilogía -no intencionada, pero sí accidental- acerca de la relación entre madres e hijos y la amenaza de una separación temprana y contra natura.

Una novela, una historia, una película

No se puede hablar de *Un monstruo viene a verme* sin hablar de su origen. Patrick Ness, autor de la novela, la escribe después de aceptar de su editor el material dejado por Siobhan Dowd, conocida escritora anglo-irlandesa de literatura infantil, fallecida prematuramente en 2007 a causa de un cáncer. Fue precisamente la experiencia de su enfermedad el motor de esta historia, de la que Ness recibió la idea, los personajes y un comienzo. El argumento está construido alrededor de la pérdida a la que se tiene que enfrentar Conor O'Malley, un adolescente de 13 años, cuyos padres se han separado y su madre se encuentra en la fase terminal de un cáncer. La aparición de un Hombre-Tejo gigante por las noches y su idea de contar al chico tres historias y sonsacarle la verdad, se convierte en un proceso de doloroso crecimiento hacia la aceptación de sí mismo y de su realidad; una realidad que incluye a compañeros de clase que le acosan, un padre que no puede hacerse cargo de él y una abuela materna con quien no logra congeniar y con la que no quiere vivir.

La novela de Patrick Ness obtuvo múltiples premios y reconocimientos, entre ellos el prestigioso Carnegie, así como la medalla Greenaway por las magníficas ilustraciones de Jim Kay, y pronto se convirtió en lectura obligada para los jóvenes británicos. Ness, celoso de conservar el espíritu del libro, escribió también un guion cinematográfico, pero no cedió los derechos hasta estar seguro de que el material caería en las manos oportunas. El acuerdo entre la productora Focus Features y Juan Antonio Bayona permitió abrir el proceso hacia la gran pantalla.

Por su parte, J. A. Bayona había recibido noticias de la novela por su amigo y guionista habitual, Sergio G. Sánchez. Al mismo tiempo, su agente le aconsejó leer el guion de Ness, convencido de que conectaba con su filmografía previa. "Sergio y mi agente me conocen muy bien, y pensé que a todas luces debía tener algo", explica Bayona, "así que leí el libro y después el guion y finalmente me entrevisté con Patrick Ness (...) francamente me interesaba" (ROBINSON, 2016). Por un lado, la temática de la historia, más allá de realidades como la enfermedad o el *bullying* escolar, apunta hacia el poder catártico de la ficción: "En la novela encontré una profunda reflexión sobre el poder de las historias. Este proyecto de adaptación iba a permitir sumergirme en un trabajo que arrojara luz sobre el sentido último de mi profesión" (DE FEZ, 2016: 8). Pero hay que anotar, también, que la historia de *Un monstruo viene a verme* contiene tres elementos que ya están en las películas previas de J. A. Bayona: la aparición de lo mostrenco como anuncio de lo preternatural; una relación entre madre e hijo amenazada por la muerte próxima, y un reto visual que requiere efectos especiales. En definitiva, si esta película destila sabor a J. A. Bayona por los cuatro costados, se debe a que el director ha cohesionado fácilmente la novela con su propio universo fílmico y la ha versionado, como trataremos de exponer a continuación.

El monstruo y la antesala de la muerte

Niños fantasmas en *El orfanato*; un tsunami gigante en *Lo imposible* y un hercúleo Hombre-Tejo en *Un monstruo viene a verme* son distintas visualizaciones de lo mismo: el monstruo que desestabiliza y rompe la normalidad, que advierte sobre una fatalidad próxima, la cercanía de la muerte. Hay en el cine de J. A. Bayona muchos referentes a los clásicos de terror, con monstruos que Hollywood alumbró en las décadas de los 30 y 40, principalmente. Algunas de estas criaturas, como el Golem o Frankenstein, son el resultado de la manipulación humana y tienen dimensiones sociales y políticas. Son monstruos que devuelven en forma de venganza la ambición humana. Pero J. A. Bayona está más interesado en el monstruo que escenifica el miedo a lo desconocido, aquel que no proviene de la manipulación sino de la propia naturaleza en su aspecto más atávico: nacimiento y muerte.

Las imágenes de *King Kong* (1933) insertas en *Un monstruo viene a verme* son un referente directo a lo que trata de expresar Bayona en ésta y el resto de sus películas: el miedo a lo que no sabemos sobre nosotros mismos: nuestro origen y nuestro destino, esto es, la presencia de lo preternatural, del misterio que acompaña siempre a los seres humanos. Como ya escribía H. P. Lovecraft, "La emoción más antigua y más intensa de la humanidad es el miedo, y el más antiguo e intenso de los miedos es el miedo a lo desconocido" (1984: 5).

No cualquier género cinematográfico admite lo mostrenco como modo de representar el miedo personal, pero tanto la *ghost story* en la que se enmarca *El orfanato*, como el género catastrofista de *Lo imposible* se abren a esta posibilidad. También la ciencia-ficción es un terreno propicio. El género fantástico al que pertenece *Un monstruo viene a verme* permite la inclusión de monstruos más arquetípicos, como es en este caso el Hombre-Tejo, que puede reconocerse como una versión nueva de El Hombre-Verde. The Green Man es una figura mitológica ligada a la idea de crecimiento y renacimiento, además de referir la inextricable relación entre hombre y naturaleza que tienen la muerte como destino común (iconográficamente puede encontrarse en muchas tumbas y monumentos funerarios). Teniendo en cuenta que estamos ante una historia de maduración, El Hombre-Tejo de *Un monstruo viene a verme* actúa como detonante del miedo y confusión que experimenta el joven Conor ante la realidad de la muerte. En palabras del director: " el monstruo pone su mundo patas arriba, pero, a la vez, es la solución a lo que le sucede" (DE FEZ, 2016: 18).

El Hombre-Tejo tiene un anverso y reverso, asusta y ayuda a la vez. No trae venganza ni destrucción, sino una suerte de curación a través del doloroso proceso de decir la verdad. Y aquí es donde vuelve a conectar con el universo previo de Bayona, quien reconoce: "A mí me interesa la idea de la verdad. En *Lo imposible* los personajes no podían mentirse, la mentira allí no ayudaba a sobrevivir. Y en este caso hay una enfermedad que se convierte en una cuenta atrás, que te va poniendo ante la idea de que tienes que contar la verdad" (MARTOS, 2016). El monstruo en este relato conecta con la psique del joven protagonista a través de lo maravilloso, hasta el punto de no saber si se trata de la imagen mental de Conor o si realmente el monstruo le visita y tiene consistencia real. De igual modo a como los niños fantasmas de *El orfanato* pueden existir o solo ser la imagen proyectada del miedo de la madre (Belén Rueda); o si la imagen de la dimensión del tsunami es la real o su visualización en la película corresponde a la experiencia psíquica de sus protagonistas.

Familia, crecimiento, identidad

La trilogía de Bayona, además de introducir lo mostrenco, trata sobre la infancia y, "en concreto sobre la obligación de abandonarla, de hacerse mayor a marchas forzadas ante una experiencia que te revuelve y hace que reconsideres tu vida" (DE FEZ, 2016: 17). Niños y adolescentes son protagonistas de todos los largometrajes y cortos de J.A. Bayona. En *Un monstruo viene a verme* el joven Conor pisa el umbral que separa la ni-

Madre e hijo se enfrentan a una separación temprana.

ñez del mundo de los adultos al enfrentarse a la pérdida del hogar y la familia. La figura de la madre se sitúa en el vértice de la crisis. La unión madre-hijo lleva al origen, al nacimiento, a la protección primera. En ésta y todas las películas de J. A. Bayona, este natural estado queda amenazado por un elemento extraordinario y pone a los protagonistas en la tesitura de crecer. La crisis no solo afecta al hijo sino también a la madre, cuya función protectora puede colapsar o interrumpirse. De ahí que algunos críticos hayan destacado que la imagen de la "Mater Dolorosa", la mujer sufriente por la separación del hijo, extraída de la iconografía cristiana, está presente en sus películas (Bernárdez y Moreno, 2017: 74-75). En *Un monstruo viene a verme* encarnan este icono tanto Felicity Jones, como madre enferma que ha de preparar a su hijo a afrontar la despedida, como Sigourney Weaver, la abuela de Conor a quien toca llorar la pérdida de su propia hija. La crisis del hijo, por otra parte, es una crisis de identidad, de reconsideración del lugar que ocupa en el mundo, y va acompañada de preguntas cuyas respuestas exigen un gran esfuerzo y superación. Y si bien esta crisis de crecimiento e identidad está tratada con diferentes matices y resoluciones en sus tres películas, en *Un monstruo viene a verme* Bayona inserta la idea del poder de la ficción en orden al reconocimiento de uno mismo y la realidad circundante.

Las historias son criaturas salvajes

Este aspecto interesa al director y puede verse ya plasmado en sus cortometrajes *Mis vacaciones* (1999) y *El hombre esponja* (2002). Ambos tratan de cómo la ficción impacta en niños en el proceso de hacerse mayores. Para ello Bayona introduce la metaficción (el cine dentro del cine) en todos estos trabajos. Y también lo hace en *Un monstruo viene a verme*. Ocurre por ejemplo en el momento en que Conor y su madre ven juntos imágenes de la película de *King Kong*, un regalo de su abuelo junto con un viejo proyector. Por su expresión, sabemos que Conor se identifica con la emblemática escena final, en la que el monstruo es atacado y colisionan sus buenos sentimientos y la necesidad de defenderse de la agresión, como le ocurre al propio chico.

Pero aún más interesante es el tratamiento visual que da Bayona a las historias que el Hombre-Tejo cuenta a Conor, de acuerdo con la novela. En manos del director se convierten en preciosos cortometrajes de animación, en verdaderas películas dentro de la película. Con este recurso, Bayona inserta la idea de que la ficción ayuda al reconocimiento y cura. "*Un monstruo viene a verme* no solo reflexiona sobre las historias sino también sobre nuestra necesidad de entender el mundo a través de ellas" (DE FEZ, 2016: 17). No es una casualidad que Bayona tome una de las frases de la novela, "las historias son criaturas salvajes", como slogan principal de los carteles del filme. Las ficciones que escucha el joven Conor inciden en él progresivamente, desde una recepción distante y meramente exterior, hasta llegar hasta lo más profundo.

Visualmente la progresión se expresa del siguiente modo: el primer cuento, *La bruja y el príncipe*, es un cortometraje completo, de trazo plano en 2D, tratamiento que hace entender que Conor la escucha con distancia, con cierto desinterés. En la segunda historia, ·*El párroco y el curandero*, el dibujo tiene ya volumen, y este tratamiento 3D permite que, en un momento dado, la animación se ensamble con el mundo real de Conor. Éste interviene en el cuento ayudando al monstruo a destruir la casa del párroco y el cortometraje finalmente funde con la realidad del joven: lo que ha destrozado es el reloj y la habitación preferida de su abuela. En la tercera historia, *El hombre invisible*, no hay ya animación, solo se mantiene la pista verbal, pues el protagonista de la historia es el propio Conor y la trama consiste en hacerse visible, levantar la voz y actuar ante el acoso escolar que sufre. Aquí la ficción y la realidad del chico se hacen una misma cosa. Pero la última historia, *La pesadilla*, es la realmente interna y en la que puede verse el proceso catártico de la ficción (que coincide con el clímax de la película), pues el corazón de esa historia es la verdad que narra Conor sobre sí mismo y que está en el fondo de su conciencia.

El cine como ilusionismo

Nada de esto podría contarse sin la abundante presencia de efectos especiales. Y esta es otra característica que puede predicarse del director, pues no hay en su cine una historia que no requiera cierta magia para introducir la presencia de lo extraordinario. "Personajes ordinarios a quienes les ocurren cosas extraordinarias" es la premisa que fue motor del mejor cine de los ochenta y Bayona la sigue. Lo extraordinario, entonces, ha de expresarse visualmente de forma sorprendente, nueva hasta donde se pueda, pero en armonía con el mundo común. Y éste es el reto al que se enfrenta el director de *Un monstruo viene a verme*, donde hubiera sido fácil el uso abusivo de efectos digitales, y sin embargo Bayona decide relegarlos a lo estrictamente necesario. Según el director, el efecto de hiperfantasía e hiperrealidad que produce lo digital no encaja con esa atmósfera de realidad-irrealidad que la historia pide. Esta es la razón por la que filma en digital, pero con ópticas *vintage* para crear efectos atemporales, o por la que toma el riesgo de reconstruir la iglesia y cementerio en una maqueta a escala 1:10 para jugársela a una toma en la secuencia final de la pesadilla en vez de generar efectos puramente digitales; o por la que hace reconstruir partes del monstruo a escala real, que utiliza en el rodaje y que funde con el tratamiento digital. El resultado de todo este ejercicio técnico e imaginativo es haber logrado algo muy difícil, como es ensamblar cinematográficamente el drama con la fantasía y generar así un espacio verosímil para el espectador. En este sentido, son de alabar el diseño de producción y la fotografía de la película, así como el importante trabajo de los estudios de animación y efectos especiales que contribuyen a crear esa atmósfera de lo maravilloso.

Se ha dicho que ésta es una película melodramática en exceso, pero Juan Antonio Bayona ha pulsado la tecla de la fantasía y el mito para superar lo lacrimógeno por elevación. *Un monstruo viene a verme* es más que un melodrama y una historia con moraleja para el público joven. Como película tiene muchas capas de significado que rastrear. Algunas están en la novela, pero otras surgen de la mano de este director, que -como ya se ha dicho- versiona el relato escrito. Una de estas capas, quizá la más significativa, es la introducción de la idea de legado artístico, con la que se sugiere que, tras la muerte de la madre, el joven Conor sigue unido a ella a través de la sensibilidad para el dibujo que ha heredado de ella. Y es que para J. A. Bayona definitivamente el arte es imperecedero y de algún modo vence a la muerte.

El cine dentro del cine. Fotogramas de la animación en *Un monstruo viene a verme*.

A MONSTER CALLS (2016)
País: Reino Unido, España, EE.UU.
Dirección: Juan Antonio Bayona
Guion: Patrick Ness
Fotografía: Óscar Faura
Montaje: Jaume Martí, Bernat Vilaplana
Música: Fernando Velázquez
Diseño de producción: Eugenio Caballero
Vestuario: Steven Noble
Intérpretes: Lewis MacDougall, Sigourney Weaver, Felicity Jones, Toby Kebbell, Liam Neeson, Geraldine Chaplin, James Melville, Garry Marriott
108 minutos
Distribuidora DVD: Universal
Estreno en España: 7.10.2016

Filmografía de Juan Antonio Bayona como director

- *Jurassic World: El reino caído* (*Jurassic World: Fallen Kingdom*, 2018).
- *Un monstruo viene a verme* (*A Monster Calls*, 2016).
- *Lo imposible* (*The Impossible*, 2012).
- *El orfanato* (2008).

FUENTES

• BAYONA, Juan Antonio. 2016. *Un monstruo viene a verme*. España: Apaches Entertainment.

• BERNÁRDEZ RODAL, Asunción y MORENO SEGARRA, Ignacio (2017). *La maternidad contemporánea entre la catástrofe y el sacrificio. Un análisis de Lo imposible*. L'Atalante, 23, 171-185.

• DE FEZ, Desirée (2016). *Un monstruo viene a verme. El arte de la película y la visión de sus autores*. Madrid: Norma.

• LE GUIN, Ursula K. (2007). *The Critics, the Monsters, and the Fantasists*. Wordsworth Circle, 38, 83.

• LOVECRAFT, H. P. (1984). *El horror sobrenatural en la literatura*. Madrid: Alianza.

• MARTOS, David (2016). *Entrevista a Juan Antonio Bayona: "Mi objetivo no es hacer películas en Hollywood"*. El diario.es. 21/09/2016. Eldiario.es recuperada de <http://www.eldiario.es/kinotico/Sigourney-Weaver-Bayona-Fincher-Hollywood_0_561344498.html>

• ROBINSON, Tasha (2016). *A Monster Calls director J.A. Bayona says all his films are about growing up*. The Verge. 13/09/2016. Recuperado de <https://www.theverge.com/2016/9/13/12899592/monster-calls-bayona-orphanage-groot>

7 años (Roger Gual)
CARLOS CHICLANA

La frase suena como un latigazo: "¿Libre? Libre no. ¡Nadie es libre, nadie! Míralo en tu contrato, lo tiene que poner en alguna página". Así contesta Luis (Paco León) al mediador que ayuda a decidir a cuatro socios quién de ellos irá a la cárcel por delito fiscal. Llevan años guardando dinero negro en Suiza y están a punto de ser descubiertos. Se reúnen de urgencia para discutir quién salvará a los demás, o quién es el más débil sobre el que cargar la culpa, o quién es el que ha de asumir mayor responsabilidad, o quién es el que va a pringar y punto.

Reflexionar en el gran teatro de la vida

En el ejercicio de su libertad han construido unas enormes cadenas que ahora pesan tanto como los millones defraudados. Te compadeces de los personajes porque te das cuenta de que tú podrías ser uno de ellos.

Manuel Morón (Javier) es el mediador y tiene la oportunidad de estar presente en todo el proceso de decisión pero sin estar implicado, "charlar y pasarse horas tratando de ver cómo evoluciona el problema. Los problemas parece que son de una manera al

Los protagonistas son inteligentes y el director considera inteligentes a los espectadores.

principio pero, si escarbas un poco en ellos, pueden ser de otra". Esto es a lo que se asiste en esta película de actores, casi teatral sin dejar de ser cine con cámara en mano, en un solo escenario, rodada cronológicamente, que se ve con mucho gusto, se sigue con gran atención, se disfruta con la narración, las actuaciones y la dirección, y te estimula a pensar porque te implica.

La película hace pensar porque es real, porque es auténtica, porque es la vida misma tomada en serio, porque refleja las decisiones reales de personas reales, porque te muestra que hay cara B y mensajes entrelíneas. "Supone muchos retos, porque no hay fuegos artificiales. Normalmente las películas están hechas para llevarte a otros mundos, otros universos… De alguna forma, para bombardearte información y que casi ni siquiera puedas pensar. Y esto es todo lo contrario. No hay nada de eso. Lo único que hay son seres humanos hablando", explica Juan Pablo Raba (Carlos), conocido actor de *Narcos* que vuelve a colaborar con Netflix.

El lujo de ser escuchado y tenido en cuenta

Seres humanos hablando que vomitan los secretos y los rencores acumulados desde hace muchos años. Es necesario escuchar, les advierte el mediador. Lástima que no lo hayan hecho desde hace tanto tiempo, ahora es necesario ponerse al día y no se cortan para jugar todas sus cartas y que sea otro quien vaya a la cárcel. Escuchar forma parte de la solución, pero duele mucho. Para resolverlo la participación es voluntaria, como lo fue la implicación en el fraude.

7 años pasará a la historia como la primera producción española de Netflix, que ha permitido a director y actores realizarla a su modo y manera, sin grandes vigilancias ni exigencias, para poner en 190 países y al servicio de 80 millones de personas una película para pensar. "Más que intentar lanzar un mensaje, trata que el espectador se haga una pregunta. Para mí, ese es el logro. Que no termine de ver la película, apague la televisión o el ordenador y se olvide, sino que le deje poso y le deje pensando". Esta es la propuesta del director Robert Gual, premio Goya a la mejor dirección novel del año 2002 por *Smoking Room*.

Considerar inteligente al espectador

Que sea un cine pensado antes de ser filmado, para ser pensado después de ser contemplado, aporta interés, frescura, dinamismo, tensión y hace sentir al espectador que se cuenta con él, que se le considera inteligente y capaz de aportar contenido al guion más allá del montaje final, de la historia en sí misma o el modo en el que se la han contado.

Ni de broma te gustaría estar en la piel de los protagonistas y a la vez te interesaría aportar tus ideas para la decisión. Te atemoriza el papelón que se les viene encima, quieres que decidan, no quieres tomar parte pero la tomas y luego te das cuenta de que son todos unos delincuentes, pero que tienen vida emocional; los sentimientos te juegan malas pasadas cada dos o tres minutos y necesitas recomponerte y buscar el sentido de la justicia en alguna parte de tu estado mental.

Parte de un sistema, psicología de grupo

Los cuatro socios tienen que decidir cuanto antes quién hará la transferencia que les descubra ante el fisco, es de noche y urge. Psicológicamente han conformado un grupo en el que se mezcla amistad, amor romántico, sexo, familia. Lo habitual en los grupos de la especie humana. Allí es tan importante lo que se dice como lo que no se dice, lo que se expresa con las palabras como lo que se transmite con los gestos. Todo cuenta, cada movimiento de los miembros obliga al sistema a moverse para mantener el equilibrio. Lo llevan haciendo durante años y ahora el sistema exige un sacrificio humano que calme el volcán que han alimentado con la ambición desmesurada.

En este sentido, la estética de la puesta en escena es cuidada, el vestuario enmarca la personalidad de los protagonistas en la primera impresión; los silencios son elocuentes y las miradas son diarios escritos desde hace años; los tonos de la voz, el timbre, la modulación del discurso, los movimientos de las manos, e incluso de los pies, aportan una riqueza a las interpretaciones que hace disfrutar de ellas en todo momento.

En el modo en que se nos cuenta la historia, como si estuviéramos allí presentes, se puede apreciar que, al igual que en la vida, todo cuenta, que al igual que en la vida, casi todo es comunicación. No fluye de la misma manera la comunicación entre los personajes según en qué lado de la mesa están, si llevan más o menos ropa, si beben o no beben, si miran o no miran. Como explica el director, "si te fijas, muchas veces están ya físicamente puestos de manera que hay tres por un lado y uno que se queda solo, luego se van cambiando y se queda otro solo y los otros tres están por otro lado... Hay una puesta en escena física, que está muy estudiada para que te vayas dando cuenta de que muchas veces uno se queda solo, el otro le apoya... Hay un juego coreográfico para que eso pase".

Se aprecia así lo que ocurre en los sistemas humanos, cómo nos movemos en los grupos, qué alianzas y fidelidades ocultas se dan, las triangulaciones para forzar a alguien, la manipulación emocional, la lucha por el poder, los secretos, el aprovechamiento de los otros más o menos consciente, las heridas, los miedos, los roles recíprocos y los roles antagónicos que generan las decisiones de los componentes del sistema.

Así, esta película de 76 minutos puede ser muy útil para trabajar con el equipo de la empresa, con los alumnos del MBA en el que eres profesor, en un foro de ética, en cualquier ámbito en que hay un grupo que coordinar y también con los matrimonios amigos con los que quedas una vez al mes para ver buen cine.

Una cotidiana historia inmoral

Son muchos los dilemas que se plantean y que realmente están implícitos en el día a día de muchas personas: las relaciones humanas en la empresa, el capitalismo como sistema de vida, el valor y uso del dinero, el poder, la posición social, la libertad, el ego, el prestigio, los valores sociales, las virtudes personales, el perdón, la venganza, el "buen-rollismo" como dimensión relacional, los siete pecados capitales uno detrás de otro o la incorporación de la mujer a un mundo laboral con patrones masculinos.

"Éticamente no se puede defender el planteamiento de la película, que es corrupto

La coreografía que configuramos en los grupos y sistemas humanos se dinamiza con el baile de las relaciones interpersonales.

directamente. Si habíamos hecho algo mal, lo vamos a hacer peor. Estamos poniendo una lupa sobre este sistema que tenemos montado en la sociedad, en el que siempre hay unas salidas, unas vías de escape, que huyen de las normas. Es un planteamiento muy *darwiniano*, de la supervivencia del más fuerte, que en este caso es imprevisible quién va a ser el más fuerte. La premisa de la película es: 'somos corruptos y vamos a plantear una solución más corrupta aún'". Éste es el planteamiento y así lo explica Àlex Brendemühl (Marcel), quien ya trabajó con Robert Gual y Manuel Morón en la película premiada con el Goya.

Sobre la incorporación de la mujer al mundo laboral opina Juana Acosta, en el papel de Vero: "es una mujer que no sabe gestionar su mundo emocional, que ha descuidado su vida personal, que le ha dado prioridad a su empresa durante toda su vida, que ha sacrificado la maternidad o el tener una pareja. No le ha dado espacio a esas cosas porque ella con lo que está es con su empresa, con conseguir más... Casi hablamos de tiburones. Son altas esferas, son personas que ganan mucha pasta, porque la gente que tiene cuentas en Suiza es porque tienen muchísimo dinero. Son cabezas donde los valores comienzan a estar un poco desvirtuados, donde una situación tan límite como esta lo que hace es sacar a flote lo peor de cada uno de ellos. Esta situación saca su ambición, su ego, el deseo de poder, el siempre querer más".

Esta película no es solo un ejercicio de narrativa o de interpretación, porque plantea temas de fondo que no nos resultan ajenos. ¿Tenemos todos el mismo grado de responsabilidad al participar en proyectos de sistemas corruptos? Parece que el mal, cuando se hace de forma compartida, es menos mal, o que si aporta un bien como consecuencia es tolerable, o que es banal, como Hannah Arendt defendía, cuando formas parte de un sistema y tu acción particular tampoco es para escandalizarse tanto.

Mi derecho a ser injusto

No le falta razón a Vero (Juana Acosta) cuando explica que todo empezó al darse cuenta de que nadie reparaba en el tiempo que ella empleaba para ganar un dinero por el que tenía que aportar el 54% de lo ingresado. El problema no es el dinero, sino el tiempo, ¿dónde aparece, dónde desgrava?, se pregunta, y se sentía con cierto derecho a recuperar ese tiempo por su cuenta. La envidia también hace su papel porque yo también quiero lo de los otros y parece que tengo derecho a jugar con las mismas armas que los demás. Derecho a la injusticia.

Viendo la situación sin estar implicado emocionalmente te permite apreciar, como tantas veces nos ocurre a los profesionales en las psicoterapias, la facilidad con la que los humanos utilizamos el mecanismo de adaptación más básico, la negación. Marcel hace afirmaciones realmente asombrosas para intentar manipular la situación, como por ejemplo "no estoy dispuesto a jugarme el bienestar de mi familia", cuando ya lo ha perdido todo hace tiempo en el casino de la apariencia; o "lo más fácil no siempre es lo mejor", como si lo mejor le hubiera importado alguna vez más allá de su beneficio.

7 años es una buena película, un buen ejercicio de narrativa, una buena oportunidad para saborear cine español, una invitación a que el espectador piense y, si es en grupo, mejor.

El mediador propone diversas metáforas que animan al espectador a intentar resolver el dilema moral que se plantea.

7 AÑOS (2016)
País: España
Dirección: Roger Gual
Guion: José Cabeza, Julia Fontana
Fotografía: Arnau Valls Colomer
Montaje: Alberto de Toro
Música: Federico Jusid
Diseño de producción: Natalia Echeverri
Intérpretes: Juana Acosta, Alex Brendemühl, Paco León, Manuel Morón, Juan Pablo Raba, Marta Torné
76 minutos
Distribuidora DVD: Netflix
Estreno en España: 26.10.2016

Filmografía de Roger Gual como director

- *7 años* (2016).
- *Menú degustación* (2013).
- *Hotel* (2011).
- *Remake* (2006).
- *Smoking Room* (2002).

Índice

AUTORES >>> 5
PRESENTACIÓN >>> 11
CAFÉ SOCIETY (WOODY ALLEN) PABLO ECHART >>>>>>>>>>>>>>>>>>>>>>>>>>>> 15
¡CANTA! (GARTH JENNINGS) PILAR YÉBENES >>>>>>>>>>>>>>>>>>>>>>>>>>>>> 23
EL EDITOR DE LIBROS (MICHAEL GRANDAGE) JOSÉ MARÍA CONTRERAS >>>>>>>> 35
EL HIJO DE SAÚL (LÁSZLO NEMES) MARÍA NOGUERA >>>>>>>>>>>>>>>>>>>>>>> 45
EL HOMBRE DE LAS MIL CARAS (ALBERTO RODRÍGUEZ) CRISTINA ABAD >>>>>> 53
EL RENACIDO (ALEJANDRO GONZÁLEZ IÑÁRRITU) ÁNGEL PEÑA >>>>>>>>>>>>>> 61
ESPÍAS DESDE EL CIELO (GAVIN HOOD) JUAN PABLO SERRA >>>>>>>>>>>>>>> 69
FRANCOFONIA (ALEKSANDR SOKUROV) PABLO ALZOLA >>>>>>>>>>>>>>>>>>>>>> 79
FRANTZ (FRANÇOIS OZON) JOSÉ M. GARCÍA PELEGRÍN >>>>>>>>>>>>>>>>>>>> 87
FUEGO EN EL MAR (GIANFRANCO ROSI) JORGE MILÁN >>>>>>>>>>>>>>>>>>>>> 97
HASTA EL ÚLTIMO HOMBRE (MEL GIBSON) JERÓNIMO JOSÉ MARTÍN >>>>>>>>>107
JULIETA (PEDRO ALMODÓVAR) JUAN ORELLANA >>>>>>>>>>>>>>>>>>>>>>>>>> 117
LA CLASE DE ESGRIMA (KLAUS HÄRÖ) ENRIQUE FUSTER >>>>>>>>>>>>>>>>>>125
LA GRAN APUESTA (ADAM MCKAY) PAOLO BRAGA & ARMANDO FUMAGALLI >>>>>133
LA HABITACIÓN (LENNY ABRAHAMSON) MARTA GARCÍA SAHAGÚN >>>>>>>>>>>> 143
LA JUVENTUD (PAOLO SORRENTINO) JOSÉ GABRIEL LORENZO >>>>>>>>>>>>>> 153
LA LLEGADA (DENNIS VILLENEUVE) CLAUDIO SÁNCHEZ DE LA NIETA >>>>>>> 161
LA PRÓXIMA PIEL (ISA CAMPO, ISAKI LACUESTA) LAURA POUSA >>>>>>>>>> 171
MIA MADRE (NANNI MORETTI) JUAN LUIS SÁNCHEZ >>>>>>>>>>>>>>>>>>>>>>179
NUESTRA HERMANA PEQUEÑA (HIROKAZU KORE-EDA) MARÍA CABALLERO >>>>>> 185
PATERSON (JIM JARMUSCH) FERNANDO HERNÁNDEZ BARRAL >>>>>>>>>>>>>>>>195
ROGUE ONE: UNA HISTORIA DE STAR WARS (GARETH EDWARDS) JULIÁN LARRAURI >>>>>> 199
SING STREET (JOHN CARNEY) FEDERICO ALBA >>>>>>>>>>>>>>>>>>>>>>>>>>207
SPOTLIGHT (TOM MCCARTHY) ANA SÁNCHEZ DE LA NIETA >>>>>>>>>>>>>>>>> 215
STEVE JOBS (DANNY BOYLE) JUAN JOSÉ GARCÍA-NOBLEJAS >>>>>>>>>>>>>>> 223
SULLY (CLINT EASTWOOD) RUTH GUTIÉRREZ >>>>>>>>>>>>>>>>>>>>>>>>>>>> 233
THE VESSEL (JULIO QUINTANA) ALBERTO FIJO >>>>>>>>>>>>>>>>>>>>>>>>> 243
TRUMBO: LA LISTA NEGRA DE HOLLYWOOD (JAY ROACH) ANTONIO SÁNCHEZ-ESCALONILLA >> 253
UN DOCTOR EN LA CAMPIÑA (THOMAS LILTI) FERNANDO GIL-DELGADO >>>>>> 261
UN MONSTRUO VIENE A VERME (J. A. BAYONA) MARTA FRAGO >>>>>>>>>>>>> 269
7 AÑOS (ROGER GUAL) CARLOS CHICLANA >>>>>>>>>>>>>>>>>>>>>>>>>>>>>> 279

www.ingramcontent.com/pod-product-compliance
Lightning Source LLC
Chambersburg PA
CBHW081126170426
43197CB00017B/2772